浙江省普通本科高校"十四五"重点教材

高等教育跨境电子商务专业"校行企"协同育人系列教材

跨境电商品牌管理

主　审　章剑林

主　编　沈玉燕　王淑翠

副主编　余红剑　袁艺舟

电子工业出版社

Publishing House of Electronics Industry

北京·BEIJING

内 容 简 介

本书基于当前中国跨境电商企业品牌发展过程中的定位不清晰、知识产权意识薄弱等突出问题，提出了跨境电商品牌出海、国际化发展和知识产权保护的路径。全书紧扣跨境电商的品牌定位、品牌化模型、品牌服务质量管理、品牌出海和品牌知识产权保护等知识点展开，内容翔实。本书结合跨境电商行业中的品牌管理典型案例，为中国跨境电商行业的国际化发展和品牌升级提供重要的参考和借鉴。

本书适合作为跨境电子商务、电子商务、市场营销、人力资源管理、行政管理等专业学生的跨境电商品牌管理类课程的教材。

未经许可，不得以任何方式复制或抄袭本书之部分或全部内容。
版权所有，侵权必究。

图书在版编目（CIP）数据

跨境电商品牌管理 / 沈玉燕，王淑翠主编. —北京：电子工业出版社，2023.6
ISBN 978-7-121-45848-4

Ⅰ. ①跨… Ⅱ. ①沈… ②王… Ⅲ. ①电子商务－品牌－企业管理 Ⅳ. ①F713.365.2

中国国家版本馆 CIP 数据核字（2023）第 115565 号

责任编辑：王二华　　文字编辑：李晓彤
印　　刷：三河市良远印务有限公司
装　　订：三河市良远印务有限公司
出版发行：电子工业出版社
　　　　　北京市海淀区万寿路 173 信箱　　邮编：100036
开　　本：787×1092　1/16　　印张：13.75　　字数：330 千字
版　　次：2023 年 6 月第 1 版
印　　次：2023 年 6 月第 1 次印刷
定　　价：49.00 元

凡所购买电子工业出版社图书有缺损问题，请向购买书店调换。若书店售缺，请与本社发行部联系，联系及邮购电话：(010) 88254888，88258888。
质量投诉请发邮件至 zlts@phei.com.cn，盗版侵权举报请发邮件至 dbqq@phei.com.cn。
本书咨询联系方式：wangrh@phei.com.cn。

前　　言

党的二十大报告提出，要"坚持高水平对外开放，加快构建以国内大循环为主体、国内国际双循环相互促进的新发展格局"。随着互联网在全球的加速普及和数字技术的高速发展，跨境电商已成为国际贸易领域极具竞争力的新业态、新模式与新引擎。据海关数据统计，近年来中国跨境电商交易额连续高速增长，在政策的进一步推动下，越来越多的企业加入跨境电商生态圈，跨境电商行业将持续保持高速增长的态势。

巨大的全球线上零售市场，为中国跨境电商企业的品牌出海提供了广阔的发展空间。但是跨境电商品牌出海机遇与挑战并存，卓越的跨境电商品牌管理能够让更多的中国跨境电商品牌成功走出国门，在海外市场脱颖而出，迅速打出品牌知名度。

跨境电商行业快速发展，产生了数以百万计的人才需求，催生了跨境品牌运营等一大批热门岗位，并且中国跨境电商人才缺口还在不断增大。目前，针对跨境电商品牌管理的高质量教材非常缺乏，跨境电商人才培养受到一定的影响。鉴于此，作为全国首批设立跨境电商本科专业的高校的教研团队，我们联合跨境电商本科人才培养的优秀骨干教师与跨境电商生态圈企业的资深专家，共同编写本书，将多年的教学经验与实践经验分享给广大读者。本书可以作为跨境电商及相关专业学生的跨境电商品牌管理教材，同时也可以为广大跨境电商从业人员解决实际问题提供帮助。

本书为浙江省普通本科高校"十四五"首批新工科、新文科、新医科、新农科重点教材。全书共分为三部分，分别是基础部分、实战部分和拓展部分。

（一）基础部分。聚焦跨境电商品牌管理的理论基础，包括跨境电商品牌管理概论、跨境电商品牌定位和跨境电商品牌资产。

（二）实战部分。围绕作为服务组织的跨境电商企业，基于跨境电商品牌化模型，讲解了跨境电商品牌创建和跨境电商品牌的服务质量管理。

（三）拓展部分。全面讲解了跨境电商品牌出海的路径、跨境电商品牌的社会化媒体营销、跨境电商品牌国际化路径和知识产权保护等。

本书是典型的产教融合的产物，主审工作由教育部高等学校电子商务类专业教学指导委员会副主任委员、杭州师范大学阿里巴巴商学院执行院长章剑林教授担任。沈玉燕教授担任主编，对全书进行审定和通稿。

编者团队由具有丰富跨境电商教学经验的骨干师资与具有丰富一线实践经验的资深企业项目经理组成。本书第1章和第3章由袁艺舟和沈玉燕老师编写，第2章由余红剑和何晓云老师编写，第4至6章由王淑翠老师编写，第7章和第9章由沈玉燕老师编写，第8章由李ヨ佳和余红剑老师编写。特别感谢杭州领聚创海信息咨询有限公司总经理李姿对本书的大力支持，以及为本书提供大量案例素材。本书也得到了电子工业出版社王二华主任的大力支持，在此一并表示感谢。编者水平有限，书中不当与不足之处在所难免，望广大读者批评指正！

编　者

目 录

第 1 章 跨境电商品牌管理概论 ... 1
1.1 品牌管理概述 ... 2
1.1.1 品牌定义 ... 2
1.1.2 品牌管理理论的沿革 ... 3
1.1.3 品牌管理的意义 ... 5
1.2 基于消费者的品牌管理 ... 7
1.2.1 创建品牌 ... 8
1.2.2 品牌知识 ... 9
1.2.3 市场反馈 ... 10
1.3 跨境电商企业品牌管理现状和误区 ... 11
1.3.1 品牌管理现状 ... 11
1.3.2 品牌管理误区 ... 13
【本章小结】 ... 14
【本章习题】 ... 14

第 2 章 跨境电商品牌定位 ... 17
2.1 跨境电商品牌定位的概念与意义 ... 18
2.1.1 跨境电商品牌定位的概念 ... 18
2.1.2 相关概念辨析 ... 19
2.1.3 跨境电商品牌定位的意义 ... 20
2.2 跨境电商品牌定位的基本原则 ... 22
2.2.1 符合目标消费者特性 ... 22
2.2.2 区分竞争者 ... 22
2.2.3 匹配产品特性 ... 23
2.2.4 可执行性 ... 23
2.2.5 诉求集中 ... 23
2.2.6 相对稳定 ... 24
2.3 跨境电商品牌定位的管理流程 ... 24
2.3.1 跨境电商品牌定位决策过程 ... 25
2.3.2 品牌定位的运营 ... 28
2.3.3 品牌定位的评价 ... 31
2.4 跨境电商品牌定位的策略 ... 32
2.4.1 定位维度策略 ... 32

2.4.2　定位类型策略 …………………………………………………… 35
　2.5　跨境电商品牌定位的工具 ……………………………………………… 37
　　　2.5.1　钻石定位模型 ……………………………………………………… 37
　　　2.5.2　3C 分析模型 ………………………………………………………… 38
　　　2.5.3　品牌感知定位图 …………………………………………………… 38
　　　2.5.4　品牌定位排比图 …………………………………………………… 40
【本章小结】 …………………………………………………………………………… 40
【本章习题】 …………………………………………………………………………… 41

第 3 章　跨境电商品牌资产 ……………………………………………………… 43
　3.1　品牌资产主要理论 ……………………………………………………… 44
　　　3.1.1　认知心理学角度 …………………………………………………… 44
　　　3.1.2　信息经济学角度 …………………………………………………… 45
　3.2　基于消费者的跨境电商品牌资产 ……………………………………… 46
　　　3.2.1　品牌意识 …………………………………………………………… 47
　　　3.2.2　品牌形象 …………………………………………………………… 48
　3.3　跨境电商企业品牌资产的创建 ………………………………………… 50
　　　3.3.1　加强品牌识别 ……………………………………………………… 50
　　　3.3.2　支持性营销计划 …………………………………………………… 51
　　　3.3.3　次级品牌联想 ……………………………………………………… 52
　3.4　跨境电商企业品牌资产的评估 ………………………………………… 52
　　　3.4.1　间接评估 …………………………………………………………… 53
　　　3.4.2　直接评估 …………………………………………………………… 54
【本章小结】 …………………………………………………………………………… 54
【本章习题】 …………………………………………………………………………… 54

第 4 章　跨境电商品牌化模型 …………………………………………………… 57
　4.1　品牌化模型概述 ………………………………………………………… 58
　　　4.1.1　品牌外部化 ………………………………………………………… 58
　　　4.1.2　品牌内部化 ………………………………………………………… 59
　4.2　跨境电商企业品牌内部化和外部化关系 ……………………………… 60
　　　4.2.1　品牌内部化和外部化是相对独立的沟通过程 …………………… 60
　　　4.2.2　品牌内部化和外部化结果相互依赖和影响 ……………………… 61
　　　4.2.3　品牌内涵传递的一致性是最终管理目标 ………………………… 62
　4.3　跨境电商企业品牌内涵的根源 ………………………………………… 63
　　　4.3.1　企业远景(愿景) …………………………………………………… 63
　　　4.3.2　企业任务(使命) …………………………………………………… 63
　　　4.3.3　企业文化(价值观) ………………………………………………… 64
　4.4　跨境电商企业品牌外部化过程 ………………………………………… 64

####### 4.4.1 确定目标受众，善用消费者画像 64
####### 4.4.2 确定传播目的，推进购买进程 65
####### 4.4.3 设计信息内容，做好平台建设 66
####### 4.4.4 选择传播渠道，进行精准投放 66
####### 4.4.5 编制促销预算，考虑媒介类型 67
####### 4.4.6 确定促销组合，扩大促销效果 67
####### 4.4.7 衡量促销成果，进行调整优化 68
####### 4.4.8 管理营销过程，强化品牌形象 68
【本章小结】 68
【本章习题】 69

第5章 跨境电商品牌创建过程 71
5.1 战略视角的跨境电商品牌创建过程 72
5.1.1 战略视角的品牌创建说 72
5.1.2 战略视角的企业品牌创建过程 73
5.2 价值视角的跨境电商品牌创建过程 77
5.2.1 基于股东价值的品牌构建说 77
5.2.2 基于消费者价值的品牌构建说 79
5.3 创建服务品牌的其他支持要素 84
5.3.1 品牌权益的创建说 84
5.3.2 品牌创建四阶段过程说 85
5.3.3 品牌创建主题说 86
【本章小结】 87
【本章习题】 87

第6章 跨境电商品牌服务质量模型 90
6.1 跨境电商品牌服务质量的内涵 91
6.1.1 服务质量的内涵 91
6.1.2 跨境电商品牌服务质量研究综述 91
6.2 跨境电商品牌服务质量模型的构建 92
6.2.1 跨境电商品牌服务质量模型 92
6.2.2 跨境电商品牌服务质量的测量 94
6.3 跨境电商品牌的内部服务质量管理 97
6.3.1 员工满意的内涵及其测量 97
6.3.2 员工买入和雇主品牌化 98
6.4 跨境电商品牌的外部服务质量 100
6.4.1 过程质量管理 100
6.4.2 结果质量管理 103
【本章小结】 107

【本章习题】 …… 107

第7章 跨境电商品牌出海的机遇和路径 …… 110

7.1 跨境电商品牌出海的概念 …… 111
- 7.1.1 跨境电商品牌出海的定义 …… 111
- 7.1.2 跨境电商品牌出海的常见误区 …… 113

7.2 跨境电商品牌出海的机遇 …… 115
- 7.2.1 跨境电商品牌出海的机遇 …… 115
- 7.2.2 跨境电商为什么要走品牌出海之路 …… 119

7.3 跨境电商品牌出海的实现路径 …… 121
- 7.3.1 跨境电商品牌出海的路径定位 …… 121
- 7.3.2 跨境电商品牌出海的路径塑造 …… 124
- 7.3.3 跨境电商品牌出海的路径传播 …… 127

7.4 跨境电商品牌出海的数字营销工具 …… 129
- 7.4.1 潜在市场分析 …… 129
- 7.4.2 竞争对手对比 …… 132
- 7.4.3 关键字调研，为品牌内容建立合适的关键字表 …… 133
- 7.4.4 网站测试，测试网站加载速度和适配性 …… 137
- 7.4.5 品牌营销着陆页内涵 …… 138
- 7.4.6 品牌着陆页搭建 …… 139
- 7.4.7 搜索广告投放和引流 …… 141
- 7.4.8 品牌出海营销效果检验 …… 143

【本章小结】 …… 144
【本章习题】 …… 145

第8章 跨境电商品牌的社会化媒体营销 …… 147

8.1 社会化媒体营销概述 …… 148
- 8.1.1 社会化媒体营销的概念 …… 148
- 8.1.2 社会化媒体营销的特点 …… 148
- 8.1.3 社会化媒体营销的价值 …… 149
- 8.1.4 社会化媒体营销的优势 …… 150
- 8.1.5 社会化媒体营销和传统媒体营销的区别 …… 150
- 8.1.6 跨境电商品牌社会化媒体营销存在的问题 …… 151
- 8.1.7 跨境电商品牌社会化媒体营销的策略 …… 153

8.2 跨境电商品牌的微博营销 …… 155
- 8.2.1 微博营销的类型 …… 155
- 8.2.2 跨境电商品牌微博营销的特点 …… 156
- 8.2.3 跨境电商品牌微博营销的优势 …… 156
- 8.2.4 跨境电商品牌微博营销的目标 …… 157

  8.2.5 微博营销对跨境电商品牌传播的影响 ················ 158
  8.2.6 跨境电商品牌的微博营销策略 ···················· 158
 8.3 跨境电商品牌的短视频营销 ························· 159
  8.3.1 短视频和短视频营销的内涵 ······················ 159
  8.3.2 短视频和短视频营销的特点 ······················ 160
  8.3.3 短视频应用于跨境电商品牌营销的前提 ··············· 161
  8.3.4 跨境电商品牌的短视频营销内容 ·················· 162
  8.3.5 短视频营销在跨境电商品牌营销中的应用 ············· 163
  8.3.6 短视频对跨境电商品牌营销的影响 ················· 164
  8.3.7 短视频应用于跨境电商品牌营销的管理方法 ············ 166
  8.3.8 短视频应用于跨境电商品牌营销的推广方法 ············ 167
  8.3.9 短视频应用于跨境电商品牌营销的广告营销方法 ········· 167
  8.3.10 短视频应用于跨境电商品牌营销的盈利方法 ··········· 168
 8.4 跨境电商品牌的网络直播营销 ······················· 169
  8.4.1 网络直播营销的特点 ·························· 169
  8.4.2 跨境电商品牌网络直播营销的重要性 ················ 170
  8.4.3 跨境电商品牌网络直播营销特点 ·················· 170
  8.4.4 跨境电商品牌直播营销的优势 ···················· 172
  8.4.5 跨境电商品牌网络直播营销面临的问题 ·············· 173
  8.4.6 网络直播营销模式下跨境电商品牌营销策略的选择 ······· 174
【本章小结】 ·· 176
【本章习题】 ·· 176

第9章 品牌国际化与知识产权保护 ·························· 178
 9.1 品牌升级和品牌国际化的内涵 ······················· 179
  9.1.1 品牌升级的概念 ····························· 179
  9.1.2 品牌升级的内容 ····························· 179
  9.1.3 品牌国际化的内涵 ···························· 179
  9.1.4 品牌国际化的意义 ···························· 180
  9.1.5 国内品牌国际化 ····························· 182
  9.1.6 品牌国际化发展策略 ·························· 183
  9.1.7 跨境电商品牌国际化的趋势 ······················ 184
 9.2 品牌国际化的路径选择 ···························· 185
  9.2.1 品牌国际化的重要性 ·························· 185
  9.2.2 品牌国际化的误区 ···························· 188
  9.2.3 品牌国际化拓展中出现的问题 ···················· 191
  9.2.4 制约跨境电商品牌营销渠道建设的因素 ·············· 191
  9.2.5 跨境电商品牌国际化路径的选择 ·················· 193

		9.2.6	跨境电商品牌国际化策略分析	194
		9.2.7	促进跨境电商品牌国际化的具体措施	197
		9.2.8	跨境电商品牌扩张模式	198
	9.3	跨境电商知识产权保护和侵权处理		199
		9.3.1	知识产权的类型	199
		9.3.2	知识产权的法律特点	200
		9.3.3	跨境电商知识产权侵权风险	200
		9.3.4	跨境电商知识产权侵权风险原因解析	201
		9.3.5	跨境电商知识产权侵权处理流程	202
		9.3.6	跨境电商知识产权合规建议	203
	9.4	跨境电商品牌的商标权和专利权保护		204
		9.4.1	商标权的客体	204
		9.4.2	确认商标权的原则	204
		9.4.3	商标权的内容与保护期	205
		9.4.4	商标侵权	205
		9.4.5	专利侵权	205
		9.4.6	企业品牌创新及其意义	206
【本章小结】				208
【本章习题】				209

第1章 跨境电商品牌管理概论

【本章要点】
- 品牌管理概述
- 基于消费者的品牌管理
- 跨境电商品牌管理误区

【引导案例】

跨境快时尚品牌 SHEIN 的品牌建设

受新冠疫情影响,全球经济一片萧条,各行各业都受到重创,传统快时尚品牌线下门店亏损,业绩大幅滑坡。与此同时,全球电商市场却迎来快速发展时期,2020 年中国跨境出口增速达 40.1%。其中,中国跨境快时尚品牌 SHEIN 既没有受到疫情的影响,也没有受"亚马逊封号"等事件的波及,2020 年 SHEIN 营收近 100 亿美元,官网流量和销售额同比翻番,在 54 个国家 iOS 购物应用中下载量排名第一,成为全球知名度最高的中国跨境快时尚品牌。研究 SHEIN 品牌的创立历史、SHEIN 品牌的成功路径,对中国跨境电商品牌创立有重要借鉴意义。

2008 年,SHEIN 的前身——南京点唯信息技术有限公司(以下简称点唯公司)成立。2009 年,点唯公司成立了婚纱品牌 SHEINSIDE,开始转型做婚纱跨境电商,随后 SHEINSIDE 通过大量 KOL(Key Opinion Leader,关键意见领袖)进行网红营销,在 Instagram、TikTok 和 Facebook 等平台投放广告,成功打入海外市场。点唯公司的成功,很快吸引了婚纱产业界同行的注意,他们用更低廉的价格抢夺市场空间,SHEINSIDE 的经营范围便从婚纱转移到女装。

2015 年,SHEINSIDE 正式改名为 SHEIN。SHEIN 的产品定位为"聚焦快时尚,为年轻人打造时尚优品",其以快时尚女装为出发点,围绕"人人尽享时尚之美"进行了品类扩张,包括配饰、鞋包、家居、美妆等领域。目前 SHEIN 的业务主要面向欧美、中东、印度等海外市场,覆盖全球 224 个国家和地区,业务额年增长率长期稳定在 100%以上。2021 年上半年,SHEIN 在全球市场迅速崛起,SHEIN 购物 App 下载量约 7500 万次,仅次于亚马逊,成为全球移动端快时尚第一品牌。在 2021 年 BrandZ "中国出海品牌 50 强"中,SHEIN 排名第 11 位。截至 2021 年 6 月,SHEIN 注册用户数 1.2 亿,日活用户数 3000

万以上。2017年至2020年，SHEIN海外市场销售额分别约为40亿元、100亿元、300亿元、653亿元。经过十多年发展，SHEIN已经成为一家集产品研发、供应链、仓储物流、App运营于一体的垂直型电商互联网企业，成为全国最大的快时尚跨境电商企业之一，也是中国出海品牌中最成功的典范之一。

（资料来源：胡小玲，跨境快时尚品牌SHEIN的品牌建设与崛起之道。）

1.1 品牌管理概述

1.1.1 品牌定义

品牌可以简单理解为市场对某产品及其生产者的认知程度。学术界通常沿用的是美国市场营销学会（AMA）1960年提出的定义：品牌是卖家为了与其他产品进行区分，所使用的名称、术语、设计、象征，或其他任何特征。《辞海》第七版也指出，品牌是指企业对其提供的货物或服务所定的名称、术语、记号、象征、设计，或其组合。与美国市场营销学会的定义相比，辞海的定义不仅指出品牌通常与企业密不可分，而且再次强调品牌可以是各种元素的组合，而不仅仅是某个词语，或者某个视觉设计。国际标准化组织（ISO）在该定义的基础上，进一步强调品牌通常是一种无形资产，具有重要的经济利益与价值。

品牌的英文brand来自古英语，本意为燃烧的木块，用来给陶器、木器甚至牲畜身上烙印，以区分生产者或拥有者的身份。无论是古埃及的墓穴陪葬，还是春秋战国时期的出土文物，都能看到类似的铭文或印记，这些都是品牌的原始版本。由于中华文明的连续传承，在文献、博物馆中能够见证各个历史时期的商业活动与品牌的存在。

放眼西方，希腊罗马时代贸易活动频繁，品牌使用极为广泛。随着罗马帝国的衰亡，西方文明进入中世纪，商业活动有所减少，品牌也进入蛰伏期。但中世纪强调血统、门第，对于纹章学高度重视，而家族纹章的设计思想被地理大发现、工业革命催生的资本主义社会所继承，逐渐演变为今天我们所熟知的品牌标识、品牌形象。

品牌因其对消费决策的重要作用而为广大消费者所熟知。从天猫国际上的一小瓶护肤品到每年万亿美元级别的B2B跨境电商交易，品牌都起到举足轻重的作用。品牌如何做到对某特定产品与服务的区分？根据知名学者大卫·艾克（David A. Aaker）1996年的著作《塑造强势品牌》中所提出的模型，品牌识别可以体现在以下四个层面：产品、组织、个人和符号，如表1-1所示。

表1-1 品牌识别模型

品牌识别层面	识别范围	层次	具体内容
品牌作为产品	核心	日常运作、战术	单个或系列产品；可强调产品的功能属性或情感属性；在消费者产生具体消费需求时容易引发对品牌的联想，如快餐、个人护理等，较容易被其他品牌替代
品牌作为组织	核心	日常运作、战略管理	关注品牌所属企业的特点，如创新性、安全性、时尚性等。与产品相比，作为组织的品牌更加隽永。典型例子：科技企业、娱乐企业等

续表

品牌识别层面	识别范围	层次	具体内容
品牌作为个人	延伸	日常运作、战术	将品牌属性与人的特性相联系，因此消费者可以通过品牌表达个性、建立长久的情感寄托，以及产生独一无二的归属感。典型例子：奢侈品牌、个性化服务等
品牌作为符号	延伸	战略管理	品牌符号可以体现为视觉设计、比喻或品牌故事。典型例子：肯德基上校、农夫山泉

换言之，企业在日常运作中，不断根据消费者需求和市场竞争情况推出新产品或改良现有产品，从而提升消费体验，因此消费者在具体情境中对品牌产生积极联想，将该企业的产品作为第一选择。产品是品牌识别的核心。但正如表1-1中所指出的，由于技术进步的日新月异，或者消费者自身可支配收入的变化，仅作为产品存在的品牌极其容易被竞争对手所替代。而且，即使短时间内没有竞争对手，企业也无法保证每一款产品都能得到消费者的青睐。

因此，企业应当不局限于产品层面的品牌建设，努力将自身打造为品牌的一部分，无论日常运作还是长期经营，都应当准确、及时、稳定地向市场传达自身的价值，使消费者可以将企业本身作为可信赖的对象与伙伴。大多数企业拥有多个产品线。同样以知名快时尚品牌ZARA为例，消费者在意图购买各种类型的衣物时，都可能因为出于对企业的认可，而将其产品作为第一选择，并在其跨境电商独立站直接购买。

随着经济发展水平的提高，消费者的功能诉求将逐渐减弱，情感与个性化诉求将不断强化。因此，即使产品质量优良，企业锐意进取，消费者也可能因为自身偏好而不加理睬。因此，品牌管理还应当延伸到与消费者的情感联系中，从而让消费者将品牌认可为生活的一部分，甚至是生活的重要意义所在。随着时间推移，多数品牌都致力于推出高端产品甚至奢侈品，其背后的原因很可能就是如此。

信息爆炸是互联网时代的特征。消费者每天要与成百上千个品牌"周旋"，做出理性或非理性的判断。冗长的产品说明或反复播放的广告，很可能起到反效果。因此，品牌最终应当浓缩为某种符号，可以是令人过目难忘的视觉设计，或打动人心的品牌故事，让消费者心甘情愿地接受并且形成长期记忆。

对于跨境电商企业而言，品牌必须与互联网深度结合。在社交网络上积极推广，在流媒体平台上分享精彩文字、图片与视频，建设独一无二、精心设计的品牌主页，以及打造充满吸引力的网店，这些都是品牌的重要组成部分。

1.1.2 品牌管理理论的沿革

品牌管理兼具科学性与艺术性，管理者不仅需要具备系统的经济学、管理学和其他相关自然、社会学科知识，也需要具有创意、前瞻性和个人魅力。本节简述与品牌管理有关的理论探索，希望为读者的品牌管理理念提供更多视野与角度。

1. 品牌的经济学解释

在卷帙浩繁的经典经济学著作中，并未有太多专门分析品牌的篇幅。但是，稍加思索不难发现,既然品牌是企业用以与其他竞争对手区分产品与服务的手段,那么品牌管理与经济学中的专业化、劳动分工、比较优势等理论密不可分。跨境电商消费者之所以愿意选择德国生产的厨具、法国设计的时装,抑或产自中国的电子产品或家居用品,归根结底还是这些国家的特定地区或企业形成了高度专业化的产业链,拥有丰厚的人力资本储备,奠定了国际领先的比较优势,而品牌则是这些优势的集中反映。因此,局外人经常会发出"为什么我们国家就不能造出与某国同样质量的产品,塑造国际知名的品牌"的喟叹,或者一些企业家仅凭一腔热血就想要凭空塑造知名品牌,最终失败收场。究其原因,还是没有充分结合所在国家与地区的专业化水平、劳动力特点与比较优势,盲目上马而造成的。

近年来,《哈佛商业评论》《福布斯》等商业媒体不断发出号召,希望经济学家能够提出系统、可行的经济理论,来支持发达与发展中国家企业的品牌管理。这不仅反映了品牌管理与经济学之间千丝万缕的联系,更说明科技与经济的飞速发展给品牌管理提出了新的要求。

2. 品牌观念

从 20 世纪初开始,现代企业逐渐形成规模,在当时管理者所信奉的科层制指导下,企业主要实行的是职能管理的管理方式,即有的部门负责原料,有的负责生产,有的负责销售,互不干涉,品牌形象则是由所有职能部门的工作业绩叠加形成的。由于责任划分明确,管理简单易行,即使在 21 世纪的今天,仍然有很多企业和组织采用这种管理方式。

但这种管理方式的弊端是显而易见的。消费者并不会对产品进行科层制的精准评价,准确指出优点与问题,而是对产品进行整体性认知与体验,在产生不满情绪后一去不回。因此,可能某一职能部门的疏忽大意或技术瓶颈,就会造成品牌的满盘皆输。无论是改革开放初期中国出口贸易的筚路蓝缕,还是跨境电商起步时期很多小型企业的成败兴亡,可能都是品牌观念落后造成的。

3. 品牌经理制

20 世纪中期,以宝洁为代表的跨国公司发现,为品牌设立品牌经理,其管理目标能够系统、有效地贯彻整个设计、开发、生产、销售流程。与机械的职能管理相比,品牌经理制能够保障不同部门的协调,快速实现品牌的树立,并且长期维系品牌在市场上的良好形象。

20 世纪中后期,品牌整合、品牌资产、品牌性格等理论不断涌现,持续推进品牌管理的研究与实践进展。以福特、可口可乐为例,很多老牌企业开始减少盲目上马新的品牌项目,转而打造一两个更具知名度、形象更加统一的品牌,并且不断塑造其性格,意图与消费者建立更加深厚的情感纽带与羁绊。

进入 21 世纪,互联网上的品牌变得更为去中心化。企业、品牌经理无法单独决定品牌的形象、独特性和品牌故事。互联网消费者往往以自身为认知的标准,因此品牌的叙事方式和内容所取得的效果在很大程度上取决于消费者的感受与想法。

4. 品牌战略

随着全球化进程的深化与科技进步,国际市场的竞争日趋激烈,企业的平均寿命从上百年缩减到十几年，甚至只有几年。因此，对于大多数企业而言，根本无暇顾及孕育、培养、维护品牌的漫长过程，只能埋头于生存和竞争当中。

在这一背景下，品牌管理中的每个决定、每个大小节点，都有可能造成巨大的连锁反应。因此，品牌管理必须与企业的长期战略高度契合，严格按照企业的战略目标展开，不能因为一时之需而随意更改。顺应这一趋势的企业往往需要做出重要的取舍，专攻特定领域和业务。

以代表区块链 3.0 的 COSMOS 为例，该企业并未尝试将所有的区块链业务揽入旗下，而是通过建立开放、互通的网络生态系统，通过提供开源开发工具，为其他市场参与者提供舞台，反而因此成为一时无二的选择。

5. 品牌生态

生态本来是典型的生物学概念。品牌管理之所以要借鉴这一术语，是因为传统的市场营销学强调满足与创造消费需求，而消费需求并不是恒定不变的，而是与经济、社会、文化、科技等一系列因素综合交织的。

作家贾雷德·戴蒙德在《剧变：人类社会与国家危机的转折点》中指出，社会的剧烈动荡往往出人意表，被动应对的个人与组织将一次又一次被卡在命运的十字路口，前途未卜。对于品牌管理而言，仅仅考虑自身的职能、职业经理人、企业战略等内部因素，是远远不够的。

因此，品牌生态的观点认为，某些品牌之所以能够脱颖而出，不仅取决于管理者自身的努力，更取决于该品牌对所在商业、社会，甚至自然环境的适应程度，这与生物进化的原理殊途同归。因此，品牌生态理论解释了为什么同一个品牌可能在不同的国家或文化环境中的表现大相径庭。

因此，对于跨境电商而言，仅仅考虑成本、物流等纸面因素是远远不够的。只有深刻理解产品、企业、员工、消费者、政府等之间错综复杂而又密切联系的利益关系网，才能够成功创建和维护品牌。

1.1.3 品牌管理的意义

降价促销立竿见影，金融投资利润丰厚，对于很多企业而言，品牌管理周期漫长，而且无法直接计算经济利益，因此对品牌疏于管理，甚至甘心从事 OEM、ODM 等外包业务，无心树立品牌。但无论企业规模大小、成立早晚，品牌管理都会带来多方面的深远意义。具体而言，其影响主要有以下几方面。

1. 对企业的意义

首先，品牌应当是所有企业经营管理活动的终极目标。如果管理活动无法以创建和维护品牌为共同目标，则很可能各自为政，甚至互相掣肘。贯彻品牌管理，能够克服传统科层制带来的弊端，促进企业的扁平化，鼓励企业的创新意识。

而且，品牌本身就是企业最有价值、最不易过时、最具流动性、最有可能突破文化差异的资产。以品牌咨询企业 Interbrand 的 2021 年全球榜单为例，排名前三位的企业苹果（Apple）、亚马逊（Amazon）和微软（Microsoft），其品牌价值分别达到 4802 亿、2482 亿和

2101亿美元。这些著名品牌给自身产品和服务所带来的溢价，为股东带来了极大回报。这些品牌中，与电商、跨境电商有关的品牌的成长是最快的，无论是国内的阿里巴巴、京东，还是日本乐天、德国Zalando，或美国视频点播网站Netflix，都获得了喜人的品牌资产增长。关于品牌资产的探讨，将在本书第3章进一步展开。

2．对消费者的意义

经济学的经典理论认为，人是理性人，以追求自身利益的最大化为目标。而现代心理学则发现，人不一定能够时刻保持理性，在感知、认知、决策、记忆等心理环节，都存在典型的非理性特征。因此，著名经济学家、心理学家丹尼尔·卡尼曼在其著作《思考：快与慢》中详细阐述了人为什么会产生非理性心理与决策。由于思考需要消耗认知资源，而认知资源是非常有限的，因此个体必须合理分配注意力、判断力等珍贵的认知资源。而品牌能够提供令人信服的承诺，消费者无须进行费时费力的比较，穷尽列举竞品的种种属性，只需要在购物情境中寻找自己信任的品牌，大量节约时间和认知资源。换言之，消费者可以利用品牌为跳板，从较为烦琐的认知型决策转换到轻松愉悦的习惯型决策。

另外，消费者通过消费行为，定义自身的个性、生活方式与身份。经济学家凡勃仑在其代表作《有闲阶级论》中就指出，随着技术进步和资本的累积，很多人不再追求用劳动和创造来体现人生价值，而转向挥霍金钱来放纵自我。因此，无论亿万富翁，还是普罗大众，都被消费能力所定义，人们通过比较消费内容、消费方式来产生认同感、归属感和优越感。而物美价廉、经过时间考验的品牌，能够在一定程度上克服这种消费成瘾的社会痼疾，提倡节俭的消费习惯。消费者不仅能够通过选择优秀的品牌获得自身的身份认同，更可以以此形成特定消费群体与社群，增进与社会的联系。

3．对员工的意义

管理层经常将企业战略、愿景、实现人生价值等作为支撑自身观点的基础，但对于大多数员工，尤其是基层、年轻员工而言，薪酬与福利才是最切实的考量。一旦企业不能满足他们的需求，就会萌生跳槽的想法。一般认为，企业员工的流失率应当控制在15%以下，超过18%时就应当引起管理者的警惕。根据前程无忧的一份研究报告，2021年中国企业的平均员工流失率为18.8%，而同年的美国劳工部的调查显示，美国的总员工流失率（包括自愿与非自愿离职）竟然高达惊人的57.3%。2022年，多家电商企业进行了大规模裁员，这是企业和员工的双重损失。

对于企业，员工流失的代价是巨大的。一方面，员工一旦离职，之前所有的招聘费用、培训成本归零，企业不得不重新开启招聘渠道，造成巨大的资源浪费。另一方面，老员工通常掌握着许多客户资源。《孙子兵法》有云："故智将务食于敌，食敌一钟，当吾二十钟。"企业客户资源的流失必然意味着客户资源流向竞争对手，此消彼长，将对市场份额和企业形象造成难以估量的负面影响。

因此，芬兰市场学家克里斯琴·格罗路斯（Christian Gronroos）提出了内部营销的概念，也就是说，要让市场和消费者认可产品，首先要培养企业管理层和员工接受企业的愿景与理念，他们才能超越基本的温饱考量，通过奉献精神与刻苦努力，将自身的未来与企业的未来有机结合,实现双赢。员工接受了企业的经营理念,才能自觉自愿、积极主动地承担责任,打破职能樊篱,为企业创造更多的价值,为消费者提供更好的产品与服务,这就是内部营销的基本假设。

因此,自20世纪后半叶以来,对企业文化的探讨不绝于耳。但究竟何为企业文化,如何才能更好地塑造企业文化,管理学界并没有达成共识。有的企业强调纪律与克制,有的企业则希望解放员工的个性。有的管理者以盈利为目的,而有的则以企业的长期发展为框架。在纷繁复杂的绩效指标中,品牌无疑是最具号召力的内部营销手段。假如员工以品牌为荣,管理就能纲举目张,举重若轻。倘若内部营销缺乏品牌的号召力,则无论是经济利益的诱惑,还是规章制度的约束,都无法真正让员工服膺。

4．对国民经济的意义

品牌是国民经济发展水平的晴雨表。放眼世界五百强榜单,绝大多数企业来自西欧、北美、东亚等经济发达地区。发展中国家通过刺激经济,可以在短期内取得高速增长,但要想打造知名品牌,道路非常曲折,难度系数很高。举例说明,德国于1990年统一,多年以后,东部地区经济发展水平仍然不如西部地区,绝大多数德国著名品牌都来自西部地区,而东部的品牌则屈指可数。

如果说 GDP 只是经济增长的初级阶段,那品牌才是经济实力的真正体现。而拥有著名品牌的经济体,也容易事半功倍。近年来,中国跨境电商品牌 Anker、遨森、SHEIN 等在国际市场表现亮眼。究其原因,是改革开放以来,中国在轻工业、加工贸易等领域取得了惊人的进步,拥有全世界最有效率的供应链,因此得以在消费电子、服装、家居等细分市场树立较为成功的品牌。但是,在其他很多领域,中国仍然大量进口国际品牌的产品与服务,这说明品牌战略绝不是一蹴而就的。一方面,企业应当高度重视品牌带来的经济利益与价值。另一方面,政府也应当积极引导与培育知名品牌,反哺原材料、生产、物流等环节,创造更多就业和投资机会。

☞视野拓展

品牌保护

跨境电商企业每天要处理海量的信息,上架下架各种产品,如果产品销量可观,很容易引起竞争对手的恶意模仿;而如果某品牌以次充好、恶意刷单,也会损害消费者的利益。以最著名的跨境电商平台亚马逊为例,在特定品牌出售之前,需要进行特定的申请批准流程。商家可以通过准备全供应链采购发票、产品授权书等文件,向电商平台申请品牌授权。如果品牌违规,则会被限制上架甚至取消资格。虽然过程略为烦琐,但这种保护机制能够尽量避免侵权或不实信息,维护诸多商家与广大消费者的利益。

1.2　基于消费者的品牌管理

品牌管理并没有一定的窠臼。企业可以出于经济利益、客户关系、文化差异、感官体验、身份认同等目的，进行品牌形象的打造和维护。但是，多数教材与学术论文都建议品牌战略应当基于消费者进行设计与实践。借用消费者研究的两种主要范式：实证主义和解释主义，我们可以发现，以消费者为锚点，首先能够理性分析品牌战略所取得的成就得失，这是因为经济利益、客户关系等都来自消费者的满意和认可。同时，也能够避免实证主义的局限，即以西方发达国家的标准为准绳，强行套用在不同文化和社群上。解释主义致力于从本土经验出发，揭示文化差异、感官体验和身份认同所带来的千变万化的消费观。本节贯穿品牌管理的流程，从企业创建品牌、消费者感知品牌、品牌的市场反馈三个阶段入手，提出基于消费者的品牌管理的基本原理。

1.2.1 创建品牌

申请注册商标，是创建品牌的第一步。按照《中华人民共和国商标法》的相关规定，任何能够将自然人、法人或者其他组织的商品与他人的商品区别开的标志，包括文字、图形、字母、数字、三维标志、颜色组合和声音等，以及上述要素的组合，均可以作为商标申请注册。申请注册的商标，不能与国家名称、国旗、国歌等相同，不得带有民族歧视性，不得有害于社会主义道德风尚。另外，仅包括商品通用名称的，仅表示商品质量、主要原料、用途等的或者其他缺乏显著特征的商标，也无法获得注册。

进入海外市场，企业还应当考虑进行商标的国际注册。根据国家知识产权局的说明，目前通行的是马德里商标国际注册，即根据《商标国际注册马德里协定》（以下简称马德里协定）或《商标国际注册马德里协定有关议定书》（以下简称马德里议定书）的规定，在马德里联盟成员国进行的商标注册。相对于单独去国外注册，马德里商标国际注册具有覆盖范围广、手续方便快捷、费用相对低廉的优点。而马德里联盟是指由马德里协定和马德里议定书所适用的国家或政府间组织所组成的商标国际注册特别联盟。根据世界知识产权组织的资料，截至2022年2月，马德里联盟共有110个缔约方，覆盖126个国家。中国、美国、德国、法国、英国、意大利、日本、韩国、俄罗斯、澳大利亚、瑞士等世界主要经济体都是马德里联盟成员。

但是，申请注册商标仅仅是创建品牌的法律程序。根据国家知识产权局商标局的统计数据，仅2021年一年，全国商标注册申请件数就多达919万余。国内企业的品牌意识逐渐增强，利用法律保护自身利益，这是可喜的趋势。但是，中国品牌在国际市场上仍然缺乏号召力，品牌资产难以积累。

除注册商标外，创建品牌还需要考虑其他因素，包括品牌宣传词（Tagline）、主色调、员工服装、宣传彩页与海报、网站设计、包装等，都应当围绕注册商标展开。很多著名品牌在发展过程中曾经因为设计理念未能统一，而导致中途更改，增加了消费者的品牌认知难度，给品牌资产的积累带来了障碍。

例如，国内某大型跨境电商企业的中文名称不仅朗朗上口，而且符合中国文化的谦逊、友善的价值观。但是，在翻译为英文后，发音"bang"不仅有爆炸的意思，还带有一定的歧义，因此部分消费者感到困惑。

同理，Facebook的创始人扎克伯格认为，该品牌的形象与分享文字、照片的社交网络已经无法分割，为了其元宇宙业务的设想，只能另起炉灶，重新创立 Meta。该品牌创立后经历了股价下跌、市值蒸发，品牌建设仍然任重道远。

不同的品牌经历，引出以下关键问题：任何业务都能品牌化吗？如果管理层已经下定决心品牌化，应当遵循怎样的原则，才能减少日后品牌管理的困难？

与产品研发设计不同，品牌一旦创建，很难半路修改或退出，只能披荆斩棘，一路前行。因此，不基于消费者的品牌，很可能在创建之初就犯下错误，日后难以修正或弥补。所以，在创建品牌之时，首先应当研究目标市场与受众，了解他们的偏好与禁忌，决定品牌大致的业务范围，以及可能的生命周期，思考与其他品牌的差异性和定位（详见第2章），并且在与消费者和市场不断互动的过程中进行微调。

1.2.2 品牌知识

创建品牌仅仅是万里长征的第一步。品牌管理的核心任务，是让消费者能够在进行消费决策与行为时，及时想起和选择该品牌。凯文·凯勒的品牌资产模型（下文简称凯勒模型）将该任务称为品牌知识（Brand Knowledge）。

从消费者心理学出发，品牌知识是让消费者对特定品牌产生与竞争品牌差异化的理性判断与情感共鸣。从传播学的角度分析，品牌知识就是以合适的编码方式，给消费者发出特定的信息，包括图像、音频、气味等要素，增加消费者对特定品牌的辨识度。

不同的品牌模型中，品牌知识的内涵也不尽相同。凯勒模型提出，品牌知识由消费者记忆中关于品牌的节点与链环构成，包括品牌意识（Brand Awareness）和品牌形象（Brand Image）。品牌管理的第一要素是建立品牌意识，即品牌在消费者记忆中留下的总体印象，包括品牌回想（Brand Recall）与品牌识别（Brand Recognition）。

1. 品牌回想

简言之，品牌回想指的是在完全没有外界提示的情况下，消费者能够准确回想起来的品牌名称。最典型的消费场景，就是消费者意识到自己需要某个产品类型：饿肚子时会想到快餐，天气冷时会想到购买大衣，学习任务重时会想到更换一台更新更好的笔记本电脑。如果没有外界提示，通常消费者只能想起3~5个该产品类型下的品牌。甚至，很多消费者可能只能回想起1~2个著名品牌，这是由认知心理的规律决定的。虽然人的长期记忆能力惊人，但同时处理多个类似事物的能力却有限，通常不会超过6~7个。例如，在超市购物时，多数人都会发现自己经常丢三落四，少买几样东西，最后只好每次提前将购物清单列在纸上或手机里。

因此，无论企业自身的品牌宣传多么耗费巨资，邀请明星代言，或者将产品设计得美轮美奂，使得品牌知名度看上去很高，但如果消费者在思考产品类型时根本无法回想起该品牌与产品类型之间的联系，就不会将它列为潜在的购买对象，可以说输在了起跑线上。

如何提高消费者品牌回想的成功率？加强产品类型与品牌之间的联想，无疑是最为有效的方法。传统行业中，米其林轮胎将商标设计成憨态可掬的轮胎人，肯德基商标使用和蔼可亲、热情好客的上校形象，华为商标采用热情洋溢、充满朝气的太阳花图案代表积极创新，能够较为有效地提高品牌回想。

在跨境电商品牌中，俄罗斯跨境购物平台 Wildberries 无论在色彩、字体还是图案上都使用了与"野生浆果"相符的设计方案，给予消费者甘甜、营养丰富、天然的品牌联想，容易产生品牌回想。荷兰跨境电商品牌 Coolblue 主营电子产品，因此品牌 Logo 以蓝色为底色，强调科技感，并加上与蓝色对比鲜明、象征荷兰文化的橙色，加深各国消费者对品牌的印象。

2. 品牌识别

品牌识别也可以理解为品牌认知度，指的是在见到或听到品牌的广告或相关信息时，消费者确认对该品牌留有印象，说明之前有所了解，形成了一定的长期记忆。品牌识别并不要求消费者直接回忆起品牌，而是在销售终端或网上浏览时，能够认出该品牌并产生必要的品牌与产品类型的联想。

品牌识别的重要性显而易见。很多企业为了加深消费者的记忆，花费重金在媒体上提高曝光率、提升存在感。一些品牌为了片面追求曝光，大量重复播放广告内容，最终导致消费者的厌烦和负面印象。如此一来，品牌成了消费者心目中的反面典型，虽然能够记得品牌的名称和广告内容，但无法将品牌与产品类型联系起来，而且通常宣传花费成本不菲。

相比而言，品牌识别的效果更为精准。只要在特定的周期（例如，每周投放三次广告）重新激活消费者的长期记忆，消费者就能凭借只言片语回忆起之前的内容，形成品牌识别。对于跨境电商而言，当消费者输入特定的关键词，或者根据产品类型进行联想式搜索时，大数据就可以根据其搜索内容投放相应的广告或产品链接，消费者通过品牌识别效应，形成较为积极的态度与较高的购买意愿。

需要指出的是，品牌知识仅仅是品牌战略获得成功的一个必要条件，而非充分条件。这是因为，某些品牌较为强势，或者由于其定位，较为容易引起品牌回想和品牌识别，虽然消费者能够轻易回忆起该品牌，却不一定最终做出购买的决策。举一个较为典型的例子，在考虑购买一辆新车时，很多普通消费者都会第一时间回想起奔驰、宝马、特斯拉等知名品牌，但无论出于经济考量，还是出于家庭的实际需求，最终并不一定会购买这些较为昂贵的品牌。因此，真正基于消费者的品牌管理，还要综合考虑市场反馈的结果。

关于凯勒模型中其他要素在跨境电商品牌资产管理中的应用，将在第 3 章进一步展开。

1.2.3 市场反馈

有的消费者爱屋及乌，对品牌和产品会产生非常积极的评价。而有的消费者则感情用事，因为某次消费经历而对品牌产生消极印象，在朋友之间和社交媒体上反复渲染自己的不满。为了消弭这些带有偏差的信息，企业必须收集市场信息后进行精炼，不断反馈至管理层，改善品牌管理水平，投放至各个环节，进行进一步的信息收集，最终形成完整的闭环管理体系，这样就形成了基本的市场反馈模型。较为常见的市场反馈模型包括销售反馈、互动反馈、竞争反馈与长期反馈。

1．销售反馈

销售反馈是市场反馈中最为常见的一种类型，主要测量广告起到的效果、促销对销量的作用等。通过探究消费者的心理、销售门店或电商平台商铺数据，可以较为明晰地发现哪些广告起到效果，哪些促销手段(例如，黑色星期五的购物券)直接促成了购买行为。这样一来，可以最为直接有效地提升消费者的满意度。

2．互动反馈

对于初创期的品牌而言，销售反馈通常就能够满足管理决策需要了。但对于产品线复杂、经营时间悠久的企业而言，仅仅关注销售反馈，可能会顾此失彼，只见树木不见森林。因此，互动反馈常常会着眼于同一家企业的不同品牌之间的关系，如花费同样的广告宣传费用，新品牌和老品牌取得的效果有哪些异同，或者，意料之中的降价(如节日促销)和意料之外的降价(如随机秒杀价)，哪种能够赢得消费者更多的青睐等。

3．竞争反馈

任何企业与产品都无法完全垄断市场。知己知彼，百战不殆，有的品牌之所以没落，并不是犯了什么过错，而是由于竞争对手做得更好，随着时间流逝，消费者自然而然地流失到了其他品牌阵营之中。因此，竞争反馈主要关注消费者对于其他竞品的态度、意愿与实际购买行为，以及不同品牌之间有哪些反应过度或反应不足的竞争对策等。

4．长期反馈

朝令夕改是企业管理的痼疾。由于市场情况瞬息万变，管理层容易在品牌管理中推翻自身之前的策略，不仅令员工无所适从，也让消费者困惑不已。因此，长期反馈主要反映哪些品牌管理手段在短期和长期取得了效果，以及市场的变化趋势。

简言之，从品牌管理的过程看，从创建品牌，到增加品牌知识，最后到及时采纳市场反馈，品牌管理必须以消费者为基础和准绳。但并不是所有的跨境电商企业都能够完全按照这样的原则去管理品牌，从而陷入一定的品牌管理误区。

1.3 跨境电商企业品牌管理现状和误区

随着生产、仓储物流技术的进步和商业环境的不断改善，加之疫情等黑天鹅事件的影响，近年来跨境电商发展迅猛，跨境电商企业通过提升供应链与库存管理，提高支付的可靠性与便捷程度，强调品牌的健康、环保、可持续发展等伦理价值，新兴业态不断涌现，众多新的品牌在迅速崛起。本节简述跨境电商企业品牌管理的典型现状，和一些主要误区。

1.3.1 品牌管理现状

跨境电商与国内电商相比，品牌管理的难度显著提升，主要原因包括：多数员工不能熟练掌握外语，尤其是目标市场的外语，造成沟通障碍；即使可以通过翻译工具或专业翻译人员的协助进行沟通，许多文化差异也令品牌管理步履维艰；不同国家的消费者对消费者支持功能的期待可能各不相同，导致企业无法使用同一标准来满足不同需求；一些市场的电子支付技术高度成熟，而另一些市场则达不到同样的条件，极大地限制了购买意愿；等等。

1. 国际企业的品牌管理

虽然行业、市场各不相同，但在跨境电商中取得成功的国际企业在品牌战略上呈现一些共性。首先，由于国际企业的产品组合丰富，品牌资产储备雄厚，管理者通常不会盲目将本国市场热卖的产品原封不动地搬向海外，而是先谨慎地了解其他市场的具体需求。

其次，国际企业会非常全面地分析目标市场本土的竞争对手。为了克服客场作战的弊端，还会通过入股、合资等方式，将自身的优势资源与当地的强势平台或企业进行整合，从而加快市场准入，加快经验曲线的进程，减少不必要的摩擦，分担成本与风险。

最后，国际企业会大刀阔斧地推进产品和品牌的全面本土化进程。从品牌形象、产品研发到仓储物流、营销推广，甚至风土人情、文化习惯，哪家企业能够更快地融入当地市场，接近当地消费者，就能更快地取得成功。以海尔洗衣机为例，东南亚国家气候炎热，消费者经常要洗涤大量的衣物床单，因此海尔洗衣机加大了洗涤容量，便于消费者节约时间和用水。北美不允许在户外晾晒衣物，因此北美的海尔洗衣机通常具备强大的烘干功能。日本、韩国消费者生活节奏快，因此海尔通过当地发达的互联网基础设施，利用物联网技术让消费者无论身处何地，都能自如操作洗衣机，并且准确掌握洗涤时间与结果。

2. 中国跨境电商企业的品牌管理

在参与跨境电商业务的初期，多数中国企业主要靠成熟的国内供应链和相对低廉的价格，通过价格便宜、量又足的老办法赢得海外市场，通过打造爆款产品，创造大量利润，其原理与购买彩票无异。而且，爆款产品缺乏规律，消费者黏性不强，随着国内原材料、土地、人力等成本不断攀升，打造爆款产品的难度越来越高。

近年来，跨境电商的外部环境发生剧变，早期的粗放型品牌管理方法不再适用。2021年是"中国制造"出海转向"中国品牌"出海的关键节点。跨境电商品牌建设不仅能够提高消费者忠诚度，通过品牌溢价提升企业盈利空间，而且品牌也能够较好地应对疫情、政治经济波动等国际市场常见的风险因素。根据谷歌与德勤共同出品的《2021年中国跨境电商发展报告》，目前跨境电商存在不同类型：外贸工厂、平台卖家、流量导向独立站、品牌导向独立站、产品导向独立站及出海淘品牌等，不同业态的品牌管理也不尽相同。

- 外贸工厂：依赖代工模式，主要依靠产品力和价格，品牌管理力度较弱。
- 平台卖家：通过亚马逊等平台起步，依赖消费者黏性，产品可能存在良莠不齐的现象，品牌管理理念刚刚成形。
- 流量导向独立站：主要依靠开设新商铺拓展业务，对品牌管理不够重视。
- 品牌导向独立站：由于围绕单个独立站运营，消费者黏性和产品力都比较重要，因此品牌管理力度相对较大，用于减少消费者流失和保证品牌形象。

- 产品导向独立站：由于依靠强势单品，品牌形象是产品立足的唯一法门，因此品牌管理较为规范，水平较高。
- 出海淘品牌：依靠淘宝等国内平台，尝试通过独立站向海外发展，因此几乎不存在消费者黏性，品牌管理较为规范，对品牌战略要求较高，不容有失。

1.3.2 品牌管理误区

很多经济学、管理学的教科书要么来自美国，要么由中国本土的学者撰写。需要指出的是，中美两国在世界市场上恰恰属于特例。首先，中美两国分别是世界第一、第二大经济体，经济发展平稳有序；而世界上的绝大多数国家经济发展缓慢，并且时常出现波动甚至动荡。其次，中美两国的国内市场规模都比较大，很多企业仅凭国内市场就能够生存和发展；但对于大多数国家，无论是荷兰、瑞士这样的发达国家，还是马来西亚、埃及这样的发展中国家，其国内市场不仅规模有限，而且消费能力不足，难以支撑很多品牌同时进行竞争。最后，中美两国的文化都具有相当高的独特性，国民对其他国家的文化了解程度往往参差不齐。因此，跨境电商企业在进行理论与实践的结合时，难免走入一些误区。

1. 消费者维度

传统市场营销理论认为，成功的品牌可以根据地域、人口特征等原则对市场进行细分。这种做法对于传统行业而言简单易行，而从消费者维度出发，这样的做法是跨境电商企业容易走入的第一个误区。这种对消费者的诠释过于机械，可能给品牌管理带来误导。以美国市场为例，如果一家以充电宝为主要产品的产品导向独立站认为，东海岸地区民众普遍收入较高，因此市场饱和，竞争激烈，属于红海市场；而中西部农业州的经济规模小，因此市场竞争程度低，属于蓝海市场，并以此为依据进行产品设计和市场推广，可能并不准确。实际情况可能是东海岸地区虽然竞争激烈，但日常通勤的消费者数量很大，充电宝需求较高，不同细分市场可以容纳不同的品牌；反观中西部农业州，虽然竞争相对不激烈，但人口相对稀少，城镇化程度低，对移动充电的市场总体需求反而不高。同理，一家家居企业如果从欧洲转向南亚，仍然采用之前的打折促销时间表，而欧洲和南亚的文化迥异，欧洲人会在圣诞节前后大量购物，而南亚消费者的购物高峰期则是十月和十一月，购物的选择也与欧洲消费者不同，则策略失败。

因此，企业应当积极、谨慎地进行全面的市场调研，进行较为准确的消费者画像，对购物大数据进行深度分析，从而开展精细化的品牌建设，更好地满足消费者需求。

2. 产品维度

传统的企业国际化理论认为，进入国际市场的路径主要有两条：全球战略意味着企业试图以技术和成本优势孕育具有卓越质量与性能的产品，通过将该产品投放全球市场，尽快完成供应链的全球化；而本土战略则意味着企业以人力资源和文化优势，为不同的国家、地区、族群量身打造不同的产品，从而最大化市场份额和消费者黏性。

因此，管理者可能会依靠价格低廉的产品实施全球战略，或深耕部分地区市场（北美、欧洲、日韩、东南亚等）实施本土战略。这种做法从市场营销学角度而言无可厚非。但传统行业参与竞争的企业数量往往有限，实施不同战略的企业可以各自找到自身的比较优势和细分市场；而跨境电商参与竞争的企业数量相对而言非常多，定位各不相同，因此成本优势较传统行业更难体现。同理，跨境电商和本土电商相比，物流成本更高，产品文化障碍更多，支付方式可能更加繁复，更难与本土企业竞争。

因此，跨境电商企业不能盲目实施全球或本土战略。对于垂直品类品牌而言，打造独特功能的强势单品，是取得成功的第一步。而全品类品牌则不宜全面上架所有产品，而是应当理性估计产品生命周期，策略性、周期性上新，与本土企业差异化竞争，抓住特定消费者群体来提高黏性，拉动销售。

3．品牌维度

对于很多规模较小的跨境电商企业而言，不重视品牌管理，单纯依靠电商平台的消费者数量进行产品推广，其后果是消费者流失、利润率下降，前文已有探讨，不再赘述。

近年来，品牌管理强调"品牌就是讲故事"，利用叙事吸引消费者的注意力。由于消费者厌倦机械单调的广告宣传，对于品牌背后引人入胜、曲折动人的品牌成长经历更加认可，很多跨境电商企业也采用类似的方式，在海外市场进行讲故事式的品牌宣传与推广。

这种品牌建设策略在本土市场可能非常奏效。但对于跨境电商而言，试图利用品牌故事一蹴而就的企划可能事倍功半。一方面，多数品牌管理者能够根据本土消费者的品味和喜好，设计出脍炙人口的品牌故事，甚至成为病毒营销的范例；但大多数人并无长年旅居海外、深刻理解目标市场文化的经历，本土的品牌故事可能在海外并不受欢迎，反而令消费者觉得与自己的身份、喜好相差更远。另一方面，品牌故事可能会吊起消费者的胃口，造成过高的期待，一旦产品体验不尽如人意，可能造成反效果。

因此，对于大多数跨境电商品牌而言，脚踏实地地以优越的产品和服务为品牌铺垫，才是较为稳妥的品牌战略。

【本章小结】

本章首先介绍了品牌的基本概念，然后简述了品牌管理对于企业经营管理各方面的重要意义，接下来分析了企业为什么要基于消费者进行品牌战略的制定与实施，最后概述了跨境电商企业品牌管理的现状和误区。

【本章习题】

一、名词解释

品牌　　品牌资产　　品牌回想　　品牌识别　　市场反馈

二、单项选择题

1．强调品牌背后企业的优点，这是品牌识别中的（　　）层面。
　　A．产品　　　　B．组织　　　　C．个人　　　　D．符号
2．指定专人负责品牌管理和建设，这是（　　）。
　　A．比较优势　　B．科层制　　　C．品牌经理制　　D．品牌战略

3. 企业在品牌建设时，先培训员工品牌意识的做法属于（　　）。
   A. 认知资源　　　B. 内部营销　　　C. 企业文化　　　D. 外部营销
4. 企业调查广告、促销等手段对业绩的影响，属于（　　）反馈。
   A. 销售　　　　　B. 互动　　　　　C. 竞争　　　　　D. 长期
5. 以下跨境电商企业中，品牌意识最强的是（　　）。
   A. 外贸工厂　　　B. 平台卖家　　　C. 独立站　　　　D. 出海品牌

三、简答题

1. 品牌管理的意义是什么？
2. 为什么要基于消费者设计品牌战略？
3. 为什么多数企业会陷入品牌管理的误区？
4. 怎样合理制定跨境电商企业的品牌策略？
5. 举例说明跨境电商缺乏品牌效应造成的结果。

案例分析

通过进口跨境电商获得成功的意大利美妆品牌 Kiko

Kiko（Kiko Milano）是一家来自意大利米兰的彩妆品牌，在欧洲拥有600余家分店，虽然规模不比国际高端彩妆巨头，但作为阿玛尼的御用走秀品牌还是小有名气的。

2018年7月，Kiko通过天猫国际进入中国，采用跨境保税备货模式先行探路。刚进入中国的Kiko便在天猫国际2018年意大利彩妆先锋活动中拔得销量头筹并收获了23万店铺粉丝。可见国际彩妆品牌对中国消费者依然极具吸引力。而放眼天猫国际旗舰店整年数据（2019年5月至2020年5月），Kiko天猫国际旗舰店仅仅依靠保税备货的跨境电商模式就取得了接近8000万元的销售额，而同时Kiko在京东国际等其他跨境电商平台中也有销售。

细看畅销单品的情况，为了迎合中国Z世代日渐崛起的趋势，Kiko在2019年推出了"女学生款"口红，利用充满少女感的设计和较低的单价吸引年轻群体的倾慕。同时根据中国人的肤色推出了"中国定制色号"，收获了如潮好评。由于11月是中国电商销售量的高峰月份，以下选取11月Kiko的单品销售数据来分析。

1. 意大利Kiko4系口红小众女学生款豆沙色正品唇膏2019年11月销售额：4547930元

这款唇膏是Kiko口红的经典系列-小黑管，从名称可以看出此款单品的针对人群，"小众""女学生"的标签可以很好地吸引年轻群体尤其是Z世代的注意力，同时和国际高端巨头品牌形成差异化竞争。唇膏中部分色号为"中国定制色"，更加符合中国人的肤色和气质。且作为品牌内定位较高的经典系列，11月的成交单价仅为76元左右（数据来源：淘宝数据平台），较低的成本极大程度地满足了年轻人喜爱尝试的特性。

2. Kiko哑光小金管3系口红女雾面丝绒持久不脱色正品唇膏2019年11月销售额：1514957元

11月销售额第二名为品牌内较为高端的小金管系列，不同于小黑管较为亲民的价格，

11月小金管的平均成交价达到了100元的门槛。相较亮面个性的妆效，小金管选用了哑光，光效更显气质，适合刚刚工作的Z世代。且相对较高但可以接受的价格可以满足Z世代冲击高端产品线的尝鲜心理。

（数据来源：淘宝数据平台2020）

3. Kiko双头唇釉持久不脱色不掉色不沾杯女学生款哑光唇彩唇蜜2019年11月销售额：1011693元

11月销售额第三名的单品是一款双头的唇彩，依旧针对年轻群体。双头的设计使消费者可以使用一种单品打造雾面和亮面两种妆效，同时此款单品依旧延续了"中国定制色"的特性。虽然11月成交单价接近100元，但是一管两用的设计想必会引起入门化妆不久的年轻女性的兴趣。

（作者根据相关资料整理。）

根据以上案例分析下面的问题：

1. 意大利彩妆品牌Kiko是如何利用跨境电商实现中国市场战略的？
2. 该企业的产品为什么得到消费者的欢迎？

Chapter 2

第 2 章 跨境电商品牌定位

【本章要点】

- 跨境电商品牌定位的概念与意义
- 跨境电商品牌定位的基本原则
- 跨境电商品牌定位的管理流程
- 跨境电商品牌定位的策略
- 跨境电商品牌定位的工具

【引导案例】

深圳市创琦志科技有限公司——Smalody

深圳市创琦志科技有限公司(下文简称创琦志公司)是集生产、研发、销售、售后服务于一体的科技型生产企业,专注设计并生产智能科技消费电子产品,旗下有"CBP"及"Smalody"国际注册商标。创琦志公司主营蓝牙音响、计算机音响、声霸等无线智能产品,辅营玩具、灯具。2014 年 2 月 14 日,董事长林少为在深圳宝安固戍组建了自己的创业团队,加入跨境电商 B2C 的创业大军。企业新建了自己的品牌及宣传网站,以跨境电商平台敦煌网作为首选平台。2015 年 1 月 21 日,创琦志公司正式注册,注册资金 100 万元。公司产品类型丰富,功能新颖,还特别注重强化品牌,进一步踏入海外市场,从原始爆发式增长到全新转型路口。全球跨境电商盛宴上,林少为表示要坚持做小而美,强化本土化消费者服务,掌舵自己的人生。

创琦志公司在发展途中注重走自主品牌、关注消费者的硬需求、专注高新行业发展,随科技大潮流顺势而行,从产品出发,在产品设计中注重产品差异化理念,给消费者带来让人耳目一新的产品。基于原创,始于产品,注重消费者人性化体验,从而筑建品牌价值。

创琦志公司一开始便坚持强化本土化消费者服务,决定做一个"小而美"的品牌,斯迈洛迪(Smalody)品牌由此而诞生。Smalody 品牌专注于音响领域深耕和细化,立志为家庭及年轻一代创造出优质的声音体验和工艺设计美感体验的品牌产品,突出品牌个性化,强调品牌独特性。

品牌定位是整个品牌战略管理的灵魂。成功的品牌都有一个特征,就是以始终如一的形式将品牌功能与消费者心理需要连接起来，并将品牌定位信息准确地传达给消费者。创琦志公司根据自身的实际情况，在品牌定位上专注于音响领域的深耕和细化，并瞄准年轻群体，采取正确的品牌定位策略，不断针对不同的次级细分市场推出不同的高质量产品，并将 Smalody 品牌延伸到平衡车等其他产品，进一步扩大受众主体，实现了品牌的延伸。

同时 Smalody 选择了正确的品牌营销战略，利用网络营销手段不断深化自身品牌与目标消费者群体的沟通，从品牌定位的制定，到品牌定位的确立、品牌形象的巩固都未离开消费者，依托跨境电商平台的优势成功抓住时机，扩大品牌影响力，大力开拓海外音响市场。

（资料来源：陈一鸣、何望，跨境电商 B2C 创业企业品牌营销案例研究。）

2.1 跨境电商品牌定位的概念与意义

2.1.1 跨境电商品牌定位的概念

1970 年，杰克·特劳特和艾·里斯在《广告时代》杂志上首次提出"定位"一词，该词的提出引发了一场营销界的思想革命，这一概念划分了时代，并发展成为营销界的永恒法则，而其提出者也因此被誉为"有史以来对美国营销界影响最大的人"。杰克·特劳特和艾·里斯认为，定位并不是要对产品做什么事，而是对未来潜在消费者的心智所下的功夫，其目的在于获得潜在消费者心智中的有利地位。他们把"定位"当作一种纯粹的传播策略，让产品信息占领消费者心智中的空隙。定位不是针对产品本身，而是针对潜在消费者的思想。

跨境电商品牌定位，是对跨境电商品牌进行设计，使其能够在目标消费者心智阶梯中占据一定具有独特性、有价值和不可替代的有利地位的行动。对跨境电商企业而言，即通过品牌定位明析企业的核心竞争力，在众多的品牌中实现区隔，鲜明地建立品牌。站在消费者的角度来说，就是品牌通过品牌定位使得消费者对产品、跨境电商企业产生感性和理性认知，给消费者相信品牌的依据，提醒或者告诉消费者自己的诉求是什么，并且传递本品牌能够满足的其诉求的信息。当消费者产生需求时，会无意识地将该品牌作为首选，因为该品牌已经在消费者心智中占据了有利地位。跨境电商的品牌定位相较于普通的品牌定位更为复杂，跨境电商是跨越国际的，商家依附于网络进行跨境销售，使得跨境电商品牌定位需要考虑消费者全球性、非中心化等特征。

跨境电商品牌定位是跨境电商整个品牌管理过程中最重要的一步，是方向选择的问题，决定了品牌未来发展方向，关系到目标消费者群体选择、品牌传播渠道设计、企业网络营销组合制定等。更重要的是，这是一项企业跨境出海战略性的工作，是整个品牌运作的中心环节和关键步骤，跨境电商品牌一旦定位好后，企业所有的内外资源自上而下都要以此品牌定位为中心统筹。

那么什么样的企业需要进行跨境电商品牌定位呢？

一是新创业的跨境电商企业。在对自己未来目标市场有细致的了解之后,跨境电商企业可以先设计自己的品牌定位。但这时候定位,只能是浅尝辄止,无法发挥品牌定位的真正作用,企业还需要在一步步的试错中积累形成自身鲜明的品牌定位。

二是遇瓶颈期的跨境电商企业。倘若某跨境电商企业在某一海外市场中已经占有了一定的份额,具有一定的网络消费者基础,如若遇到利润、业绩难以突破的瓶颈,企业可以借此重新梳理自己的品牌定位,从而突破瓶颈,获得重生。

2.1.2　相关概念辨析

1．跨境电商市场定位、产品定位、品牌定位之间的区别和联系

市场定位、产品定位、品牌定位至今仍被许多人混为一谈,其实三者之间关系紧密,但又互相区别,三者分别对"卖给谁""卖什么""怎么卖"三个问题做出了回答。

市场定位是竞争格局层面的,定位企业在哪个层面竞争,与哪些人竞争。市场定位指跨境电商企业想要进入哪个国家或地区,从而对该国家、地区进行市场细分,将目标消费者划分为一群群具有相同需求和相应购买力的人群,组成互相具有差异的市场,从中选择最能够使跨境电商企业利益最大化的人群作为目标市场,可以直观地理解为将商品卖给哪个人群的问题。

产品定位是价值层面的,是针对产品展开的,其核心是产品提供什么价值。产品定位指企业用什么样的产品和产品组合来满足目标消费者或目标市场的需求,是有针对性地向已经确定的目标消费者提供产品。产品定位更多的是对企业生产什么产品来卖给目标消费者这一问题的回答,它以市场定位为基础。

品牌定位是心智层面的,用来满足消费者的精神情感需求,确定品牌在目标消费者心智中占据什么地位。

品牌定位是市场定位抽象出的营销特征,是基于市场定位及自身性质进行品牌核心价值的表现,品牌定位的实施受到市场定位的指导。

产品定位是品牌定位的实际呈现,是品牌定位的依托和支撑。因为产品是具体的,可以通过五官感知,而品牌是抽象的。产品定位的成功是品牌定位成功的必要前提,但品牌一旦成功之后,便会以一种无形资产的形式与产品脱离而单独显示,将会比产品本身更具有价值。

品牌定位要解决的是在市场差异化和产品差异化的基础上,进一步创造品牌差异化,以增强产品竞争力的问题,品牌定位是在市场定位、产品定位基础上的升华和规范化。一般而言,在完成市场定位和产品定位的基础上,才能较顺利地进行品牌定位。或者说品牌定位是跨境电商企业在确定市场定位和产品定位的基础上,对特定的品牌在文化取向及个性差异上的商业性决策。

2．跨境电商品牌主张、品牌识别、品牌定位之间的区别和联系

品牌主张是品牌所呈现出来的品牌价值与品牌内涵,是人们意识上所能感受到的,是品牌精神内涵的外化,汇集了标语式、个性化、真实性和多样式的特点。例如WORKPRO

的品牌主张"DO IT YOURSELF",具有较强的鲜明性。

品牌识别是企业建立的品牌形象。品牌形象由表及里包括视觉识别、行为识别和理念识别三方面,规范了品牌的外表、行为和思想,是企业的辨识符号。

品牌定位与品牌主张、品牌识别之间既有区别又有联系。品牌主张与品牌识别有较强的稳定性,可以作为品牌定位的基础,但二者并不是决定性的。在品牌主张和品牌识别不变的情况下,品牌定位可以改变。同时,只有品牌定位存在时,品牌主张和品牌识别才能够以此为根基而发展,才能具有深度,给品牌定位注入灵魂。

2.1.3 跨境电商品牌定位的意义

跨境电商品牌定位能够帮助企业在目标消费者心智中占据有利的地位,留下一个独特、深刻的印象,可以说,制定出明确的品牌定位是跨境电商品牌经营最重要的任务。品牌定位之所以受到跨境电商企业的高度重视,也是因为品牌定位在品牌战略管理规划中具有不可估量的意义。

1. 有利于开发市场和争夺市场

任何品牌经营的首要任务都是品牌定位,一个成功的跨境电商品牌定位,对企业占领目标市场、拓展市场具有很大引导作用。跨境电商品牌的定位简单来说就是通过对目标消费者的分析,在目标消费者心智中占据优势地位,使目标消费者接受和认可品牌。其实这是一个攻城略地的过程,通过对消费者的心智一步步的划分,寻找出市场空隙,将品牌定位于此,占据领先者位置,获取目标市场的优先入场券。对于跨境电商企业来说,通过品牌定位,品牌个性就可以与目标消费者产生心理共鸣,赢得了消费者,就意味着赢得了市场竞争的胜利。

其次,针对同一市场来说,即使存在着能够满足消费者需求的品牌,品牌之间竞争的胜利同样可以通过品牌定位来实现。品牌定位可以作为跨境电商企业争夺市场的方式,即使面对的是同一个消费者群体,其对产品的诉求也不是单一的,企业可以通过首席定位、比附定位等去分割已存在的市场,宣告自己的地位,以此为基础去争夺市场,抢占消费者心智中的有利地位。企业可以通过企业战略性调整,对品牌定位进行整体再设计,结合目标市场特性,将品牌与目标市场实现最佳结合,占据目标消费者的心智和情感地位,实现对目标市场地位的争夺。

2. 有利于塑造跨境电商的"品牌基因"

品牌基因就是品牌个性。跨境电商品牌定位不但有利于向消费者传递个性化的需求选择,而且也有利于品牌塑造个性。品牌基因是品牌区别于其他品牌最直观、最鲜明、最根本的竞争优势,同时也肩负着展现品牌活力、丰富品牌意象、强化消费者购买动机的职责。品牌和人的表象一样是由基因决定的,都具有个性。品牌基因的形成与其定位是息息相关的。跨境电商发展至今,绝大多数的经营者都知道要强调品牌的差异性和独特性,但是大部分都未能准确表达出来,溯其根本则是未能清晰地明确自身的品牌定位,只会无休止地加入模仿、复制其他定位成功的跨境电商品牌或本地品牌的队列中,使得目标市场整体缺乏"异性"。在这样的同质化严重的市场中,跨境电商企业更需要建设自身的品牌定位,将自身品牌与其他的对手品牌区别开来,从而能够成功塑造品牌基因,从跨境电商平台中脱颖而出,在目标消费者心智中占据有利的心理地位。

LULUs 是一个来自美国加利福尼亚州的快速时尚品牌,"为年轻女性打造可以负担得起的时尚",整合品牌基因努力为消费者提供"高质量,可负担的奢侈品",百元的价格,千元的品质。对于消费者来说,品牌定位所产生的情感联系、产品本身的质量和价格成为他们信任 LULUs 的理由,也为品牌加上了"高质量,可负担的奢侈品"的标签。

3. 有助于与消费者沟通

跨境电商品牌定位说得通俗一点就是跨境电商企业在进入他国市场之前,弄明白"自己是谁、该怎么做、做什么才能占领市场或实现本土化"的过程。要想与目标市场本地消费者沟通,取得消费者的认可,首先要告诉消费者"我是谁、我能满足你什么需求、我区别于本地品牌的特别之处在哪里",从而在本地消费者心中形成独特的、与众不同的品牌印象。只有说清楚你是谁,消费者才能根据自己的情况判断品牌是否能够与自身的消费需求匹配,进而产生购买行为。

马斯洛需求层次理论中对人们的需求从低到高进行了分类,其中包括生理需求、安全需求、社交需求、尊重需求和自我实现需求五个方面。企业制定品牌定位的目的是影响消费者的购买决策,激发消费者的购买欲望,从而吸引更多的消费者进行购买,而消费者产生购买冲动的原因便是能满足自身的需求,这是一个品牌与消费者沟通的过程。跨境电商企业制定品牌定位其实就是在明确消费者的需求,以品牌定位的方式打通信息沟通渠道,将消费者的个人爱好、个体差异等因素考虑在内,提升跨境电商品牌的竞争力。

4. 有助于为营销整合打下基础

索尼电子公司副总裁 Michael Lang 认为"整合营销理论一直都在,而且也必将会继续以如何为产品建立更具特色的品牌形象和市场营销研究为方向而努力"。营销整合的目的在于将品牌形象传递给消费者,而品牌形象的建设是对品牌定位的系统性的表达,因此营销资源的整合必须要围绕品牌定位,并以此为出发点。当然,企业营销资源的成功整合是多因素作用的结果,但如果没有一个独特的、合适的品牌定位,尤其是对面对着情况复杂的其他跨境电商品牌和本地品牌双重竞争的跨境电商品牌来说,其后果可能是致命的。因此,品牌营销战略必须以品牌定位为前提,品牌定位不仅决定了品牌营销的内容,还为跨境电商企业的整合营销策略指明了努力的方向,能帮助企业更有效地控制自身的营销资源,提升整体营销的系统性和一致性,进而打造出一个强势的跨境电商品牌。

5. 品牌定位能够避免品牌形象模糊

品牌国际化形象设计的前提就是确定自己的精准定位,这是跨境电商企业面临的首要问题。许多跨境电商企业现有的国内品牌形象不符合海外消费者的认知,新的品牌形象在设计上也容易失去方向,使得品牌定位不清晰,无法精准刻画目标消费者的脸谱,难以明晰品牌所要传达的信息,从而不能传递品牌最真实的价值,消费者也因此难以对其形成记忆点,跨境电商品牌在目标消费者心智中维持独特地位就存在困难。

品牌定位也是细分消费人群的价值匹配，通过品牌定位的表述，可以形成企业文化社群，为品牌树立良好的品牌形象，吸引目标消费者，提高消费者对产品的信任度，使消费者乐于消费，增加消费者对企业的认知，避免品牌形象的模糊。同时，跨境电商品牌定位的确立可以帮助企业确定产品标识，建立清晰的品牌营销思路，为产品树立良好的品牌形象，让消费者能快速识别出品牌，从而俘获消费者认可，抓住目标消费者的心理，增强消费者对品牌形象的认知，从而打造成功的品牌形象。

2.2 跨境电商品牌定位的基本原则

俗话说，没有规矩，不成方圆。跨境电商品牌定位也需要遵循一定的原则，不可随心所欲。具体来说，跨境电商品牌定位需要遵循以下基本原则。

2.2.1 符合目标消费者特性

对跨境电商品牌进行定位的过程其实就是将品牌的利益点与目标国家或地区消费者的需求构建连接，服务目标消费者群体的过程。跨境电商品牌化运营的第一步就是以消费者需求为导向，确定品牌定位，思考品牌要服务谁、品牌的价值输出面对谁的问题。品牌出海的成功与否越来越取决于是否深入了解消费者的真实需求。跨境电商品牌定位必须是针对某一目标国家和地区市场的，如果跨境电商品牌的定位未能契合本地消费者的喜好或未能满足本地消费者需求，那么这个品牌定位就不能在消费者心智中占据重要的地位，也就无法实现跨境电商品牌的成功出海。当然，企业可以借助工具进行消费者分析。比如通过 Think with Google、Google Trends、Consumer Barometer with Google 等工具，利用大数据解读消费者画像，真正了解消费者的需求，从产品的研发设计、品牌定位的制定和品牌形象的树立等方面满足目标消费者需求，使品牌脱颖而出。同时企业需要与消费者建立紧密的互动关系并收集消费者反馈信息，掌握消费者的偏好，更准确地做好定义品牌理念上的重要决定。

一位 BanlanX 营销人员在品牌出海经验分享中曾明确过品牌重视消费者需求的重要性，"一个好的品牌，首先应当是可以满足消费者需求的，如果产品做得不好，怎么做营销，都是打水漂"。对于跨境电商的品牌建设来说，收集和分析整理从搜索引擎、平台公开数据、综合商贸网站、各种官方调研机构等获得的消费者数据信息，从中了解当地消费者的消费特点，了解谁是核心消费者及其相关需求，才能筑牢跨境电商品牌定位的根基。

2.2.2 区分竞争者

品牌定位理论的精髓就是要突破常规，将自己与竞争对手彻底区别开来，只有这样才能够在目标消费者心智中占据重要的地位，如果企业墨守成规、人云亦云地去进行品牌的定位，就不可能在庞杂的信息中脱颖而出、别具一格。如今市场竞争激烈，即使是在目标市场划分下的细分市场也存在着众多的竞争，尤其对于跨境电商企业来说，企业所面临的竞争不仅来自同行业跨境电商品牌，还有目标市场本地竞争者对市场的瓜分，如何能够在竞争者中脱颖而出成为跨境电商企业不得不考虑的问题。在这种情况下，企业可取的办法是分析现在的、预测将来的竞争态势，明确企业现有的和潜在的竞争优势，打造企业的竞争优势和将潜在优势化为现实优势，将目标市场现有的和未来可能的竞争对手作为参考系，针对竞争扬长避短，以己之长破其之短，寻找适合本企业的品牌定位。

2.2.3　匹配产品特性

产品是品牌的物质载体，品牌是产品的意识体现和形象化身，两者之间存在着紧密的依存关系。品牌给产品赋予一些精神的、心理的、社会的价值或信息，使之更具有竞争力。品牌通过产品走进消费者的生活，扎根于消费者心中。同时，品牌也需要产品对其形成强有力的实证性支撑，帮助品牌成长。在进行跨境电商品牌定位时，要基于产品进行设计。品牌定位的根本就是其产品能为消费者提供竞争对手无法提供的独特价值，任何品牌定位所带来的独特利益都必须是依托产品本身的属性而存在的，脱离产品本身的品牌定位无疑都是空中楼阁。在进行跨境电商品牌定位时必须考虑产品的质量、性能、款式、用途、结构等相关因素，基于产品本身的特性，对品牌定位进行设计。

2.2.4　可执行性

品牌定位无论怎么设计，都一定要考虑一个重要的因素，那就是可执行性。在对跨境电商进行品牌定位时总的指导原则就是"不好高骛远、不妄自菲薄"，要充分考虑企业自身的资源条件，以优化配置和合理利用企业资源为宜，恰如其分地进行品牌定位的设计，强调品牌定位的可执行性，不盲目攀比行业成功品牌，追求过高的定位，造成资源的浪费，同时也不过于自谦自贱，造成资源的闲置。如跨境电商企业的研发水平在国内属于领先水平，但相较国外目标市场行业水平或国际标准仍存在一定差距时，则不宜将品牌定位过高，过多展示品牌的科技属性，造成后期执行的困境；当企业的创新能力相较于目标市场无明显竞争力时，品牌的定位应尽量避开企业创新这一利益点；当企业拥有高品质生产能力，并且在目标市场具备完善的质量保证体系，以及有能力维持较高水准的服务时，则可执行的高端品牌定位会是企业跨境出海的不错之选。

2.2.5　诉求集中

综观成功的品牌定位，往往简明精练，也不存在隐喻让消费者去探索、猜测。对于消费者来说，往往是越简明扼要、朗朗上口，越能占领其心智。当然，跨境电商品牌定位时向消费者传达单一属性还是多重属性并没有绝对的定论，但现在是一个传媒日益丰富的时代，消费者能记住的信息是有限的，尤其是在跨境电商平台上，消费者每天都在通过网络接触各种各样的信息，对于信息的处理也是走马观花，很难对某一信息进行储存和回应，尤其是复杂信息，因此相较于复杂的品牌箴言，单一诉求的品牌定位能够有效消除信息过多产生的歧义，反而能更长久地占据目标消费者的大脑，获得成功的定位。因此，设计跨境电商品牌定位时应当进行取舍，把最能够体现产品与品牌的独特优势和最具有概括性的本质特性，简单明了地表达出来。

2.2.6　相对稳定

当一个品牌在消费者心中留下了深刻的印象之后，其品牌形象在消费者的心中便不易改变，因为人们最开始获得的印象总是更深刻。对于跨境电商品牌来说，随意地改变品牌定位是得不偿失的。一方面，企业投入大量的营销资源在目标消费者心中建立起独特的有价值的地位是一个十分艰巨庞大的系统工程，跨境电商品牌定位一旦成功，其品牌便具有了无形资产的属性，若新的品牌定位与原先品牌定位存在较大出入，不可避免地会造成资源的浪费；另一方面，心智认知一旦建立，随意更改会造成消费者的认知混乱，使得原本已在消费者心中的品牌印记模糊、淡化，不利于品牌的传播，同时也有可能招致消费者的反感。

但是，品牌定位也并不是一成不变的。数字化时代，媒介环境发生了极大的变化，大众所接触信息、信息渠道和消费者作出反应的方式都比以往更新得更快。随着时间的推移，市场力量会通过影响人口结构、销售渠道、消费者规模、竞争对手等，不断改变市场的分布状态，任何品牌的发展也都会受到生命周期的桎梏。因此，跨境电商品牌的定位应是一个不断完善、发展的过程，也要因时制宜，根据实际的情况作出一定的调整，使品牌定位能够更符合时代、更符合市场的新变化。

SHEIN 是一家成立于 2008 年的跨境 B2C 互联网企业，主要经营女性快时尚服饰，品牌旨在为全球消费者提供高性价比的时尚产品。SHEIN 最开始以经营高利润的婚纱、礼服为主。婚纱礼服产品线是毛利极高的品类线，再加上当时是 Google 和 Facebook 广告流量的红利期，很多企业靠着这个品类线获得了第一桶金，完成了资本的原始积累，SHEIN 也是如此。但基于海外市场的变化，SHEIN 于 2014 年对品牌进行重新定位，转为经营跨境快时尚服饰，成功的定位转型使其成功跻身为我国最大的跨境电商快时尚品牌，其自营网站也成为美国青少年除亚马逊之外最喜欢的跨境电商购物网站。

2.3　跨境电商品牌定位的管理流程

跨境电商品牌定位不是一项简单的工程，它既是一个过程，也是一种技巧，往往需要遵循系统性的管理流程。一般而言，完整、有效的品牌定位的形成，首先要对市场及消费者进行宏观分析；接着对该品类及替补品类的竞争者进行分析，这一步的主要内容是选定企业的竞争对手，对竞争者的强弱进行分析；然后便是分析消费者对竞争者的态度，找到消费者看重的诉求点，进而在对本企业进行分析后，寻找出消费者重视的、企业能够满足的价值；最后就是企业竞争优势的开发，实现从竞争优势到品牌核心价值的转化。

2.3.1 跨境电商品牌定位决策过程

1. 宏观环境分析

宏观环境主要是指会影响企业微观市场的社会力量,具体包括政治、经济、社会、科技、人口、法律、文化、地理等会对跨境电商品牌定位造成间接或者直接的根本性影响的因素。通常可以借助 PEST 分析模型进行宏观环境分析,但不局限于此。这里不得不重点考虑的因素是目标市场的文化特性。对于进入他国市场的品牌而言,最终的结果是文化的融入,也就是国际品牌本土化的过程,这是跨境电商品牌成功的重要基础。尽管当今的地球存在一定的文化融合现象,但无法改变各国在历史文化、风俗习惯、科学技术、政治法律、基础设施等多方面巨大的差异。因此,必须尽可能地对目标市场进行细致的了解,避免在品牌设计阶段可能出现的"水土不服"的问题。

2. 消费者分析

跨境电商要想突破时空限制,将商务辐射到世界的每个角落,必须从其品牌国际化的战略去分析所能服务的消费者群体。因此,跨境电商品牌定位应是面向他国消费者的,是对目标市场消费者的心智进行管理的过程,因此在对跨境电商品牌进行定位之前,对目标市场消费者的分析一定是不可缺少的步骤。

正如谷歌中国大客户部电商行业总经理范勋成说的一样,"我们说用户是第一位的,一个品牌的所有策略和实践都需要围绕其目标用户展开"。对于跨境电商来说,满足目标消费者的需求和赢得消费者的满意,永远是企业的终极目标。因此建立全面的消费者肖像动态分析成为品牌建设的重要环节。

在对消费者进行分析时可以根据他国的人口统计基本特征(如年龄结构、性别比例、职业、收入差异、地理位置等)、消费者的心理变数(影响消费者购买动机的因素、社会阶层、价值取向等)、消费者的文化特性、消费者的生活方式(如购买习惯、使用场景)、消费者的行为模式等来对目标市场消费者进行初步的了解。同时,跨境电商企业可以利用数字化研究,如谷歌等外部分析工具,收集目标消费者肖像的相关数据,借助消费者数据洞察,研究消费者认知的固有特点,实现目标人群的大体识别,进而有针对性地运营。

3. 确认品牌竞争者

在对消费者进行分析后则需要确定本企业主要的竞争者。一个行业内往往存在无数的竞争者,但企业主要的竞争者只有少数几家企业。这个过程最重要的是确定企业的竞争者并分析竞争者的强弱,可以从竞争者的产品特征、品牌定位、品牌形象、营销战略、企业在竞争中的位置、消费者对竞争者的看法等方面着手。

具体步骤如下。

(1)对同行业竞争者的情况进行细致的分析

了解整个行业存在哪些竞争者,有多少数量,它们各自在市场上有着多少的市场份额,各品牌的竞争优势在哪。利用一定的分析工具,将各竞争者按一定的属性因子进行分类。

也可依据竞争者来源进行分类协助分析，分为同为市场进入者身份的竞争者和本地市场竞争者。通过对前者的分析可以对跨境电商品牌定位的区间有个大致的掌握，而对后者的分析可以为跨境电商的品牌本土化传播提供学习参考。

（2）明确自己的竞争者

基于前期对目标市场的分析，根据目标消费者的需求偏好、企业本身的定位预期、市场未来发展预期等来明确本品牌的竞争者，选择自己品牌想要达到的目标和与之相抗衡的对手。

（3）竞争者的强弱分析

这一步主要针对已选定的竞争者，对其进行分析，可以借助于 SWOT 分析法。通过对目标市场竞争者的竞争优势、存在的劣势及市场机会进行分析可以帮助企业找到市场的未饱和点或未涉及的处女地，以此确定自身品牌的定位点，使跨境电商品牌能够在同行业市场中脱颖而出。

4．评估消费者对竞争者品牌的看法

在明确竞争者之后，需要考察消费者对竞争者品牌的看法，找到消费者认为对品牌评价最重要的属性。为了明确这个属性，企业可以组织专业的本地调研团队，通过网络词频统计、搜索指数、线下产品试用、专题讨论会等方式邀请消费者共同参与整个调查过程，据此了解消费者在做出购买决策时会对产品的哪些属性更为重视。比如有些消费者在选择一个蓝牙耳机时会考虑到产品的技术工艺、外形设计、舒适性、售后服务等因素，但哪些因素排在首位，哪些是消费者所不重视的，则需要通过调研才能明晰。在跨境电商行业中，蓝牙耳机品牌 Bluedio 是国内企业品牌出海的成功范例之一。如今，Bluedio 在亚马逊最畅销蓝牙耳机类目中排名前三甲。通过调研，Bluedio 以设计工艺及高新技术为品牌定位点，在海外市场中圈粉无数，市场布局也日渐深化扩大。

5．寻找企业定位点

在对市场竞争情况有所掌握后，跨境电商企业需要将重心放置于自身，通过寻找消费者的偏好因子，进而匹配自身的资源，筛查自身具有哪些竞争优势，又能发展哪些竞争优势，最后将这些竞争优势发展为企业的核心价值和品牌定位。

（1）寻找消费者偏好因子

结合消费者特性、购买动机、消费者偏好等把市场划分为不同的细分市场，搞清楚每个细分市场中不同的购买动机和重要属性的排序。只有如此，企业才能够成功吸引特定消费者。区别于传统的市场细分，品牌市场细分更具有时代性、超前性。品牌市场细分是品牌精神和品牌价值文化的求同归类，是在众多市场品牌中根据消费者需求和心理、文化等无形层面进行的分割，更为复杂。同时，在对目标市场进行细分时，也要遵循市场细分的可衡量性、有效性和区分性原则。

企业在根据品牌价值对市场进行细分之后可以运用统计软件分析市场调研数据，提取消费者基本信息、购物偏好等重要因素。通过因子分析结合模糊综合评价法提炼消费者购物喜好影响因子，评估各个影响因子对购物喜好的影响程度，并验证信度和效度，从而清

楚知道哪些影响因子是重要的。企业可以运用相关性分析研究产品的各个属性对品牌知名度的影响关系，在此基础上确定品牌定位初步构想，设想出一个预期的品牌定位，这个预期的品牌定位涵盖了消费者重视的所有产品重要属性，可能企业依靠目前的资源条件无法实现该定位，但是没关系，这一步的目的是帮助企业找出偏好和理想的倾向，为实现进一步的定位巩固基础。

(2) 匹配企业自身资源

从品牌的价值观到符号文字的设计，都要立足于企业供给和目标消费者需求的匹配度。企业即使找到消费者所重视的产品属性，选择了某一定位方向后，也未必能以此为品牌定位点，因为品牌的产品必须能够支持该定位。跨境电商企业要从其品牌国际化的战略去分析自身的优劣势，了解企业经营现状的 5 个基本面——商业模式、产品与定价、供应链与渠道、营销与销售、增长点，根据可获得的资源条件，确定所能服务的消费者群体。结合目标消费者所在国的具体情况，分析消费者的需求或痛点，结合自己的资源优势，进行适合的匹配，这也为企业的选品提供了依据。如果产品可以满足目标市场对品牌的利益需求，则认为该品牌选择的细分市场的策略是正确的，该定位也能够给企业带来不错的利益，但如果品牌的产品无法满足目标市场消费者对某一利益的需求，则品牌定位的市场选择或者策略选择就是不合理的。

当然，企业需要考虑的因素不局限于产品，还有企业的渠道是否支持、企业是否有足够的资源宣传品牌定位、选择的细分市场所重视的产品属性上企业是否具有竞争优势、企业的服务体系能否跟得上品牌定位的要求等。在这些都明确之后，企业需要思考选取哪些竞争优势，或者是要为品牌形成某一定位而发展哪些竞争优势，从而进一步将竞争优势发展为品牌的核心价值，实现成功定位。

(3) 从竞争优势到核心价值

品牌可以拥有多方面的竞争优势，但并不是所有的竞争优势都值得开发。有些竞争优势是有价值的，有一些是无价值的。

一种竞争优势的开发要满足如下条件：

重要性——能够高度满足目标消费者的利益需求。

差异性——其他企业无法提供，而本品牌可以提供，或者本品牌以一种与众不同的方式提供。

优越性——获取相同的利益，该竞争优势较其他方式途径更优越，效率更高，路径更短。

沟通性——对于消费者来说是可以沟通的，并且是可见的。

优先权——不易被竞争者仿效，能够长期保持。

低成本——开发一种竞争优势的成本不宜太高，企业要能够支付得起开发费用。如果费用太高，那就没有开发的价值。

盈利性——对跨境电商企业来说，其最终目的是实现盈利，因此开发一种竞争优势要有利可图。

有价值的、值得开发的竞争优势将会成为品牌的核心价值。品牌的核心价值是品牌的精髓、品牌的精神，是品牌向消费者承诺的最根本的利益，是消费者认同品牌、忠诚于品牌乃至愿意付出高价而得到产品的原动力，是可以建立品牌定位的真正本质性的东西。有人称之为品牌的"符咒"，有人称之为品牌的"基因结构"。之所以没有任何两个品牌完全相同，根本原因在于其基因结构的不同。即使在品牌稀释和品牌回旋的情况下，在品牌的基因深处，也具有最初界定的一套独一无二的价值。品牌的核心价值是品牌建设的重要目标，贯穿品牌运作的整个流程，也是消费者对品牌的价值诉求。

2.3.2 品牌定位的运营

品牌定位的运营就是要求企业去思考如何将跨境电商的品牌定位落实执行，如何在实际行动中去强化品牌定位，深深占据消费者心智。任何企业都需要明白的一点是品牌定位的过程并不是终止于定位点的确定，还有品牌定位强化的过程。如果没有强化品牌定位，那么前面对品牌定位所做的一切努力都是悬空的，很容易让消费者对该品牌的认知淡化、模糊，从而易被竞争者取代。当一个品牌找到自己的定位后，企业一系列的营销活动都必须围绕自己的品牌定位来制定，进而对该定位进行强化，这是一个长期且系统的过程。很多品牌虽然定位不错，但后期的执行与投入没有始终围绕确定的品牌定位展开，导致投入与产出不成正比，造成严重损失，甚至耗尽了本来足够的资源而以失败为结局。

1. 建立品牌定位认知

(1) 品牌定位表达

当新的品牌进入市场，消费者对该品牌还不了解。在品牌建设中注重品牌定位、完善品牌定位的具体信息，能有效地令品牌在消费者心智中占据独特的、有价值的地位，这就要求企业设计合适的品牌名称及概念、品牌商标和包装、品牌个性、品牌的价值表现等。品牌设计是品牌战略里面的重要一步，品牌设计分为概念阶段、文本阶段、符号阶段和系统阶段，分别对应企业的品牌概念、品牌名称、品牌商标、品牌系统平台。跨境电商品牌定位的具体信息完善为跨境电商品牌定位的传播打下基础。同时，不可忽视的是在跨境电商品牌定位过程中，"水能载舟亦能覆舟"，在品牌建设过程中，企业应基于目标消费者的认知进行品牌设计，从品牌的价值观到符号文字的设计，都要立足于企业供给和目标消费者需求的匹配，与品牌定位相契合。

(2) 品牌形象设计

对于跨境电商来说，无论是第三方平台还是 DTC 平台店铺，都是品牌向外部传递信息的窗口，是消费者最开始了解到品牌的地方。在网站的设计上契合品牌定位，能够凸显品牌价值，具体可以从以下步骤入手。

首先，了解所在行业的品牌缺失或者品牌弱势，避免让企业深陷红海激烈竞争；要想打响品牌，就一定要弄清网站定位，吸引特定消费者，并且对所在行业有深入研究，能够打造自身卖点和优势。

其次，选择正确的建站系统，靠谱的建站系统能够满足虚拟展示、内容营销、信息交流、售卖产品等需求。可以从网站设计、产品页面设计、文案写作、内容规划等方面搭建契合品牌定位的网站，提升消费者体验，给消费者留下更深的印象。网站整个页面要风格一致，通过网站设计和产品页面设计输出品牌价值，在视觉上就给予消费者良好的第一印象。网站的主色调既要符合海外目标消费者的审美偏好，又要能够表达品牌的气质。文案也能输出品牌价值，因此，做文案时不但要写出产品的参数特点，还要结合品牌价值写出自己产品的落地页文案。

最后，可以从产品的特色和产品新颖的名称等方面展现品牌形象和个性。产品的外观包装是展现品牌形象很重要的一点，跨境电商企业要注重产品的外观包装设计，通过外观包装设计展示品牌的个性，提高产品的吸引力，吸引消费者；产品的价格制定也是重要的一方面，价格是体现品牌形象的重要手段，平价的优质产品能够树立起亲民的品牌形象，如女鞋品牌 ALDO，产品价格一般不超过 300 元，消费者更易接受，为品牌赢得良好口碑；设计与众不同的品牌标识符号能够从视觉层面上吸引消费者，展现自身独特的品牌形象。

品牌定位是对潜在消费者的心智下功夫，把品牌定位在潜在消费者的心智中。因而，让消费者感知品牌定位、熟悉品牌定位就成为关键的步骤。企业必须整合运用产品、包装、价格、广告、公关、营销渠道和售后服务等沟通工具，将跨境电商品牌的市场位置、形象信息全方位地传递给目标消费者。消费者接收到有关品牌的各种信息之后，产生品牌感知、品牌联想乃至购买欲望，这样品牌定位才算有实质性进展。

2. 服务于企业战略管理

面对市场，企业实际需要做的是根据外部竞争环境和内部企业资源来确定企业行得通的品牌定位，然后围绕着品牌定位规划内部的运营战略，从而成功地占领市场，获得消费者的喜爱和忠诚。企业一旦确定好品牌定位，要立即将其引入企业内部，使整个企业的经营管理与品牌定位实现"协调统一性"，使其成为企业一致性的经营方向，成为企业战略的核心。要使企业的品牌定位立得住，就需要企业打通组织结构、产品规划、运营设计、品牌沟通与消费者体验各个部分的通道，连成一体，围绕品牌定位系统整合企业资源，形成品牌定位的全局观，促使战略协同发展、相辅相成。

3. 及时监控品牌定位

一旦品牌定位建立起来，企业就需要监控它在市场上能否有效地维持，企业可以建立健全高效的反馈机制，通过记录下不同时期制定的品牌形象及相应的消费者态度来了解品牌的定位状况，可以从跨境电商品牌概念、品牌联想、品牌知名度、品牌美誉度、品牌形象认知、品牌与产品的连接等方面进行跨境电商品牌的监控，这对品牌定位的长期稳定有着重大的意义。

建设品牌的过程并不是一蹴而就的，这是一个长期的过程。品牌的监控和响应反馈不仅仅是表现出对消费者声音的重视，也是根据数据找出不足，让下次做得更加完美的机会，这样做一方面可以及时发现消费者观念的改变并采取相应措施应对，另一方面也可以了解竞争者品牌的状况。

4. 产品研发设计要深刻体现品牌定位

围绕不同的品牌定位，产品从研发到设计，从生产到销售都应与竞品有显著不同。这种不同，我们称之为品牌差异化要素，所谓品牌差异化要素是指品牌在建设过程中，区别于竞品的一些核心的差异点。互联网时代的商业以买方市场为主导，面对有限的需求，无限的产能几乎已经考虑到消费者需求的方方面面。一个明确的品牌定位，也是企业在产品高度同质化的时代，进行品牌建设的一个核心要素。

这种理念具体到一个企业中，与其说是品牌差异化，不如说是产品差异化。营销人员深入研究品牌定位，同时挖掘品牌的资源禀赋，总结出产品的核心卖点，提炼出一至两个具有核心差异化的内容，并将其应用于市场营销，最终刺激消费者、引导消费者去购买这些产品。我们在市面上看到各种各样来自不同品牌的同质化产品，它们之间的细微区别可能仅仅是外观设计、颜色，甚至只是起了一个带有趣味性的别称，但其背后往往蕴藏着一个营销团队的努力。产品差异化的背后，一定体现了企业品牌差异化的设计。

进一步细化，产品差异化还可以分为形象差异化和服务差异化。通过产品形象的设计，企业可以向消费者传达自己的品牌理念，例如云朵形状的枕头让人觉得更加柔软，糖果设计成各种各样的形状更吸引小孩子；通过不同的终端服务，品牌更是在向消费者诉说品牌文化。企业向消费者提供的，可以是一个大批量生产、没有差异化却非常实用的产品，同时也可以是一份精心包装的具有人文关怀的礼物。

5. 创新品牌定位营销模式

跨境电商品牌定位必须通过品牌营销才能完成。因为只有及时准确地将企业设计的品牌形象传递给目标消费者，求得消费者认同，引起消费者共鸣，该定位才是有效的。互联网技术的运用改变了原有的跨境电商品牌定位生态，拓宽了跨境电商品牌的信息营销渠道，丰富了跨境电商品牌的交易流通模式，延长和拓宽了跨境电商品牌的价值链和产业链。跨境电商企业应重视网络营销渠道的建立，加快形成以跨境电商平台为基础的综合化市场营销体系，以品牌核心价值为核心，利用多媒体、人工智能、大数据等信息化技术，创新性地整合品牌营销模式，让跨境电商品牌定位以更加独特、创新和丰富的营销模式呈现到消费者眼前，增进消费者与企业的关系黏性，消除其在传统消费中的疑虑和担忧，增强其对跨境电商品牌的认可度和信任度。

6. 建立品牌定位公关

对于跨境电商企业来说，建立品牌定位其实就是在建立企业独特的形象，而公关能够协助该目标的达成。品牌作为一种看不见摸不着的企业资产，需要跨境电商企业借助公关特有的沟通方式来表达。任何品牌形象都不是由组织自己主观认定的，而是由公众认可和评价的。因此，与公众建立和保持良好的沟通，赢得公众的理解、信任和支持，既是跨境电商企业塑造良好品牌形象的前提和过程，也是品牌树立良好形象的目标和结果。公关是一种柔性管理艺术，不能急功近利、急于求成，不能拘泥于一时一地的利害得失。跨境电商企业要经过长期的、有计划的努力来与社会公众建立一种稳定的战略性关系，进而稳固品牌定位。

2.3.3　品牌定位的评价

1．匹配企业的资源禀赋

众所周知，一个跨境电商品牌从它最开始的构思到最后定位的形成是需要耗费大量的资源的，而跨境电商品牌的成功也不仅仅由成功的定位来评价。为建立品牌的竞争性定位，要求企业整合内部的资源，进行长期的努力来确保跨境电商品牌定位目标的实现。一个引爆全网的广告，甚至是一系列的爆款产品都不一定能给跨境电商品牌一个富有竞争力的定位，跨境电商企业要整合包括人员、产品、公关等一系列因素来宣传、体现跨境电商品牌的定位，如果不能长期为实现品牌定位目标而努力，则一切为跨境电商品牌定位所做的努力都会白废。当然，即使品牌获得了成功的定位，也很有可能引来竞争者的比附，维持品牌区别性定位的代价也是很高的。如"莱特"啤酒是第一个定位于低度啤酒的品牌，在它获得成功后引来一群竞争者如百威、库尔斯施里茨等的比附，但是"莱特"并没有能力攻击这些竞争者和维持自己定位的区别性，进而丧失了这个独特的定位。

因此在进行最开始的品牌定位之前，企业就要考虑品牌的可进入性，包含两层意思，一方面跨境电商品牌依靠于企业的资源禀赋，如产品质量、营销能力等，要考虑依靠企业的资源禀赋能否打破市场壁垒，进入目标细分市场，并且是否能够在该市场中获得有利的位置并占领该市场。另一方面，其他跨境电商企业或者本土企业是否容易进入该市场，倘若竞争者也能够较为轻易地进入该市场，那么对于本企业来说，市场上的竞争者数量增多，企业需要耗费在外部竞争的资源也会相应地增加，该品牌定位即使短期内表现良好，最后也只能资源耗尽，湮没在市场中。

2．品牌间竞争的激烈程度

跨境电商企业在确定品牌定位时需要综合考虑，不仅要考虑该品牌定位下的市场前景如何，还要考虑市场的竞争状态如何。企业必须了解品牌定位在市场上能否长期维持，以及在竞争品牌的攻击下有哪些优势可以支持这个定位，如果不能支持，企业是否有能力提升这个优势。品牌之间因为存在着竞争优势，从而能够相互区分开来，如果品牌的竞争优势不明显，也就是定位缺乏特色，在激烈的市场竞争中就必然难以维持长远的发展。如果定位为最低成本，就必须做到成本最低，若能和竞争者形成较大的差距，那么这样的定位必然可以抵住市场的竞争，否则这样的定位就会落空。如果一个品牌定位为最佳品质，那么企业就要有能力生产出最佳品质的产品，如 Tea Forte 品牌，该品牌定义了在全球茶领域中的终极体验，依托特色鲜明的品牌定位从激烈的市场竞争中脱颖而出，被全球消费者热捧，同时，也因其前卫高级的真丝茶包设计而闻名。

3．品牌定位的成本效益比

跨境电商的品牌定位需要重点考虑成本效益比，追求经济效益的最大化是企业发展的最高目标，是要在有限的资源条件下追求最大化利润，任何工作都要服从这一目标，品牌定位也不例外。跨境电商的支出因产品不同、品牌定位不同而各有差异，但从成本上要遵循控制成本的原则，追求最佳成本效益比，在可预见的未来实现收益。尤其是在面向部分国家或地区的跨境电商交易中，例如非洲市场，虽然非洲市场的人口多，其人口中作为消费主力的年轻人占比最高，发展潜力不可小觑，但这样一块令企业家向往的土地也并不是适合所有跨境电商企业进入的。非洲市场由于经济的落后，各种基础设施的建设十分不完善，企业在进入时往往需要耗费额外的资金，并且很难在短期内获得收益，如果没有强大的后援资金的支撑很难实现成本与收益的平衡。企业在进行成本核算时往往会强调长期的收益，同样，在对品牌进行定位时也要思考这个市场未来五年、十年、二十年的发展潜力如何，该品牌定位面对发展的市场的稳定性如何，企业的最终获利目标多久可以实现等问题。

4．消费者对品牌的心理认同与消费评价

跨境电商品牌作为一种标识，虽然具有区隔属性，可以用来表征和创造同类产品之间的差异，但它不是简单的商标。从跨境电商品牌定位的评价而言，品牌定位对消费者的识别效应只属于低级层次，更重要的还在于消费者对跨境电商品牌的心理认同。在消费心理和消费行为中，纯粹的产品使用价值对消费者的支配，已经渐渐地被感觉因素所取代。通常消费者在进行选择时，首先追求的是一种高感度产品属性，这种属性大多由跨境电商品牌所暗示，被目标消费者心理认同，反过来消费者对品牌的心理认同也会直接影响品牌的价值。因此，消费者的心理认同是一个品牌定位培育的重要内容。

再进一步就是目标消费者对跨境电商品牌的反应。由于互联网"面对面"的传播模式，好评如潮的产品在互联网上能取得爆炸性的营销效果，而一个差评或许就将摧毁品牌的很多努力，消费者对跨境电商品牌的评价和印象往往影响着跨境电商品牌的发展。消费者通过反复接触品牌信息，产生对品牌的评价，其结果便会形成品牌态度，从而形成对跨境电商品牌的忠诚。

同时，消费者表明意见的机会、口头传播机会、购买可能性，品牌的话题性和与消费者利害关系等，是消费者对品牌产生评价的条件。相反，如果没有这些动机因素，消费者即使接触广告，也不一定会产生对品牌的评价，而只停留于简单的知识组合层面上。

2.4　跨境电商品牌定位的策略

2.4.1　定位维度策略

1．策略一：文化定位

一个品牌的支点，一半是它的产品，另一半是它的文化。品牌的文化具体而言就是其蕴涵的价值和情感内涵，是品牌所浓缩的价值观念、生活态度、审美情趣、个性修养、时尚定位、情感诉求等精神象征。文化定位就是以文化为核心，凸显跨境电商品牌的文化价值，进而转化为品牌特有的文化竞争力。

跨境电商品牌的文化定位在提高跨境电商品牌价值的同时，也提高了消费者的文化品位，消费者在对跨境电商品牌进行选择时其实就是在选择内心认同的文化。一旦具有某一文化底蕴的品牌成为某一层次消费者文化品位的象征，独特的品牌魅力会给消费者带来精神上的满足和享受，它所释放的能量能为跨境电商品牌在激烈的市场竞争中输送源源不断的生命力。随着消费者心智的成熟，人们在消费过程中越来越看重品牌背后所蕴含的文化内涵，文化底蕴越深厚的品牌越具有独特的魅力，越能赢得消费者。与此同时，跨境电商运营需深耕目标市场，融合目标市场文化习俗，创新自身品牌文化。品牌文化创造品牌信仰，从而提高消费者的品牌忠诚度，进而推进品牌国际化建设。

品牌文化的定位点有着不同的选择，既可以是历史的，也可以是区域的，还可以是民族的、现实的。

(1) 以历史积淀为核心的品牌文化

以历史为品牌文化的主张，通常可以给品牌带来沉稳、厚重之感。国内将历史作为品牌文化定位点最为成功的例子莫过于张裕集团，张裕集团是一家文化概念型企业，其前身为爱国华侨张弼士于 1892 年创办的张裕酿酒公司。张裕集团将"传奇品质，百年张裕"作为品牌的文化定位，悠久的文化历史成为该企业最大的核心竞争力，品牌认知度高。孙中山先生曾亲临张裕酿酒公司参观，题赠"品重醴泉"四字，对张裕葡萄酒给予了高度评价。如今张裕集团走过百年岁月，历经风霜，成为世界名牌，足以让国人自豪。

(2) 以民族精神为核心的品牌文化

国际市场上不乏民族文化输出型企业，通过民族文化和价值观的输出，不仅提升了跨境电商品牌的品牌价值，同时由文化价值引发的文化认同可以激起消费者的情感共鸣和自我定位的实现，获取目标消费者的信任。如中国茶文化代表着国人的重道、和气的民族精神，"可口可乐"代表着自由、激情的美国精神，瑞士手表代表着瑞士严谨的工匠精神文化。企业也可以依托民族传统文化进行营销设计，结合当地民情、文化，加入民族特色元素，提升品牌效应和品牌价值的高度。如吐火罗品牌，以野性部落为品牌文化着力点，通过载体的选择、元素的挖掘，将其植入产品的研发设计中，形成独特的品牌特色。

(3) 以企业价值为核心的品牌文化

跨境电商品牌可以根据跨境电商企业的文化调性进行品牌定位。以企业正面形象、社会共同价值为基础设计品牌定位，可以提升整个品牌的美誉度。美国的一家在线卖用餐工具的企业 Don't Eat with Your Hands，每一款用餐工具都由有名的手工艺工匠制作，将工匠精神、精益求精作为企业精神，争做市场第一，形成用心、精心、细心的文件调性，拥有特有的文化内涵。目前该品牌已成为行业专家型品牌，成功赢得市场青睐。Conscious Step 是一家生产环保耐用袜子的跨境电商品牌。通过调查发现千禧一代中近 70%的人愿意为环保花费更多的钱，该品牌称每一笔订单都会有部分收益捐作慈善公益，"用心制造，环保材料和社会责任心"是该品牌的口号，通过社会共同价值的输出，将企业价值与目标消费者的信仰保持一致，帮助跨境电商品牌获得更大的成功。

跨境电商品牌的文化定位也有需要注意的点。首先，要力争克服时空的限制。一方面，跨境电商品牌所包含的文化特性需要经得起时间的考验，以文化为核心的定位策略才能与时俱进，同时，当市场发展趋势偏离预期轨道时，也要发挥文化主观能动性的作用，适当引导和控制消费者的文化观念，潜移默化地影响消费者的消费观念。另一方面，由于世界各国的文化特性、生活方式、审美评价等存在很大的差异，对于面向世界的跨境电商品牌来说，在进行文化定位时要注意找出文化的共性，只有这样，品牌才能够跨越空间的阻碍。其次，文化定位策略的实施必须建立在正确认识文化的基础之上，承认各国文化之间的差异和文化之间没有高低之分，要求企业深度挖掘传统民族文化的精髓，只有民族的，才是世界的。

2. 策略二：产品定位

(1) 产品类别定位

将跨境电商品牌和某些特定的产品类别（品类）联系在一起，建立联想关系，就是跨境电商品牌的产品类别定位，使消费者只要一想到品牌就会联想到品牌所代表的品类。企业可以借助 Keyword Spy 等第三方数据分析工具及跨境电商平台工具发现热销品类，即品类关键词，用 Google Trends 工具分析品类的周期性特点，把握产品开发先机。

产品类别定位分为两种方式，一种是与某些知名或属司空见惯类型的产品作出区别，把自己的品牌定位于竞争对手的对立面，这种定位也可称为与竞争者划定界线的定位，如七喜定位为"非可乐"饮品。另一种是告诉消费者自己属于某一品类，在该品类下建立自己的"根据地"。如跨境电商品牌 Anker 最早以销售笔记本电池起家，后逐渐定位于手机配件品类。在美国，当消费者想要在亚马逊平台购买充电器时会直接搜索"Anker"，而非"充电器"，可以看出 Anker 已经成为该品类的代名词。Anker 创始人阳萌曾说过："充电类产品是低热情的品类，即消费者对于它是什么品牌，性能如何是不懂的。这是新品牌 Anker 切入的最佳环境。"通过寻找到竞争还没那么激烈、潜力大的品类，Anker 走上了快通道，迅速进入该品类的头部行列。欧睿国际（Euromonitor）发布报告，根据 2020 年的零售额，Anker 成为全球第一的数码充电品牌，其销量在整个亚马逊平台上仅次于苹果官方。另一个成功的跨境电商品牌是 Argent，在对市场进行剖析后，该品牌定位于职业女装市场，只设计和销售职业女装，Argent 的设计非常人性化，特别是色彩渐变风格、合理穿搭功能，以及利落的产品拍摄风格，从网站设计到产品、营销都迎合了该品类下的目标市场。

(2) 产品功能定位

产品功能定位主要强调产品的功效作用，主要表现在产品所具有的功能上的创新或者其品质上的保障。跨境电商品牌能够获得目标消费者的喜欢和信赖，一定是其产品所具有的功能能够满足目标消费者的需要，能够给消费者带来直接或间接利益。产品功能是产品的核心部分和卖点，如若产品有与众不同的功效，便会和同类产品产生差异优势，通过产品特殊功能来打造品牌认知。当下其实完全有机会通过改进产品的功能设计和提高品控，创造出自己品牌的一片天地。

Outer 是一家专门经营户外悬挂沙发的跨境电商品牌，Outer 察觉到市面上普遍存在的户外沙发容易发霉、变脏和重量大的缺点，在明确产品存在的核心痛点之后，经过产品的研发打磨，将防水、防霉、防潮的新型面料科技融入产品研发设计中，成功地通过精准定位消费者痛点，打造出特别功能的产品，实现跨境电商品牌的成功定位。

3. 策略三：情感定位

情感定位就是以品牌所能带给目标消费者的最终情感体验为定位点而进行的品牌定位。情感可以引起消费者的同感和共鸣，是维系品牌和消费者之间关系的纽带。一个触动目标消费者内心世界的情感体验往往会给消费者留下深刻而长久的记忆。著名的市场营销学家菲利普·科特勒认为，消费者的心理行为总会经历三个阶段的变化，第一阶段是量，第二阶段是质，第三阶段是情感。当消费者到达第三阶段，其所重视的已经不再是产品的数量和质量，而是或追求情感上的共鸣，或追求情感上的满足，或追求产品与自我概念的契合，达成自我实现的崇高境界。若跨境电商品牌的情感诉求不能与消费者产生共鸣，则品牌很难获取消费者的信任，也就很难实现跨境电商品牌的可持续发展。

同广大的消费者连接起情感纽带并不是万无一失的，跨境电商品牌需要和消费者建立恰当的关系，需要真正了解目标消费者对物质和情感的需求，要响应目标消费者的真实生活情感。消极的情感会造成严重的后果，微小的差错可能就会导致品牌的灾难。所以情感纽带要立足在尊重人们真实情感之上。

小狗电器于 1999 年成立至今，发展很快，是国内最早的吸尘器生产商之一，其产品小狗吸尘器作为中国第一个进入美国渠道销售的品牌，小狗用自己的实力赢得了消费者的认可。品牌创立伊始就将消费者的体验和精细、美丽的产品理念渗透于产品之中，努力为消费者创造亲切、轻松和愉悦的购物体验，最大化地满足消费者日趋多样的购物需求。在自述中，企业做了如下表述："我是小狗，出生于 1999 年 7 月 15 日，在这个世界上，我是唯一一只红色皮毛的小狗，我独特、我喜庆，作为人类最忠实的朋友，我的憨厚、我的温良使我成为万千家庭的爱宠。"通过与消费者建立情感上的联系，触动消费者的内心，小狗吸尘器成功地获得海内外消费者的青睐。

2.4.2 定位类型策略

在确定了品牌定位的切入点之后，跨境电商企业需结合市场特性选择品牌定位的类型，可以从空档定位、首席定位、比附定位和 USP 定位等角度着手，进一步确定跨境电商的品牌定位。

1. 策略一：空档定位

任何产品都不可能占有同类产品的全部市场，空档定位是指寻找到消费者重视却还未被占领的市场，推出能有效满足这一市场需求的产品或者服务填补空隙。市场机会是无限的，只在于企业发掘机会的能力。

最常被使用的是利用价格缺口的策略。众多跨境电商企业中很大一部分都借助价格上的缺口，以低价进入海外市场，实现资本的原始积累。Anker 的成功不仅是因为产品类别选择的正确性，更重要的是瞄准了市场缺口。笔记本电池是 Anker 最早的产品，当时亚马逊平台上存在两种不同价格的产品，一种是价格昂贵的原装电池，一块需要花费十几美元，而另一种则是质量参差不齐的平价电池。Anker 在这两种价格之间找到中间带，在价格上优于原装电池，在质量上胜于平价电池，依靠空档成功打入市场。

利用年龄空档。企业可以寻找同类产品中被忽略的年龄段，以此为品牌的定位点。比如，yellowberry 是一家专为低龄女孩打造文胸的品牌——The bra industry for young girls。17 岁的 Magen 与其妹妹在购买文胸时，发现没有适合她们的品牌，于是发现了低龄女孩需求市场，撕开了一条市场裂缝并弥补了它，成功地火爆全网。

利用产品差异上的空档。宝鸡艾斯亿欧电子商务有限公司创始人董振邦，他的家乡宝鸡是全国钛产业最发达的地区。钛产品有轻便、结实和不容易滋生细菌的优势，很受国外户外圈子欢迎。他发现国外电商网站缺少钛生活用品，而且市场潜力巨大。经过研究，他把钛户外用品（如户外烧杯、刀叉勺、锅）通过跨境电商平台销往美国、澳大利亚、欧洲，开拓跨境电商业务一年多，营收过千万元。

2．策略二：首席定位

首席定位是指成为业界或某一方面的"第一"或者"专家"，占据领导者地位，领导整个行业发展走向的定位策略。首席定位利用人们只注意第一、追求第一的心理。跨境电商品牌一旦冠上"首席"的头衔，便会产生聚焦效应、光环效应，并不断产生裂变，在目标消费者心中留下深刻的印象。在商品信息量爆炸的时代，尤其在同质化严重的跨境电商平台上，消费者对大部分信息毫无记忆，只会记住那些排名靠前的品牌，尤其是第一的品牌。消费者也愿意用品牌排名来协助做出购买决策，一方面给消费者省去了信息收集的成本，另一方面也是在为产品的质量做担保。

当然无论是哪一个行业，跨境电商平台都有众多的品牌满足消费者需求，然而市场"第一"的位置只有一个，并非所有的企业都有能力采取并坚持首席定位的策略，首席定位往往适用于由线下向线上转移的跨境电商企业，也就是该企业必须已经拥有雄厚的实力和巨大的市场规模或者技术的垄断。对大多数跨境电商企业而言，需要用高质量的产品和服务来赢得市场认可，从产品内容着手，优化产业结构，突出技术创新和产品功能，发扬工匠精神，在产品质量和创新上下狠功夫，逐渐取得某些有价值的竞争优势，以此竞争优势逐渐打造首席定位。

在速卖通平台上爆火的 BOBO BIRD，其名字取自灌木丛中的本地鸟类，中文名为波波鸟，寓意不断追求创意。BOBO BIRD 秉承工匠精神和独特制表技术，专注打造实木工艺复古手表。该品牌的理念为用青春思考时间，打造业界木质腕表标杆品牌。BOBO BIRD 只售卖木质手表，不售卖任何其他种类的手表，以产品的专注，争市场的第一。

3．策略三：比附定位

比附定位也叫作借势定位、竞争者定位，是通过与竞争者比较确定自身品牌的定位，比拟攀附知名品牌，希望借助知名品牌的光辉来提升本品牌的形象的策略。比附定位想通过各种方法和同行中知名品牌建立一种内在联系，使自己的品牌迅速得到目标消费者的认可，借知名品牌之光为自己的品牌增光添彩，也就是所谓的"搭便车"行为。比附定位策略适用于竞争对手是市场的领导者，以企业的实力无法与其正面抗衡的情形。通过与市场领导者的"超级捆绑"关系，不仅借大企业的"势"而出自己的"名"，提升品牌的价值和知名度，还向市场传递品牌谦虚好学、温恭自虚的品质，避免与市场领导者发生直接冲突，一举两得。

20 世纪 60 年代，美国 DDB 广告公司为爱维斯汽车租赁公司创作的广告"老二宣言"，便是运用比附定位取得成功的经典。因为巧妙地与市场领导者品牌建立了联系，爱维斯的市场份额上升了 28 个百分点，大大拉开了与行业排名老三的本土企业的差距。

4．策略四：USP 定位

独特的销售主张(Unique Selling Proposition，简称 USP)理论由罗瑟·瑞夫斯创立于 20 世纪 40 年代至 50 年代，并被几代人奉为经典。USP 理论即寻找与竞争者的差异化优势，这个优势在消费者心中的地位是独一无二的。品牌层面的 USP 理论强调其创意来源于对跨境电商品牌精髓的挖掘，强调该品牌能带给消费者的利益，建立起品牌在消费者心智中的独特地位，重点在于从产品本身走向产品外延，从理性走向感性。每一个有效的 USP 都会传递一个清晰、独特、有吸引力和可实现的承诺给目标人群。但 USP 理论也存在一定的局限性：一是如今产品的更新速度变快，跨境电商平台产品同质化严重，各种替代品和模仿品不断涌现，产品的独特性容易失灵，寻找 USP 变得日益困难；二是 USP 的产品诉求与消费者心理变化容易脱节。

2.5 跨境电商品牌定位的工具

2.5.1 钻石定位模型

波特钻石理论模型(Michael Porter diamond Model)由美国哈佛商学院著名的战略管理学家迈克尔·波特在 20 世纪 90 年代提出，主要用于分析一个国家某种产业为什么会在国际市场上具有较强的竞争力，后由我国著名学者李飞补充而形成现今的钻石定位模型。钻石定位模型可以帮助跨境电商企业找出品牌能够挖掘的定位点，从而实现成功的品牌定位，钻石定位模型如图 2-1 所示。

钻石定位模型具体内容可以归纳如下。

找位——确定目标市场，了解目标消费者在 4P，也就是产品、价格、分销和促销上的需求，研究市场。

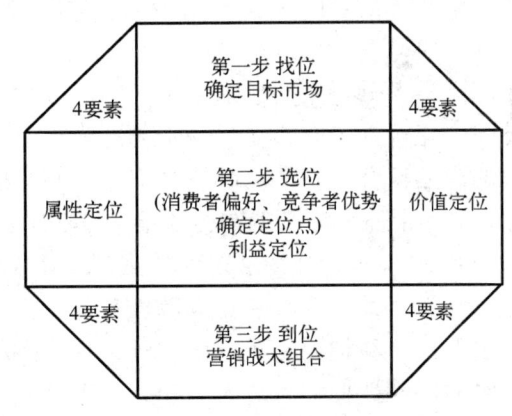

图 2-1　钻石定位模型

选位——利益定位，细分目标市场的利益需求，根据消费者偏好、竞争者优势确定某一特征，这一特征则是目标消费者最重视并且品牌最具有明显竞争优势的利益点，然后依据利益点来确定属性角度和价值角度的定位。其中属性角度包括产品、沟通、包装、价格、服务等，价值角度包括归属感、成就感、亲密度、社会认同等，两者都可以建立在 4P 理论的任一要素的基础上。

如近年来开启品牌出海进程的国内互联网创新型饮品企业元气森林，其品牌的利益定位为年轻一代的健康好喝饮料。由于饮料市场的特殊性，消费者口味不一，因此每一个细分品类下都存在着弯道超车的机遇，无糖气泡水就是元气森林的突破点，其属性定位为"0蔗糖，低脂肪"，价值定位为健康饮食，与消费者健康的需求建立强关联，在消费者心中留下了独特的印记。

到位——营销战术组合，品牌定位需要围绕目标消费者和相应市场定位进行 4P 理论的 4 要素的合理组合，每个要素都必须符合目标市场和利益定位的要求，在目标市场深耕细作，不断加深品牌印象，实现有效定位。

2.5.2 3C 分析模型

3C 分析模型(3C's Strategic Triangle Model)也称 3C 战略三角模型、3C 模型，由日本战略研究学家大前研一(Kenichi Ohmae)提出。他认为企业在进行战略制定时必须对企业自身所处的微观环境、企业目标消费者、企业竞争者三者进行全面的扫描，从三个角度来建立企业的经营战略，将三者整合才能制定出一套行之有效的企业经营战略。3C 分析模型在企业战略管理中常常被使用，在进行跨境电商品牌定位时也同样适用，因为跨境电商的品牌定位过程离不开对企业微观环境、目标消费者及竞争者的分析，跨境电商品牌定位的过程其实就是跨境电商企业的一项战略性管理。

企业微观环境分析主要包括企业的产品特征、企业目前的目标市场占有率、企业在消费者心智中的地位、企业目前的品牌传播策略、企业目前的品牌知名度和美誉度等。

目标消费者分析主要包括以下几个方面：目标消费者的人口统计描述特征(包括年龄、性别、职业、收入、教育程度等)、目标消费者的需求及需求场景、目标消费者人群结构的总体个性特征、目标消费者的结构变化、目标消费者的品牌偏好与品牌忠诚度、目标消费者的消费习惯与行为模式等。

竞争者分析主要包括以下内容：主要竞争品牌、竞争品牌在市场竞争中的地位、竞争品牌的产品特征、竞争品牌的品牌定位与品牌形象、竞争品牌的整合营销传播策略设计等。

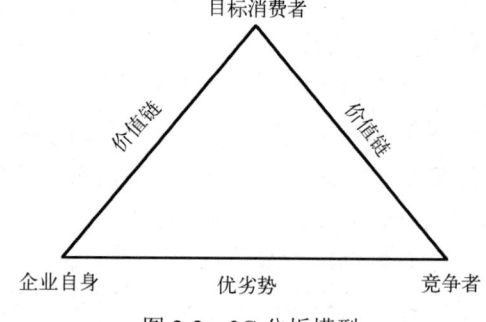

图 2-2　3C 分析模型

3C 分析模型如图 2-2 所示，该模型是由企业自身、目标消费者和竞争者三者共同构成的稳定的三角结构，跨境电商企业在制定品牌定位时要深刻把握三者之间的动态关系，弄清楚企业自身的能力如何、消费者的需求是什么、竞争者的情况怎样。

2.5.3 品牌感知定位图

品牌感知定位图又称品牌定位直觉图，是一种能够很直观地显示各品牌在消费者心中的位置和竞争对手之间的差异，帮助跨境电商企业科学地建立品牌定位或对定位进行调整的方法。该方法在企业进行品牌定位时具有较高的使用频率，除了类似于食品、服饰、汽车等的有形产品外，还适用于服务、形象、价值取向等无形层面的品牌定位决策。

品牌感知定位图由一个坐标系构成，选用消费者对品牌评价的重要影响因子，取横纵坐标轴定义影响因子强度或消费者感知效果，然后将消费者对品牌的评价在图上表述出来，其中横坐标和纵坐标之间的距离反映各品牌在影响因子上表现的差异大小，距离越远表示该品牌的竞争优势越突出，距离越近，说明该品牌的特性不够突出，难以形成竞争优势，被替代的风险大。但需要注意的是，当存在某一空白区间时，不能盲目选择，仍要根据消费者的需求进行确定，可能该空白区间缺少市场需求，盲目选择会造成无价值定位。某跨境电商茶行业各品牌的品牌感知定位图如图2-3所示。

横坐标表示茶叶味道的评价，越向右味道越甘甜，越向左味道越苦涩，而纵坐标表示茶叶口味的评价，越向上口味越淡，越向下口味越浓。如消费者对H茶叶的普遍看法是味甘甜且淡，而C茶叶则味苦涩且浓。

某跨境电商茶行业三维品牌感知定位图，如图2-4所示。图2-4相较于图2-3增加了市场占有量的变量，在图2-3二维的品牌感知定位图的基础之上把市场占有量大小考虑进去，能够更为直观地帮助跨境电商企业明确本品牌的位置，以此确定跨境电商品牌定位方向。由图2-4我们可知在味甘甜且浓的市场中依然存在一定的空间，对于跨境电商企业来说，可以在掌握市场信息之后将产品定位于此，而后对品牌定位进行设计。

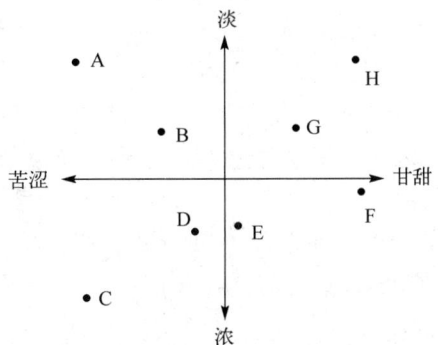

图2-3　某跨境电商茶行业各品牌的品牌感知定位图

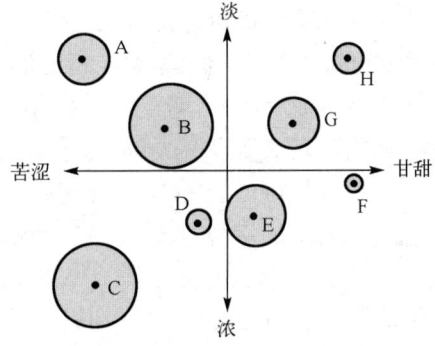

图2-4　某跨境电商茶行业三维品牌感知定位图

实施步骤如下。

1. 明确特征因子

特征因子的选取是关键一步，其正确与否关系到品牌感知定位图的成败。跨境电商企业需要站在目标消费者的立场，从影响消费者购买决策和对品牌的评价的因素开始，通过数据的统计分析筛选出影响消费者购买行为的因子，然后剔除那些无法与竞争品牌形成差异的因子及无法对跨境电商品牌进行分割的因子（便于后期对其值的量化和确保客观性），最后选择最具有代表性的两个因子作为品牌感知定位图的横纵坐标轴变量。当遇到多因子无法取舍的情况时，可以将部分类似因子组合形成一个新的综合因子。

2. 确定各品牌位置

根据消费者对各个跨境电商品牌的认知在选定的特征因子上的量化值，在坐标系中确定各品牌位置,可以利用统计分析工具 SPSS 完成,利用其内置的多维尺度分析程序将消费者对诸品牌在选定的特征因子上的量化评价原始数据描绘成定位图。

2.5.4 品牌定位排比图

在消费者的需求差异越来越大而同时产品同质化越来越严重的跨境电商市场上,影响消费者购买决策的因素也变得更为复杂,即可作为定位依据的特征因子也越来越多,这令拣选特征因子变得越发艰难。但如若从类似于感知定位的双因素分析模型发展为多因素分析模型,则不但可降低拣选特征因子的难度,还可更全面地对市场进行分析。品牌定位排比图突破二维的限制,增加了品牌分析的维度,将评价变量按其重要程度排列出来,比较多个关键变量对品牌评价的影响,做到了多因素分析与直观性两方面的兼顾,准确地指出了企业主要竞争品牌的定位布局,帮助企业迅速找到细分市场上的空隙。

品牌定位排比图的使用与品牌感知定位图类似,首先是特征因子的选取。在选取特征因子时,必须以消费者为导向,被选中的特征因子应是目标消费者认为能够影响其购买决策的重要因素,不能由决策者主观臆想出,因此需要一定的调研数据支撑。其次是特征因子的排序。在被纳入分析的特征因子的排序上,不能仅凭企业的喜好决定,而应聆听消费者的意见。因为企业的决策始终是围绕消费者的,而特征因子的排序其实就是在为跨境电商品牌寻找消费者心智中的自身定位给出一个取舍标准,毋庸置疑,特征因子的重要性越高,其对定位决策的影响就越大,相应的价值也就越大。

图 2-5 所示为示例品牌定位排比图,其纵坐标显示的为某市场消费者对某一品类跨境电商品牌以消费者认知为导向挑选出来的特征因子,其重要程度自上而下依次递减,越处于上方的特征因子,越能决定消费者的购买决策,越处于下方,对消费者购买决策的影响越低。图中的字母 A、B、C、D、E 分别表示各个品牌,其所处的位置根据各品牌在特征因子上的表现由强到弱,从右到左依次排列。如品牌 A 在消费者最看重的品质上表现最优,而品牌 E、D、C 在品质上的表现依次递减,品牌 B 在品质上的表现最差,排在最左端。

高	B	C	D	E	A	品质
重要性	B	C	D	A	E	价值
	A	E	D	C	B	优惠
	B	E	C	A	D	方便
	B	C	E	D	A	服务
低	B	C	E	D	A	流行

弱　　　　　　　　　　　强

图 2-5　示例品牌定位排比图

【本章小结】

本章首先介绍了品牌定位的基本概念,然后简述了品牌定位对跨境电商企业的重要意义,接着概述了在进行跨境电商品牌定位时应该遵循的基本原则和品牌定位的管理流程,最后介绍了品牌定位的策略和工具。

【本章习题】

一、名词解释

品牌定位　　文化定位　　空档定位　　品牌定位排比图

二、简答题

1. 为什么要基于消费者设计品牌定位?
2. 市场定位、产品定位和品牌定位之间的联系与区别。
3. 为什么要进行跨境电商品牌定位?
4. 跨境电商品牌定位要遵循哪些原则?
5. 如何进行跨境电商品牌定位?

案例分析

中东出海中国企业的标杆和独角兽——执御

2012年底,李海燕创办执御,名字出自《道德经》中的"执古之道,以御今之有",也就是说掌握古时就有的道,来驾驭现今的事物。企业全名为"浙江执御信息技术有限公司"。总部位于杭州。

最初,执御的产品以女性服装为主,在2013年确定的目标市场主要是美国和澳大利亚。2014年,在选品上,确定以欧美风格的产品为主。2015年6月,家纺企业富安娜公布入股浙江执御的消息。获得投资之后,执御开始调整策略并转型。基于对以往销售数据的分析,和对未来市场的判断,执御加大了在中东市场的投入。中东地区经济结构单一,严重依赖油气资源,主要商品都依赖进口。在电商发展之前,中国和中东就已经保持着良好的贸易合作关系,中国已经连续多年是九个阿拉伯国家的最大贸易合作伙伴,这是中国跨境电商的天然优势。同时,执御收购MarkaVIP,在中东市场上除了Jollychic,又增加了一个新的销售渠道。2017年,执御销售额超过50亿元。

执御取得现有成就的秘籍,第一点便是目标市场的选择。2011年,移动电商迅速发展,但全球很多地方的电商发展并不像国内一样快速。通过对全球各个地区的市场数据对比分析,李海燕发现中东是一个潜力巨大的空白市场,为了确认自己的判断,他亲自飞到中东,跑遍了每一个购物中心,锁定中东市场的女性为目标消费者群体。首先,中东人口基数大,超过5亿人,消费人群的购买能力和消费意愿都很强。受益于"石油经济"的带动,中东国家普遍富裕,人均GDP在全球都是遥遥领先的,当地民众购买能力强。但由于文化的影响,女性出门逛街的机会少,网上购物的需求更强。其次,中东互联网渗透率高,但网购渗透率仍有较大提升空间。35岁以下的年轻人占了中东总人口的大约35%,电商发展基础好,潜力大。

第二点是差异化。在执御重点发力中东市场之前,市场上不乏更具有竞争优势的竞争者存在，中东的电商老大 Souq 以电子产品为主，但时尚产品较少；另一家电商 Namshi 虽是以时尚产品为主，但主要是 Nike 等欧美品牌，其他类目较少。因此执御就以时尚女装这个市场上稀缺的品类切入。通过产品类别定位策略，实现市场的领导者地位。

第三便是进行品牌定位的及时巩固。执御在品牌定位后做了非常快速和完整的布局，涵盖了营销、物流、仓储、售后、运营等所有职能，将品牌定位服务于企业的战略管理，围绕定位系统整合企业资源，形成了品牌定位的全局观念。执御采用了本土化的解决方案，用本地人研究需求，提供解决策略，结合大数据系统，既能高效地反馈前端市场需求，又能为消费者带来极致的售后体验。本土化运营最为核心的是人力资源的本地化。目前，执御海外员工已经上千人，并涵盖了营销、物流、仓储、售后、运营等所有职能部门。其次是经营理念本地化。在营销推广方面，执御采用了"电商+本地网红"的新型营销模式，与当地有影响力的网红合作，在 YouTube、Facebook 等社交平台上进行投放，投入了大量精力和资源。在产品的本土化方面，长袍是中东地区必备的服装，但是长袍很少有时尚的设计元素，为此，执御聘请优秀的设计师，专门根据中东消费者的需求，将时尚元素融入中东长袍中，除了时尚服饰，执御还推出了家居类的高级定制系列。

中国跨境电商在中东电商圈中从崭露头角到成为一股新兴势力，发展速度之快令人惊叹。目前中东地区知名度最高、综合排名第一的移动电商品牌 JollyChic 来自中国，由执御打造。

（资料来源：胡治芳，出口跨境电商成功出海的策略探析——以"独角兽"浙江执御的成功经验及启示为例。）

根据以上案例分析下面的问题：

1. 执御是如何成为中东出海中国企业的标杆的？
2. 该企业采用了哪些定位策略？

第3章 跨境电商品牌资产

【本章要点】
- 品牌资产主要理论
- 基于消费者的跨境电商品牌资产
- 跨境电商品牌资产的创建与评估

【引导案例】

三星集团的品牌资产

品牌力可以说是策划力、技术力和设计力三种力道的乘积,三者只要一项低落,就会影响品牌力整体的呈现。三星在品牌辨识度与价值感的塑造上煞费苦心,包括CEO品牌形象、通过文艺与体育活动经营品牌、通过社会公益强化品牌等,很多具体操作的手法都非常值得其他企业借鉴。然而,品牌投资历程是漫长而又艰巨的,三星早期的资本积累,以及多年产业技术的基础,都是支撑三星品牌伟业的必要条件。

2019年10月,福布斯推出了全球数字经济100强(Digital 100)榜单,其中苹果位列第一,微软第二。14家中国企业上榜,中国移动排名最高,排名第8位。互联网巨头阿里巴巴集团和腾讯控股分别位列第10位和第14位。美国企业有38家上榜,数量最多,且在前10名中占据了8席。所有的非西方国家品牌中,三星电子位次最高,名列第三。

国际品牌咨询机构Interbrand发布的"2020全球最佳品牌"排行榜中,三星以623亿美元的品牌资产价值位居第五,成为第一家跻身前五的韩国企业。2021年,其品牌资产更是增长至746亿美元,紧追苹果、亚马逊、微软与谷歌,将可口可乐、丰田、奔驰、麦当劳等企业甩在身后。

根据Interbrand 2021年的分析,三星近年来品牌资产不断攀升,主要有以下几个原因。首先,三星将传统的自上而下的管理体制改为了以消费者为中心的管理模式,将消费者体验与消费者价值放在所有管理决策的首要位置。其次,顺应全球潮流,强调可持续发展的重要性,践行企业社会责任,给员工平等的权利,在产品生产和包装等环节倡导环境保护与绿色发展。再次,提升产品研发水平,不断推陈出新,在手机、电视机和其他家电等领域保持极高的竞争力。最后,三星致力于巩固其技术领先地位,包括内存、人工智能、5G技术等。

(资料来源:王磊,韩国三星:品牌化的成功之道。)

3.1 品牌资产主要理论

品牌资产(Brand Equity)是与品牌有关的、能够增加或减少企业产品或服务的价值的一系列无形、抽象的资产与负债。这些资产或负债可能通过不同方式为消费者和企业增益或减损价值。但是,由于品牌资产本身是一种无形的、依靠消费者主观感受和市场反应存在的构念,传统的财务会计方法常常难以准确量化品牌资产。因此,本节从认知心理学和信息经济学两个角度切入,力图从不同角度描述和探讨品牌资产。

3.1.1 认知心理学角度

从20世纪70年代开始,认知心理学逐渐成为心理学研究的重要领域。认知指的是注意、知觉、记忆、思维和言语等重要的人类心理活动。显而易见,认知心理学对消费者研究非常重要。

以认知心理学为基础,1991年品牌研究专家大卫·艾克(David A. Aaker)在其著作《管理品牌资产》中提出,品牌资产主要包括5个方面,即品牌忠诚度、品牌认知度、品牌感知质量、品牌联想、其他专有资产(如商标、专利等)。品牌资产围绕品牌名称这一核心构成联想网络,消费者据此为品牌赋予意义。

以户外服装为例。假设某知名户外服装品牌在机场、豪华酒店设置醒目的平面广告,强调其产品所使用的新材料同时拥有保温、防水和排湿功能的专利,并配有著名登山家穿着该品牌服装登顶珠峰的绝美照片。消费者因而产生较高的品牌认知度,并且将该品牌与探险、勇气、安全、卓越等建立联想,在尝试购买后发现该品牌产品的确经久耐用,而且设计风格美观实用,因此成为忠实用户,然后经常性购买而且乐于将该品牌推荐给他人。这就是品牌资产的基本原理。

艾克模型与传统的财务会计相比,贴近了消费者心理,将影响消费者态度与行为的因素考虑在内。同时,艾克模型中既有消费者的主观感知,如品牌忠诚度和品牌感知质量,也有较为客观的维度,如专有资产。这样一来,不仅考虑了多种变量,增加了模型的说服力,但同时也增加了测量难度。例如,投入同样的成本,一家企业用以埋头钻研,申请了大量的专利,而另一家企业则注重市场宣传,提升了品牌认知度,能否认为二者相抵,两家企业拥有大致类似的品牌资产?

为了解决这一问题,更多学者进一步提出了自己的品牌理论。凯文·凯勒(Kevin L. Keller)提出了基于消费者的品牌资产模型,即CBBE(Customer-Based Brand Equity)模型,从消费者角度出发,讨论如何测量和管理品牌资产。CBBE模型的基本假设是品牌资产来自消费者对品牌的认识、感受和体验。换言之,品牌资产可以看作随着时间的推移,品牌在消费者心中的所有体验的总和。CBBE模型的主要目的是揭示强势品牌的要素有哪些,以及如何经营这些要素以打造强势品牌。凯勒进一步提出,打造强势品牌需要进行四个步骤:设计品牌标识,提出品牌内涵,引导品牌反应,以及建立正确的消费者-品牌关系。同时，这四个步骤的成效又取决于企业在6个维度的表现：显著性、绩效、形象、评价、感觉和共鸣。本章3.2节将以凯勒模型为基础探讨跨境电商的品牌资产。

任何理论模型都会有其侧重。CBBE模型专注于消费者心理的剖析，对企业、产品、消费者和市场的互动的关注则相对不足。知名品牌咨询师亚历山大·贝尔（Alexander L. Biel）提出了关于品牌资产的贝尔模型。该模型认为，品牌资产主要来自品牌形象，而品牌形象通过企业形象、消费者形象和产品/服务本身形象得以体现。品牌形象主要植根于消费者对品牌相关特性的联想，其中联想具有硬性和软性属性。硬性属性是对品牌有形或功能属性的认知，而软性属性体现品牌的情感属性。

弗吉尼亚大学学者Richard Netemeyer在凯勒理论的基础上，提出CBBE模型中四个方面的内在一致性和有效性，四个方面主要包括感知价值（Perceived Value）、感知成本价值（Perceived Value for Cost）、独特性（Uniqueness）和溢价支付意愿（Willingness to Pay a Price Premium for a Brand）。其中，品牌的感知价值、感知成本价值和独特性能够提升消费者的购买意愿，而溢价支付意愿则能够刺激消费者的购买行为。

3.1.2 信息经济学角度

1996年，英国经济学家詹姆斯·莫里斯由于其在不对称信息条件下的经济激励理论方面的贡献而获得诺贝尔经济学奖。2001年，诺贝尔经济学奖被授予美国经济学家乔治·阿克洛夫、迈克尔·斯彭斯和约瑟夫·斯蒂格利茨，表彰他们对信息经济学发展的突出贡献。

6年之内，信息经济学研究课题两获诺贝尔奖，彰显了主流经济学界对信息经济学研究的高度重视。事实上，信息经济学的研究早在20世纪70年代就已经起步。传统的经济学理论常常在市场信息充分的假设下探讨如何实现资源配置最优化，但是阿克洛夫等经济学家认为现实生活中充满信息不对称的情况，从而造成市场扭曲，资源最优配置只存在于理想的经济模型之中。

对消费者而言，购买产品就是典型的信息不对称情况。商家不仅对生产过程与产品质量了如指掌，而且也通常对市场上的竞争对手有较为充分的了解。而消费者仅能凭借价格、外观、性能指标、消费者评价等寥寥数语的信息，对海量的产品选择加以分析。因此，几乎每位消费者都有过选错产品，或者购买体验不尽如人意的经历。

受到信息经济学的启发，学者对基于消费者的品牌资产进行了重新审视。Erdem与Swait发表于1998年的论文将品牌资产看作一种"信号传递现象"。由于市场的信息不对称，消费者在与企业进行互动时，十分看重企业的可靠性。良好的品牌声誉能够为消费者提供可靠性的信号，从而抵消信息不对称所带来的不确定性，引发信任、购买、正反馈等一系列积极连锁反应。

信息经济学所带来的另一个问题是品牌溢价（Brand Premium）。从认知心理学角度出发，由于市场的信息不对称，消费者无法做出准确判断，因此抱着"一分钱一分货"的心理为较知名品牌的产品付出较为高昂的价格。因此，企业可以通过操纵市场，让消费者白白付出更多的价值。

但信息经济学的观点不尽相同。以克莱恩和莱夫勒模型为例，该模型的基本假设是，如果消费者认为企业操纵市场，就不情愿支付溢价；而企业预计到消费者的理性思考，认为即使诚信经营，产品质量有保证，消费者也不愿意轻信，反而是投机取巧、刻意逢迎消费者的企业和个人赚得盆满钵满，因此也就不愿意增加投入提升产品和服务质量。这样一来，企业与消费者的互动陷入囚徒困境，行业发展受到限制。

但换个思路，如果有部分消费者出于时间成本的考虑，愿意支付较高的价格来减少不确定性，溢价是对企业研发与生产水平的刺激，从而带动行业进步。而在支付溢价后，如果消费者的确购买到了物有所值甚至品质卓越的产品，就会产生较高的满意度，为后续购买和品牌宣传铺平道路。而如果购买了价高质次的产品，消费者不仅会拂袖而去，还可能大量传播负面口碑，加速市场洗牌和品牌优胜劣汰，对于行业发展也有所裨益。

信息经济学关于品牌资产的另一个研究方向是道德风险（Moral Hazard）。这里需要指出的是，经济学意义上的道德风险并不是伦理学或法学中的道德风险，后者指的是个人违背公序良俗或传统价值观的可能性和潜在后果。在经济学里，道德风险多指个体在最大化自身利益的同时，对他人利益不管不顾，甚至有意无意地进行损害的情况。

假设一个跨境电商平台明知某家店铺在出售过期产品，而且还对过期产品重新包装，掩盖事实，但该平台不仅不处罚这种行为，还在默认该行为之余和店铺瓜分了这笔利润，这就属于典型的道德风险。而由于过期产品的成本很低，这家店铺还能够进行各种降价促销，处于信息不对称中的劣势的消费者难以抵御低价的诱惑，就陷入了所谓的逆向选择，从而导致市场资源配置效率低下。

而品牌资产是一种奖惩机制。借用金融术语，品牌资产可以看作一种"共同抵押物"。如果一家企业缺乏品牌资产，消费者也无须为此支付高昂的价格，则该企业就可能以次充好，或者出售假冒伪劣产品后改头换面，换个山头卷土重来。但如果企业已经花费大量的金钱与人力物力成本提升品牌资产，则违背法律道德准则的代价将直线上升。同理，消费者虽然为了名牌支付更多，但政府、行业与社会都会对企业和产品提出更高的要求，减少了企业的道德风险，消费者可以放心购买，企业也可以放心大胆地增加研发投入，提升产品质量。

在信息爆炸的互联网时代，信息不对称可以说同时在减少和增加。大多数消费者懂得利用各种信息检索方式，如搜索引擎、数据库、专业报告、社交网络、品牌口碑等，进一步了解自己感兴趣的产品与品牌。但随着检索技术的进步，消费者所能接触的信息也呈指数增加。过去，品牌往往只是某种图案设计或者一个简单的名称。在互联网时代，品牌可以说无所不包，文字描述、视觉设计、听觉内容、虚拟与增强现实等，都可能是品牌的要素。因此，增加品牌的信息可以说是一把双刃剑。品牌应当减少信息不对称，而不是为消费者带来更多的困惑与烦恼。

3.2 基于消费者的跨境电商品牌资产

无论从企业财务、信息经济学还是认知心理学角度出发，品牌资产都是跨境电商企业需要深思熟虑的长远问题。和传统的零售业务相比,跨境电商无法直接与消费者面对面互动,因此更加难以揣摩消费感知、决策、行为等过程中的变化;另一方面,由于跨境电商的信息不对称鸿沟更加巨大,消费者对品牌的依赖将更为明显。

本节以 CBBE 模型为框架,分析探讨跨境电商品牌资产的基本原理。认知心理学的联想网络记忆模型(Associative Network Memory Model)表明,虽然消费者的长期记忆形成之后会保持稳定,但记忆的调取并非随时随地就能完成。因此,个体有关某企业和品牌的记忆网络节点在消费情境中被激活得越多,消费者越能够回忆起该品牌并做出更为积极的回应,以此形成感知质量、品牌忠诚度、购买意愿、溢价支付意愿等。

本书第 1 章已说明,品牌知识由品牌意识和品牌形象两部分构成,如图 3-1 所示,品牌资产在此基础上形成。消费者的品牌知识越丰富,越细致入微,越容易选择该品牌,从而品牌资产得以提升。

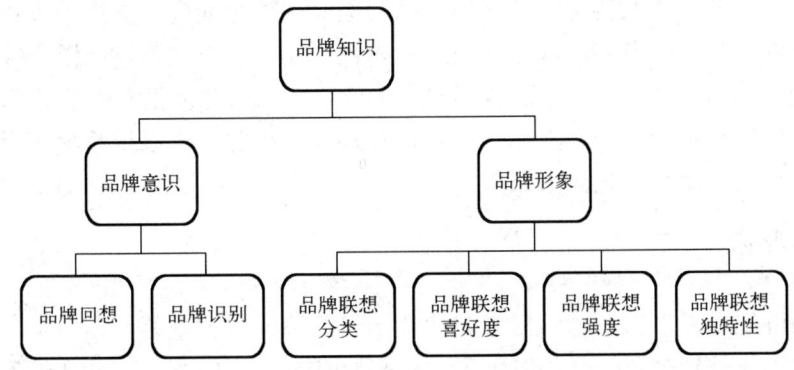

图 3-1　品牌知识的维度

(资料来源:Keller. Conceptualizing, measuring, and managing customer-based brand equity. Journal of Marketing, 1993, 57(1): 1-22。)

3.2.1　品牌意识

品牌意识指的是消费者在不同情况下能够记起和识别品牌的能力,品牌意识反映的是品牌是否"德不配位",也就是品牌是否与其声称的价值相符。品牌意识的主要构成要素为品牌回想与品牌识别,其基本原理已在第 1 章讲述。本节主要探讨跨境电商品牌意识的相关问题。

一方面,品牌意识能够帮助消费者在思考某一产品类别时回忆起该品牌。以一家大型超市为例,囿于货架数量、商场面积和经营成本,通常一个产品类别的品牌只有十几个,甚至几个。因此,如果某一两个品牌长期在消费者心中的品牌意识比较强烈,那么其余品牌想要参与竞争的难度很大,无论是软饮料产品类别中的可口可乐和百事可乐,还是牙齿护理产品类别中的佳洁士和高露洁,都是典型的例子。

但跨境电商的情况大相径庭。电商情报公司 Marketplace Pulse 在 2019 年的调查显示,仅亚马逊平台就有约 200 万个品牌在同场竞技。以亚马逊平台的 17 个基本产品类别计算,平均每个大类有超过 10 万个品牌参与竞争。这种现象符合美国《连线》杂志主编克里斯·安德森 2004 年所提出的"长尾理论",也就是说,由于互联网时代市场渠道畅通,产品生产成本急剧下降，市场参与者大量增加，市场份额由传统的钟型曲线正态分布转变为一条由高至低、无限延伸的幂律曲线，正如一条长长的尾巴。如果领先的品牌无视竞争对手，则众多竞争对手叠加的市场份额和品牌效应将达到甚至超过领先的一两个品牌。因此，同一家企业旗下经营多个跨境电商品牌，甚至这些品牌同属一个产品类别的情况，在跨境电商中屡见不鲜，甚至成为一种新常态。这样既能从不同的产品定位和品牌形象角度追赶领先者，也能避免一次公关危机导致整个企业的品牌资产都受到重大损失，这与金融投资的对冲思想和"不把鸡蛋放在一个篮子里"的谚语不谋而合。

另一方面，尽管跨境电商品牌竞争激烈，但也时而出现消费者不去比较其他品牌，而只在一个品牌上斟酌买与不买、迟疑不决的情况。例如，国外的一家企业正在考虑提高现有的生产工艺，而提高生产工艺所需的某种原材料只有中国的一家企业生产并在速卖通平台出售，出于成本和风险考虑，国外企业举棋不定。按照 Petty 与 Cacioppo 的中央与边缘路径理论，关于生产工艺的决定重要性很高的，因此国外企业应当采用中央路径，即慎重调研，甚至飞赴中国实际考察，综合比较之后再做出决定。但由于该中国企业进行了品牌建设，国外企业的市场负责人之前就在博览会上深度了解过该企业，那么很可能就转向边缘路径，即通过对品牌的信任，直接进行合作与购买。因此，可以说品牌是促使跨境电商消费者进行购买的一个至关重要的条件。

3.2.2　品牌形象

早在 20 世纪中期，市场营销学者就注意到了品牌形象的重要性。但是，品牌形象概念的定义、内涵与外延时至今日仍有争议。按照 CBBE 模型的观点，品牌形象指的是消费者记忆中产生的所有对品牌的联想的集合。

消费者的联想有时会给品牌带来意想不到的结果。以荷兰啤酒品牌喜力（Heineken）2018 年投放的淡色啤酒广告为例。广告视频中，一位年轻酒保将啤酒瓶轻轻推出，酒瓶滑过数位黑人消费者，最后停在一位肤白貌美的白人女子面前，并出现广告语："有时候，越淡越好"。一经播放，很多消费者认为该广告有强烈的种族主义暗示，因此向企业表达了不满，最终广告被撤回，品牌形象也受到了负面影响。

跨境电商企业常常经营多个品牌，面对不同国家与多种民族文化，维护品牌形象、避免负面联想的任务艰巨且繁重。本节探讨跨境电商如何通过品牌联想来塑造和维护品牌形象。

1. 品牌联想的分类

消费者千人千面，产生的品牌联想肯定各不相同。CBBE 模型提出的分类原则是按照联想的抽象程度，即联想产生的信息量分类的。以此划分，品牌联想可以按照信息范畴的广度分为三种：属性（Attributes）、利益（Benefits）与态度（Attitudes）。

属性联想较为具体，包括与产品有关（例如使用该产品的必备要素）和无关（例如价格、包装、使用者形象、使用情境）的两类属性。以跨境电商中近年来发展迅猛的婴幼儿配方奶粉为例。很多品牌在价格、包装和使用情境等方面极尽所能，强调该产品的性价比、安全性、适合该国婴幼儿体质等。而实际上，对于初为人父母的年轻消费者而言，最关心的反而是该品牌是否适合自己的子女，而不是统计数字。由于配方奶粉价格昂贵，运输过程漫长，消费者可能不会轻易因为价格或使用情境等与产品无直接关联的属性而确定购买。因此，很多品牌会在跨境电商平台上推出价格非常低廉，甚至免费试用的小包装。

利益联想指的是消费者为品牌赋予的个人价值，换言之，在消费者的认知中，该品牌能够为他们个人带来哪些具体的好处，具体包括功能性、经验性和象征性利益。例如，厨卫用品是跨境电商平台上常见的品类，假如某海外品牌的淋浴设备坚固耐用，其水流具有按摩功能，能够消除疲劳，而且在市场上塑造了高端的形象，亲朋好友无不称赞，则该品牌就同时带来了功能性、经验性和象征性的三重利益。

态度联想则是消费者对品牌的整体评价，并且消费者以此指导进一步的消费行为。态度联想与属性联想、利益联想高度相关，可以认为，态度联想是消费者经过属性联想和利益联想的综合估量后进行的一种价值表达。因此，假如某些消费者明知国产品牌物美价廉、功能完善，仍然坚持在电商平台购买进口产品，可以理解为国产品牌至少在某些品牌联想维度上仍然未能满足消费者的需求。相反，进口产品虽然在价格属性上不占优，但可能具有强大的象征性利益联想的价值，从而获得消费者的青睐。市场营销学中常常提到"原产国现象"，例如德国的工业品、法国的奢侈品或者日本的食品在国际市场大行其道，就可以理解为其品牌资产可能来自不同的品牌联想。

2. 品牌联想的喜好度

任何市场营销计划的最终目的都是提升消费者对品牌的积极态度。无论从理论还是实际出发，消费者对品牌的喜好首先来自属性。如果品牌属性不尽人意，或者虽然属性尚佳，但无法满足消费者的具体需求，那再多的宣传和推广也无法提升消费者品牌联想的喜好度。根据欧洲电商资讯公司 Internet Retailing 的一项调查，90%的电商企业在创立的前四个月就会以失败收场，其主要原因就是糟糕的线上营销表现，未能提供消费者需要的品牌属性。

反观 2021 年中国跨境电商品牌中较为成功的 Anker、遨森等，究其原因，还是充分利用了大数据，为目标消费群体精准推送产品，在一众跨境电商品牌的红海中找到了属于自己的受众，从而在国际市场得以生存发展。

在打造品牌联想的喜好度时，企业容易犯的另一个错误是过于追求消费者的注意力和感官喜好。以品牌商标的色彩设计为例，由于红色能够让人感到温暖、愉悦，家居品牌多用红色或类似暖色调，而蓝色让人感到冷静、平和，消费电子产品偏爱蓝色。虽然消费者会对这样的品牌要素产生天然的喜好，但由于众多品牌千篇一律，该要素并不一定能够将喜好转化为偏好或者购买意愿。

3. 品牌联想的强度

品牌联想的强度可以理解为品牌信息如何进入消费者记忆(编码过程)，以及在记忆中的存在方式(存储)。因此，品牌联想的强度取决于消费者在记忆中收纳了多少有关品牌的意义。如果品牌联想的意义性较强，则记忆也会更加深刻，日后购买意愿也就较高。

以中国的彩妆品牌出海为例。国际市场上的彩妆品牌众多，定位各不相同。中国彩妆品牌属于后起之秀,如果只强调产品的基本属性,如护肤、保湿、抗皱等,与发达国家的品牌高度雷同,很难给消费者留下任何印象。但中国的彩妆品牌强调其与中国文化、中国审美甚至中国哲学思想的联系,让国外消费者觉得该产品是中国文化历久弥新的象征,而且用色大胆,产品包装设计不拘一格、古朴优雅,使消费者踊跃尝试,因而造就了一批在国外初试锋芒的彩妆品牌。

4. 品牌联想的独特性

如前文所述,跨境电商品牌数量众多,很难脱颖而出。企业能够想出的创意,绝大多数已经有其他竞争对手使用过。因此,品牌存在的价值必须建立在独特且可持续的竞争优势上,或称独特卖点(Unique Selling Proposition)。

除非是经济学意义上的垄断市场,任何品牌都必须和其竞争对手共存,而只要存在竞争,品牌就难以避免地被消费者与竞品比较,而且产品的很多属性可能是与竞争对手相似甚至相同的。因此,品牌之间的比较就是一把双刃剑。一方面,与竞争对手的相似性有助于消费者将品牌归类为他们所需要的。例如,打开跨境电商平台的网页或 App 进行搜索后,往往系统会根据搜索内容推荐相似的产品和品牌,以帮助消费者货比三家,这样增大了消费者锁定这几个品牌的概率。但同时,消费者选择竞品的可能性也增加了。那么,品牌之间产生联想是好事还是坏事?按照 CBBE 模型的观点,品牌之间的联想是利大于弊的。其原因主要在于,品牌之间的联想有助于消费者锁定其所需产品类别的品牌选择,而只要品牌在提供所有竞品都有的基本属性之外,再额外提供典型的、仅由该品牌独享的范例属性,被消费者选择的概率将大大增加。

以耐克旗下的 Air Jordan(AJ)子品牌为例。根据福布斯杂志的报道,自从篮球巨星迈克尔·乔丹与耐克合作推出 AJ 品牌以来,乔丹已经因为品牌代言赚取了超过 10 亿美元,是历史上体育明星品牌代言收入之最。AJ 品牌的球鞋与服饰也一直是电商网站的明星产品。2020 年有关乔丹的纪录片《最后一舞》播出后,AJ 品牌在中国的销售收入大涨 50%,接近 10 亿美元。其产品除了满足消费者的基本运动需求,由于乔丹在体育迷心中的影响力,穿着 AJ 已经成了努力拼搏、追逐梦想、致敬赛场传奇的象征,因此才能在新冠疫情影响下低迷的运动市场中保持高歌猛进。

3.3 跨境电商企业品牌资产的创建

如上文所述,创建基于消费者的品牌资产,需要让消费者熟知该品牌,而且感知到品牌令人喜好、高强度和独特的品牌联想。创建品牌资产,不仅可以在品牌建设的前期通过设计品牌名称和商标,一举赢得消费者的注意与认可,也可以在后期通过支持性的营销计划不断改进,持续塑造、打磨品牌识别度。

3.3.1 加强品牌识别

品牌识别(Brand Identity)是企业希望创造和维持的、能引起消费者对品牌的正面印象与积极态度的联想网络。根据 CBBE 模型，品牌识别始于合适的名称。品牌名称应当简洁易懂，而且带有积极意义。除此之外，品牌标志应当让人过目难忘，品牌象征不应拘泥于某一具体产品，而应该可以灵活地转移至其他不同品类。品牌代言人应当与产品、品牌和行业具有一致性，包装应当醒目宜人，而品牌口号也应当朗朗上口。对于跨境电商而言，消费者浏览网页或 App 的速度是以秒计算的，如果品牌名称晦涩难懂，消费者可能就因为不愿意费神去理解和记忆，直接放弃对产品的进一步了解，之后所有的品牌设计也就白费了。

以全球最为知名的连锁咖啡品牌星巴克(Starbucks)为例。在设计品牌时，企业决定以海洋作为主题，并选择了 19 世纪美国小说家赫尔曼·梅尔维尔的长篇小说《白鲸》(Moby Dick)作为灵感来源。企业本来想根据小说里的船名，将品牌取名为仓库(Cargo House)。但品牌咨询师觉得这个名称十分平庸，且难以发音。在翻阅小说时，品牌咨询师偶然发现一个矿产小镇的名字 Starbos，众人都觉得这个名字简单好记，但意义还不够积极，最终改为了现在的版本。star 意思是明星，而 buck 是美语俚语美元的意思，这个名称响亮、好记，而且寓意积极。同理，星巴克的品牌标志本来是线条繁复的美人鱼，后来逐渐聚焦到微笑的脸庞，而且咖啡的字样也取消了，因为星巴克的业务早已超越了咖啡本身。星巴克的色彩选择、店铺设计、广告语等也都牢牢把握目标消费群体的喜好。星巴克从一家默默无闻的咖啡馆成长为全球最知名的咖啡连锁店，品牌识别的成功可以说是第一要素。

对于争取出海的中国跨境电商品牌而言，品牌名称的选择是第一个难关。由于中文和英文的文化差异，很难找到一个能够兼顾中英文之美的品牌名称。以 Interbrand 的品牌资产排行榜中排名靠前的亚洲品牌为例，其中很多都遇到过品牌名称的难题。以佳能(Canon)为例，佳能一开始进入国际市场时，名称还是 Kwanon，来自观音菩萨的日语发音。由于这个名字的英文发音困难，而且多数西方消费者对佛教不够了解，最终改为了发音接近的英文单词 Canon(标准、准则之意)，从而加强了品牌识别。而本章开头所提到的三星品牌则很幸运，其韩文发音 Samsung 正好由两个非常上口且意思积极的英文单词构成，Sam 是常见的名字，而 sung 是歌唱之意，为品牌识别带来了积极影响。对于大多数中国跨境电商品牌而言，这是创建品牌资产必须克服的难题。

3.3.2 支持性营销计划

在建立品牌识别后，企业还应当不断开发支持性的营销计划，用以强化品牌识别效果。简言之，应当在营销组合，即产品、定价、整合营销传播等营销活动中进行推广。首先，企业应当突出产品的功能性、经验性和象征性利益；其次，可以利用价格的稳定性或者灵活性传达适当的品牌联想；最后，在营销传播中，可以利用广告等手段帮助消费者建立品牌联想。

中国品牌不乏成功出海的范例。以海尔为例，海尔在产品功能性、价格稳定性方面多年如一日，打动了消费者、投资者和政府部门，因此成为少数在北美站稳脚跟的中国制造业品牌。而抖音的海外品牌 TikTok 则更是支持性营销计划的胜出者。首先，与其国际竞争对手如 Instagram、Snapshot 等相比，TikTok 极易上手，可以说是属于全民的品牌，而且使用成本极低，用户体验优良，善于利用社交媒体进行营销传播，最终成为大众首选的视频分享平台。

再如，2021年印度尼西亚网约车企业Gojek和电商企业Tokopedia合并，成立GoTo品牌。GoTo不仅是印度尼西亚最大的互联网科技企业，也是印度尼西亚历史上规模最大的企业合并案例，很多媒体报道称之为"东南亚的阿里巴巴"。但在其他地区，GoTo的名声并不响亮。GoTo仍需要做大量的工作，让品牌能够进一步站稳脚跟，与国际品牌进行竞争。

3.3.3 次级品牌联想

如果只从功利主义角度考虑，只要品牌联想能够带来消费者的偏好、品牌忠诚和购买意愿，企业就可以认为这些联想网络都是有益的。但是，凯勒指出，其中一些品牌联想是消费者直接通过对产品和服务的体验产生的，这些属于核心品牌联想；而其他一些品牌联想则不然，它们可能来自消费者的假想，商家的宣传，或者其他社会群体的观点或印象，这类品牌联想就属于次级品牌联想。由于核心品牌联想相对固定，企业应当在自由度更高、弹性更大的次级品牌联想方面做文章。

以跨境电商平台上的流行品类——时尚包袋为例。如果一位消费者购买了某个品牌的手提包，发现产品设计出色、用料扎实考究、做工精致，虽然价格不菲，仍然物有所值，那么设计、质量、做工就是该品牌的核心品牌联想。而另一位消费者通过观察和检索，发现年轻白领青睐该手提包品牌，而且该品牌经常出现在影视作品中，那么，这位消费者产生的品牌联想可能是时尚、身份象征、国际范等，这些都是次级品牌联想。次级品牌联想可能基于事实，也可能仅仅来自他人的观点或想象。

对于跨境电商而言，次级品牌联想至关重要。因为品牌选择众多，而购买后因为不满意而退货或者进行售后服务更加困难，消费者对待跨境电商品牌会比本土品牌更加谨慎苛刻。通过次级品牌联想，可以加深甚至重塑品牌识别，促使消费者尝试购买。

以在国内热销的澳洲保健品为例。事实上，全球保健品市场起步较早的是美国，早在20世纪30年代就推出了相关的产品，欧洲紧随其后，澳洲、日本等国起步较晚。但对于广大中国消费者而言，美国签证要求相对烦琐，旅途漫长，成本较高，并且中美关系复杂多变，而澳洲鼓励旅游业，中国游客游览澳洲相对容易。并且，由于澳洲地广人稀，自然环境优越，常常被评选为适合人类居住的国家，因此在游客心中就留下了澳洲人健康、快乐的印象。因此，当澳洲保健品进入中国，消费者自然而然地产生了类似的次级品牌联想，使澳洲的保健品品牌反而比起步更早的北美品牌更加得到中国消费者的偏爱。

3.4 跨境电商企业品牌资产的评估

与市场份额、净现值等相对客观实际的企业绩效指标相比，品牌资产的评估相对较难量化。而且由于管理者的视角不同，评估方法也莫衷一是。但品牌资产评估是企业管理的重要任务，评估结果不仅能够反映企业营销管理与品牌战略设计实施的成效，以进一步调整未来方向，还能够帮助其他的利益相关者，例如投资者、供应商、采购商、零售商、政府部门和员工等，更好地与企业进行互动与合作。在企业面临融资上市、兼并收购、法律纠纷等情况时，品牌资产的大小也将起到至关重要的作用。

通常，评估品牌资产需要树立一定的评估指标，包括知名度、市场份额、消费者忠诚度、推荐指数、品牌溢价等。对于传统行业而言，市场份额通常是反映品牌资产的直接指标。对于品牌众多、长尾效应明显的跨境电商市场来说，品牌溢价或消费者忠诚度可能更为重要。

品牌资产评估最为直观的方法是成本法。成本法的基本原理是，对于某一行业的典型企业而言，达到特定市场份额和产品溢价，大致需要多少市场宣传和推广成本。这就解释了为什么不同品牌资产榜单上排名靠前的品牌通常来自科技、汽车、日用品领域，而企业规模较大的石油企业反而难以上榜。由于石油行业的特殊地位，企业常常是因为对于国民经济的不可替代性而做大做强，并不需要对品牌进行过于频繁的推广。相对而言，科技行业竞争非常激烈，因此在跨境电商平台上排名靠前的科技企业，通常是经过多年品牌建设的成果。

品牌资产也可以通过公司市值进行计算。以上市公司为例，首先可以获取公司的总市值，然后减去公司的有形资产如厂房设备、土地等，再在剩余的无形资产总价值中剥离专利等其他价值，就能得出品牌资产的大致数值。

由于品牌形象与影响力是相对竞争对手而言的，品牌资产也可以通过分析竞争条件来计算。例如，假如 A 品牌市场份额为 20%，B 品牌为 10%，而 C 品牌为 30%，其余条件相同，投资集团却对三个品牌报出了相似的兼并收购价格，有理由相信 B 品牌的品牌资产高于 A 和 C。

根据 CBBE 模型，无论采用何种具体的测量工具，品牌资产评估大致可分为间接评估与直接评估两种方法。所谓间接评估，是指测量与品牌知识有关的数据，例如消费者的品牌意识、市场上的品牌形象等。直接评估则将品牌知识作为自变量，测量消费者对企业营销活动的支持程度、购买意愿和决策行为。

间接与直接评估应当相辅相成。间接评估有助于发现哪些因素对品牌资产的贡献较大，而直接评估则可以反映品牌资产在消费者心理与行为中的作用。

3.4.1　间接评估

品牌意识、品牌联想等概念的内涵各不相同，无法用寥寥几个问题或者简单的量表就完成所有的间接评估。由于品牌意识主要与消费者的记忆有关，间接评估可以通过测量消费者的品牌回想与品牌识别来完成。

首先，可以检测消费者能否正确回想与识别具体的品牌。除了回想的正确程度，还可以测量回忆用时、识别效率等，用来反映品牌是否建立了较为深厚的品牌资产。

其次，可以调查品牌联想的相关问题。例如，可以通过问卷调查、访谈、焦点组等形式，让消费者描述某品牌带来的联想网络，并具体询问"何时何地""为什么""谁"等深度问题；也可以让消费者完成填空，或者诠释图片等，来挖掘消费者潜意识中与品牌有关的联想。

最后，在品牌之间进行比较研究时，可以要求消费者从某个角度比较不同品牌的联想。例如，在比较产自不同发展中国家的益智儿童玩具时，可以询问关于游戏难度、趣味、背景知识等的问题。也可以直接对比不同品牌，包括品牌的相似性、对竞争品牌的不同期待、不同品牌都有哪些独特性联想等。另外，还可以调查哪些品牌会成为其他品牌的次级联想。例如，在考虑为子女购置钢琴时，可能很多家庭都会了解顶级品牌，但发现价格过于昂贵。那么，很多家庭可能会转向互联网，寻找音质、做工、品牌形象与顶级品牌有一定联系，可以作为初级替代品的海外电子琴、电钢琴品牌。

3.4.2 直接评估

与间接评估较为丰富的角度与方法相比，直接评估通常需要使用实验法，也就是说，将一组消费者置于某个品牌营销计划的条件之中，而另一组消费者则置于没有品牌、或者某个虚构品牌的条件之中。如果前者的营销计划切实带来了更好的消费者反应，如态度、偏好、意向等，则可以推断，该品牌的营销计划对品牌资产有所助益。这样做的好处是，能够让消费者处于接近真实的环境，从而推断品牌资产的变化。

直接评估的另一种方法是联合分析（Conjoint Analysis）。其原理是，随机设计多组不同的产品设计与组合，每组都有一些具体的产品指标，测量消费者的偏好等。以无人机为例，指标可能包括价格、续航里程、颜色、安全性、耐用性等，通过调查消费者的打分或者偏好排名，估计具体的产品属性如何影响品牌的受欢迎程度与形象，从而协助进行市场细分、新产品设计和消费者画像。

【本章小结】

本章首先介绍了品牌资产的主要理论，然后解读了基于消费者的跨境电商品牌资产的原理与构成，接下来利用 CBBE 模型，简述了跨境电商企业品牌资产的创建与评估中需要注意的主要问题。

【本章习题】

一、名词解释

品牌资产　　品牌溢价　　联想网络记忆模型　　品牌联想　　联合分析

二、单项选择题

1. 在艾克的品牌资产模型中，与消费者无直接关联的是（　　）。
   A. 品牌忠诚度　　　　　　B. 品牌感知质量
   C. 品牌认知度　　　　　　D. 其他专有资产
2. 以信息经济学角度来看，消费者愿意支付高价购买名牌，称为（　　）。
   A. 信息不对称　　　　　　B. 品牌溢价
   C. 道德风险　　　　　　　D. 囚徒困境
3. 在凯勒的品牌资产理论中，根据信息内容，三种品牌联想中最为具体的是（　　）。

A. 属性 B. 利益
C. 态度 D. 三者皆为具体信息
4. 以下哪个属于次级品牌联想的要素？（ ）
A. 价格 B. 功能 C. 体验 D. 产地
5. 如果计算在某个行业树立一个新品牌并达到一定市场份额和消费者忠诚度需要花费多少，这是品牌资产的（ ）评估法。
A. 成本 B. 市值 C. 竞争 D. 主观

三、简答题

1. 品牌资产为什么难以评估？
2. 品牌资产理论主要有哪些？
3. 为什么要基于消费者进行品牌资产的创建？
4. 为什么跨境电商品牌名称非常重要？
5. 以出海品牌为例，解释怎样进行跨境电商企业品牌资产的评估。

案例分析

华为出售荣耀

2020年11月，华为宣布出售荣耀品牌相关业务资产，不再持有股份。

华为主要有三块业务：运营商业务、企业业务、消费者业务。财报显示，2019年华为总营收8537亿元，其中消费者业务营收4673亿元，在总营收中占比高达55%；而在这4673亿元中，就有900亿元来自消费者对荣耀手机的认可。

同时，不难看出，荣耀手机对华为的营收贡献，其实已经超过了华为的全部企业业务（897亿元）。它对华为的意义可见非凡。在整个手机行业，荣耀的地位同样不一般。根据市场调研机构Trustdata公布的数据，在2019年中国智能手机出货量排名中，荣耀超越苹果和小米，位列第四，仅次于华为、OPPO和vivo。

很显然，荣耀作为华为旗下的子品牌，虽然很多时候都与华为手机混为一谈，但事实上，它的实力一直都被低估了。根据最新消息，荣耀此番出售，收购方包括神州数码、3家国资机构，以及TCL等企业组成的小股东阵营，估价1000亿元。

1000亿元，是今年京东双11交易额（2715亿元）的1/3，天猫（4982亿元）的1/5，是小米市值（5587亿元）的1/5.5。

为什么要卖掉"亲儿子"？很多人都很困惑华为为什么要卖掉荣耀。网友最多的猜想是华为没钱了，为了做芯片，不得不忍痛割爱。但事实上，华为从来不缺钱，去年，华为赚了超600亿元的净利润，经营活动现金流达到了914亿元。

任正非也在多个场合说过，华为从来不缺钱；同时，凭借华为在芯片领域的地位，它如果想要钱，每天都有无数机构排着队送钱上门。

2019年华为手机总出货量达2.4亿部；去年发布的华为Mate 30系列手机，上市仅60天，全球出货量就超过了700万部。2020年，售价6499元起步的华为Mate40系列，基本一上线就被秒光，完全处于供不应求状态。

那么芯片眼看就要见底了，华为旗下的手机怎么分？

事实上，当初荣耀手机的定位，本身就是华为为了抗衡小米这样的性价比选手而做出的商业策略。

华为的Mate系列和P系列，主打中高端，售价往往比苹果还高。

很显然，"老父亲"手里没多余的粮，留给"大哥"和"二哥"，还能一起抗敌，这时候的荣耀就只有两条出路，要么留在家里"等死"，要么赶紧找个好人家，送出去。

值得注意的是，曾经的荣耀，只是华为旗下一个主打性价比的子品牌，但是其市场占有率不可小觑，从华为独立之后，荣耀未来未必没有朝中高端方向进化的可能。

从另一个角度看，荣耀也面临着不小的挑战。

回顾荣耀的崛起历程，它其实吃了不少国人的爱国红利，大家也一直把荣耀与华为视为一体。脱下华为光环，没了华为芯片，未来的消费者，还会不会为"荣耀"买单？

与此同时，在智能手机市场，小米、OPPO、vivo都是实力强劲的选手，背后智囊团高人无数；神州数码引领的新荣耀，是否有足够的品牌管理智慧与之抗衡？

（作者根据相关资料整理。）

根据以上案例分析下面的问题：

1. 华为出售荣耀，对其品牌形象有何影响？
2. 荣耀在独立自主后，应当怎样在海外市场提升其品牌资产？

第4章 跨境电商品牌化模型

【本章要点】
- 如何理解品牌化的过程
- 如何管理跨境电商企业品牌化各维度
- 如何实现内外部沟通的一致性

【引导案例】

服务于北美市场的家居电商平台 POVISON

POVISON 所属母公司缪斯科技成立于 2020 年,平台于 2021 年 3 月底正式上线。POVISON 以服务北美消费者家具需求量最大的室内家具为场景,打造一站式线上家具零售平台。

北美家具零售市场极度依赖进口,且进口商品主要来自中国市场。北美家具市场需求中,60%份额掌握在当地的进口零售商手中。这些企业长期以传统的 B2B 模式经营商品和渠道,对于 C 端消费者需求的理解和满足缺乏重视。相较于传统的 B2B 模式,北美家具消费市场正处在快速线上化的过程中。同时受疫情下宅家经济的影响,2020 年美国 B2C 家具电商渗透率已突破 20%,远超 2019 年的 14%,且 2021 年还在持续扩大中。25~44 岁的消费者群体是家具零售电商当前的主要客户,随着千禧一代很快将成为北美最大的成年人群体,家具零售线上化的趋势也将越来越明显。

POVISON 当下经营的主流产品是室内家具中的沙发、餐桌、电视柜等大件高品牌附加值产品,经营策略上以场景打造为核心,通过图片和视频为消费者构建家居消费场景。目前最重要的三大场景是客厅、餐厅和卧室,核心产品平均客单价为 900 美元。由于客户对连带购买的偏好,产品的客单价正在持续攀升。

创始人林宇表示,除了为消费者提供高品质、有设计感的产品外,POVISON 也非常重视产品的环保和可持续性,产品中所用到的实木材料均来自可持续生长的树木,其板材认证为 E0 级,是胶合板、硬木胶合板和其他木质面板的最高甲醛释放标准之一。

虽然家具市场在快速的发展过程中,但其线上管理面临巨大的挑战。比如,家具行业的供应链数字化和商品高品质履约一直是全行业的痛点,也是 POVISON 最需重点投入的方向。为了保障消费者的权益,所有环节都是由内部团队来组织和运营的。创始人林宇表示,虽然当下的成本相对较高,且投入周期偏长,但企业期待能够建立完整的家具品类供应链数字化通路,使得未来国内的家具制造商可以借助数字化工具与海外的消费者进行更深维度的交流互动。

目前,POVISON拥有独立App、自建站和亚马逊渠道,2021年品牌全渠道销售额突破4000万美元。在谈到企业未来几年的侧重点时,创始人林宇表示,企业将更加专注于北美市场,投资本地仓储和本土化售后服务,为消费者提供免费的设计咨询和设计服务,帮助消费者更好地享受高品质与设计感兼具的优良家具产品。

(作者根据相关资料整理。)

4.1 品牌化模型概述

历史上,品牌化被视为一项借助可视的标识、名称和广告来创造企业形象或个性的工具,目的是以一种强烈的方式表达企业相关信息。但是到20世纪90年代中期,仅靠品牌来建立企业形象或个性是不够的。品牌的影响无处不在,其外延也在逐渐扩大。实践表明,不仅是消费者,还有其他利益相关者也在通过其他方式和途径考察和检验品牌。

品牌形象不仅仅在企业意识状态下形成,还在潜意识状态下传递。品牌化可以理解为品牌外部化(External Branding)和品牌内部化(Internal Branding)。品牌外部化是指企业主动地向企业外部利益相关者传递品牌价值和重要信息,促进形成正面、积极的品牌形象认知,产生对潜在消费者和利益相关者的吸引。品牌内部化则是确定品牌内涵并对员工等内部可控要素传递品牌价值和重要信息,促进员工接受并向外传递品牌内涵。Laurie Young(2003)认为品牌内部化包括三方面:向员工有效传递品牌内涵;确保他们参与品牌建设;通过联结组织内各项工作传递品牌内涵实质。通俗说,品牌内部化就是品牌内涵在企业内部各方面资源间的渗透和整合,特别强调员工对自己在企业品牌建设中的位置和作用的理解。

4.1.1 品牌外部化

在品牌外部化过程中,需要研究品牌价值如何被目标消费者理解和偏好,以及品牌对目标消费者行为意向的影响程度。从事跨境电商的网络商店,其品牌外部化不仅会影响店铺形象,还会影响消费者的购买行为。"形象"一词最早由Bolding(1956)提出,他认为"人类的行为并非全然由原始的知识和资讯所导引,而是其所知觉之形象下的产物。"国内外学者对网络商店形象及其维度做了众多研究,Martineau(1958)提出网络商店形象可以定义为:在互联网环境下,消费者对网络商店一切行为与表现的总体的、抽象的、概括的印象和评价。Pairin和Keng(2003)认为网络商店形象包括网站和系统设施、产品和促销信息、交易服务和满足感、便利性、外观及同质性和制度要素六个方面。Cebollada(2004)对实体店和网络商店进行了对比研究,发现网络商店的产品展示具有比实体店更好的效果。Jungmi和Susan(2008)则指出网络商店形象的维度包括安全性、便利性和娱乐性。Verhagen(2009)

认为网站的精美制作与便捷实用性会提升网络消费者的满意度，简便的网站导航能提升消费者的满足感。另外，电商消费者满意度与感知的网站质量密切相关，网页加载时间、订单处理速度、用户使用便利程度、网站制作的美观效果都会影响到消费者对网络商店形象的看法。消费者通过跨境电商网站进行购物，首先接触的就是跨境电商网络商店，良好的店铺形象有助于消费者识别品牌并在脑海中形成正面的品牌形象。在自有品牌的初期推广上，许多跨境电商企业倾向于将自有品牌定位为低价格的产品，现在，越来越多的跨境电商企业开始通过打造品牌形象而不是低价格来促销自有品牌产品。目前消费者进入双品牌营销时代，既选择产品品牌，也选择店铺品牌，因此跨境电商网络商店形象会影响消费者的购买行为。

在网络商店形象对购买行为的影响方面，目前发展出态度学派和行为学派两大派别（Done. Schultz，2005）。态度学派相信基于消费者的知识和体验创造了品牌，如果理解了态度的影响力，就应该通过调节态度去改变行为。行为学派认为测量品牌价值的唯一办法就是计算人们所采取的行动，而不是行为意向。然而事实的真相却是二者的综合，二者对品牌成功都很关键。

学者常用品牌忠诚考察品牌形象对消费者态度和行为的影响，对品牌忠诚的研究已经比较成熟。品牌忠诚在结构上分为态度和行为元素（Jacoby & Kyner，1973；Oliver，1999），同时也被看作态度评估和行为意向之间的关系力（Dick & Basu，1994）。品牌忠诚在产生巨大营销优势的同时，还能降低营销成本，具有巨大的贸易杠杆作用，使忠实消费者能够拒绝竞争者的诱惑，创造更高的利润。1990年，Reichheld和Sasser在《哈佛商业评论》上发表了一篇研究报告，指出消费者的忠诚度每提高5个百分点，企业的长期利润就会增长25%～95%。10年后的2000年，Reichheld和Schefter又将这一研究拓展到网络营销领域，他们发现，在网络营销中，消费者忠诚度的增长同样会拉动企业利润的增长。随着时间的推移，重复消费者的消费额会与日俱增。以跨境电商企业为例，消费者在第31～36个月消费的金额会比前6个月多出1/5。Jacoby（1973）、Chestnut（1978）、Oliver（1999）等认为单纯从重复购买行为中（也就是行为忠诚）认识忠诚是片面的，便利、偏好、新奇、机会和节日等也是购买行为的缘由。品牌忠诚也被认为是一段时间内一些决策单元对一组品牌中的一个或更多选择的反应，分为行为忠诚和态度忠诚。在服务市场中，态度忠诚比行为忠诚更容易考察（Rundlethiele and Bennett，2001），因为可以通过提出关于情感和意动忠诚等的问题来反映态度忠诚。Sirohi等（1998）对16000个零售连锁店的消费者进行了调查，发现通过持续购买意向提高消费者忠诚度，会明显提高购买量和口碑传播度。

4.1.2 品牌内部化

企业品牌和一般品牌虽都能代表价值，且都是功能价值和情感价值的结合，但与一般品牌不同的是，企业品牌的功能价值和情感价值来源更丰富，能够代表企业的一切东西都可以强化价值和破坏价值。企业品牌是企业远景、企业文化和任务目标的融合和聚焦，如图4-1所示。下面对企业品牌化模型中的主要概念进行阐述。

企业远景是企业面向未来的长期使命和发展方向。企业文化归根结底要体现人本主义和尊重人性。目标和任务也是密切相连的，任务目标是企业任务的系列，是可考察的指标反映。企业任务决定了企业目标和个人目标，是量化的任务。所以无论是企业远景还是企业文化，都属于企业上层建筑层面的内容，是企业精神的体现。而企业任务是在远景指导下需要开展的具体工作，是企业物质层面的内容。一个卓越的企业品牌既要反映远景和文化，也要体现任务和目标。

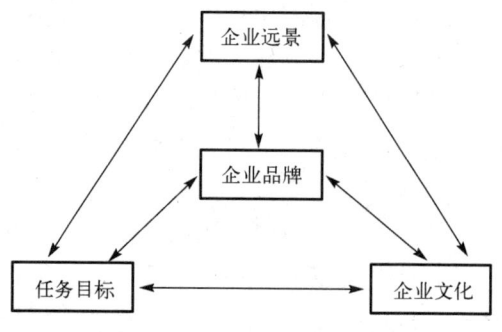

图 4-1　相互作用的价值来源

跨境电商企业品牌化模型如图 4-2 所示，后面三节将对该模型展开阐述，包括品牌内部化和外部化关系、企业品牌价值来源和企业品牌外部化过程。

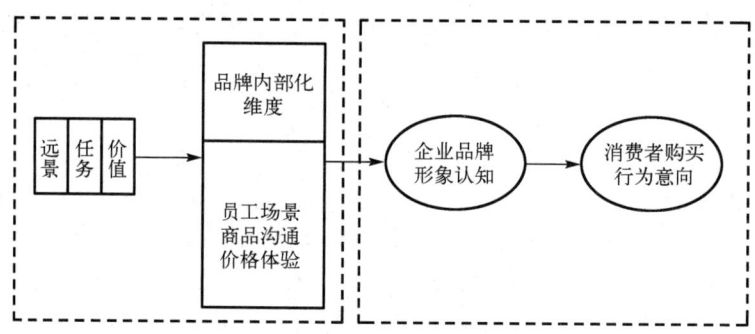

图 4-2　跨境电商企业品牌化模型

4.2　跨境电商企业品牌内部化和外部化关系

品牌内部化和外部化过程是相对独立的两个沟通过程。品牌内部化过程是把品牌价值传递和渗透到企业可控的载体和媒介上，借助他们再传递给外部消费者和公众。品牌外部化过程是企业品牌价值向外部公众传递的过程，主要指外部信息沟通活动。品牌内部化过程形成企业身份，外部化过程形成企业形象，两个过程的结果相互依赖和影响。由于各种原因，企业身份和企业形象之间常存在差距，所以缩小二者差距、追求一致性是企业品牌管理工作的最终目标。

4.2.1　品牌内部化和外部化是相对独立的沟通过程

品牌价值的出现有两种方式，一是来源于组织个性，被创建者、管理者和员工所影响（品牌内部化过程），二是被消费者感知（品牌外部化过程）。品牌内部化过程是有关品牌内涵的内部生成及传递渗透的过程，特别强调员工对品牌内涵的理解和接受，并借助企业一些有形载体和员工行为表现和传递品牌价值，因此品牌内部化的结果就是员工认知的企业身份。品牌外部化过程是品牌内涵通过员工行为、消费者可视的企业有形物及企业外部的信息传递和沟通等方式,形成消费者眼中的企业品牌价值,即企业形象。这个过程中的受众很复杂,包括除员工以外的全部利益相关者,如供应商、竞争者、目标消费者、民间团体等,但过程中最重要的还是目标消费者。

品牌内部化主要研究员工眼里的企业身份,品牌外部化主要研究目标消费者对企业品牌感知的形象及产生的购买行为意向。消费者对企业的认识和感觉来自体验和观察,企业形象接近于"消费者对企业自然和潜在现实的态度和感受"。数字经济的发展,促使商家与消费者的沟通从传统实体店的面对面服务,扩展到无形的互联网信息服务,通过即时化、互动化、多样化的信息服务,满足消费者切实需求。如跨境电商企业可通过在线评价或口碑的形式与消费者互动,能够更加准确、快速地满足消费者的各种诉求。而相关文献研究提出了员工和消费者对企业品牌认知的巨大差距,并普遍认为可以通过协调员工和消费者的品牌感知来降低差距。Gary Davies 和 Rosa Chun(2002)曾采用一个标准化的"企业个性量表",来测量两个店铺的企业品牌的员工感知(指企业身份)和消费者感知(指企业形象),这两个店铺属于一个集团,但是有不同的名字和地址。结果表明,企业形象和企业身份的差距在两个店铺中都存在。一个店铺的形象好于身份,另一个店铺的身份好于形象。前一个店铺的形象受益于对店铺的重新装修,但该店铺忽视了对员工的投资和员工培训。如果形象和身份一起改进,两者之间的差距可能会缩小。

企业品牌化的管理在很多方面差异于产品品牌。产品品牌也常用在跨境电商 B2B 和 B2C 模式中,一种是产品品牌与企业品牌相同,如智能家居产品 FUNRY 就使用方睿科技(FUNRY)的企业品牌,地毯 JACKSON 使用捷成地毯(JACKSON)的企业品牌,太阳能背包 ECEEN 使用亿声创想电子有限公司(ECEEN)的企业品牌;第二种是产品品牌与企业品牌不同,如美甲仪 SUNUV、女装 AMII、音响 MIFA、手机配件 TOPK、安防产品 Reolink、女装 SHEIN、饰品 Bamoer、假发 Ali Annabelle、手表 LEMFO、羽绒服 ICEbear 等;第三种是企业品牌下有多个产品品牌,如傲基国际有限公司(Aukey)打造了 Aukey、Tacklife、Aicok、Homfa 和 Naipo 等一系列跨境电商品牌。产品品牌主要满足的是购买和使用产品的人,而企业品牌需要同时满足多个相对独立的消费者群体,包括潜在员工、供应商及消费者等不同利益相关者群体。这表明在企业品牌的管理方面,跨境电商企业产品品牌营销比制造型企业更具有战略性和挑战性。

4.2.2 品牌内部化和外部化结果相互依赖和影响

企业形象始于企业内部的利益相关者——员工,以及他们对企业的评价(Gray,1986)。员工行为影响着企业的名声,员工如何看待企业也会影响消费者对企业的看法,特别是那些接触消费者的一线员工。外部的利益相关者通过与这些员工的接触和产生的印象形成对企业的联想。由于服务性企业内员工和消费者同时参与生产和消费过程,使这些消费者和企业成员之间的边界变得模糊,因此消费者眼中的企业形象和员工行为密不可分。在跨境电商的网络店铺中,企业品牌内部化是品牌外部化的前提和基础,其结果决定了品牌外部化结果,因此管理好企业品牌内部化是重中之重。反过来,良好的品牌外部化结果也对品牌内部化的进程和效果具有反作用。例如，良好的消费者口碑、积极热情的消费者参与、忠诚的目标消费者等。由于良好的企业品牌形象而形成的忠诚消费者群体无疑会增加对企业和员工的宽容理解和积极配合，这会改善员工的工作态度和对企业的认知，提高归属感和成就感，从而推动品牌内部化进程，提升其效果。

企业品牌形象形成需要解决好以下问题：短期内企业要传递什么理念？应该保持怎样的长期形象？结合当前消费者认知、企业能力，传递哪些品牌信息是可信的？什么主张会和消费者产生共鸣？企业品牌将如何支持商业战略？企业品牌形象需要切合实际的管理，有些企业的企业品牌像孤岛，缺少与短期销售相联结的品牌建立活动，也没有预算来源。因此要对企业品牌建立长期培养机制，提供资源确保品牌能实现预期目标。企业品牌需建立在持续的资源投入基础上，确保品牌承诺和消费者感知相匹配。

员工的理念、行为要与消费者对企业品牌的需要统一。客户服务能够以热情的态度、个性化的方式、及时的回复、高效解决问题来提升消费者对品牌的认知与好感。而影响消费者跨境购物的关键因素是电商服务质量和消费者对独特性的需求。参考 Skålén 等 (2015) 确立的三种共同创造方式——交互、标识和组织实践，以及提出的共同创造的要素——程序、理解和参与，可以知道联合品牌利益相关者(特别是品牌消费者)进行共同创造有助于树立良好的品牌形象。而品牌体验对消费者共同创造的态度和行为有显著的正向影响，创造丰富的体验途径能增进消费者与品牌的互动并实现价值共创。但实现过程中如何界定员工需要的和消费者需要的企业品牌，并且让不同内容的企业品牌在沟通传递中能够保持连续、协调和整合，这是企业品牌化中需要继续研究的课题。

4.2.3 品牌内涵传递的一致性是最终管理目标

企业品牌被认为是很多不同的东西，可以看作一个概念性框架、一个管理过程或一个战略工具和沟通便利器。企业品牌化过程涉及内部维度和外部维度，以及它们之间的关系。最近的企业品牌化概念性研究把企业品牌化从外部营销工具转化为内外联盟的战略性框架，成功实现企业品牌化，需要管理者与内外部资源进行充分互动和联盟。企业品牌化的内部维度被认为是和文化与身份相关的(基于企业研究)，而外部维度强调形象和名誉(基于战略和营销)。之前的许多企业品牌化工作关注内外部维度相关的原因和怎样分析它们等，未来的研究应集中于如何扩大企业品牌内外部维度之间的一致性和可能性。例如，当商业多样化、地理复杂化、消费者多样化、业务拓展和分企业增加时，如何保持品牌内涵传递的一致性？这些变化会影响品牌感知吗？可靠和信任在企业品牌中如何实现？以后内外利益相关者之间的关系和地位将变得相互交织，例如，员工既是股东又是消费者，因此内外维度的辨识和管理会更困难。

总之，企业品牌化被概括为一个整合的(内部全部资源)、战略的(形成企业未来方向)、关联的(关系所有利益相关者)、动态的(资源改变和转换)管理过程，是品牌内部化和外部化有机结合的过程。企业品牌内涵在内部和外部传递的一致性问题是现在和未来仍需努力的研究课题。

4.3 跨境电商企业品牌内涵的根源

企业品牌内涵的形成和转移一定要得到企业远景、任务和价值的支持。员工能否接受企业品牌很大程度上取决于对组织战略层面内容的理解和承诺。所以一个良好的企业品牌内涵一定是会体现企业远景、承载企业任务、规范企业价值的，关系到企业品牌在企业和消费者之间的纽带作用，关系到企业品牌在员工、消费者和其他需要接受企业品牌的人和组织之间的角色扮演。

4.3.1 企业远景（愿景）

企业远景是在人们心中的一股令人深受感召的力量。企业远景刚开始时可能只是被一个想法所激发，然而一旦发展到能够感召一群人时，就不再是抽象的，可以理解为一种具体存在的东西。最简单的说法是"我们想要创造什么"。正如个人远景是人们心中或脑海中所持有的意向或景象，共同远景是组织中的人们所共同持有的意向或景象，它创造出众人为一体的感觉，源于共同的关切而产生对个体的影响力量，这种力量渗透到组织全面的活动中，而使各种不同的活动融汇起来。人们寻求建立共同远景的理由之一，就是他们内心渴望能够归属于一项重要的任务、事业或使命。共同远景会唤起人们的希望，特别是内生的共同远景，工作追求的是一项蕴含在企业的产品或服务之中却比工作本身更高的目的。共同远景改变了员工和企业的关系，让企业不再是"他们的企业"，而是"我们的企业"，是使互不熟悉和信任的人一起工作的第一步——产生一体感。心理学家马斯洛（Abraham Maslow）晚年从事杰出团体的研究，发现他们最显著的特征是具有共同远景与目的，组织任务与个人无法分开，个体高度认同企业任务。

放眼当下较强大的企业，阿里巴巴的企业远景是"让天下没有难做的生意"，做幸福指数最高的企业，并且活 102 年。京东的企业远景比较简单，是做中国最大、全球前五强的电商企业。值得注意的是，企业远景与企业经营活动所付出的努力应该是匹配的，避免盲目承诺和夸大其词。

4.3.2 企业任务（使命）

一个组织的存在有其特定的任务，如提供贷款、转售商品等，但这些看似简单的定位却需要谨慎思考：企业如何定位？如何定位受众群体？企业对消费者的价值体现在哪些方面？企业的业务包括哪些方面？成功的企业会经常提问并思考这些问题，然后根据环境变化和自身特点做出正确的决策。一般来讲，一个企业的任务来自五个途径：历史、所有者和企业管理者的当前偏好、市场环境、资源、独特的能力。许多企业制定任务说明书是为了让他们的经理、员工在许多场合与消费者和其他公众共同负有其使命感，一个有效的任务说明书应该向企业的每个成员明确地阐明有关目标、方向和机会等方面的意义。企业的任务说明书充当一只无形的手，引导着广大而又分散的员工各自地又一致地朝着同一个方向为实现企业任务而工作。但任务说明书是文字表述，很难用于考量企业业绩，因此需要把它转化为一系列可测量的企业目标，才能更好地发挥其作用。

4.3.3 企业文化（价值观）

组织中共有的价值体系，体现了一个组织的经验、历史、信仰和标准。有些企业文化是主动创造和培养的，而有些企业文化是自然形成的。像部落文化中支配每个成员及影响外来人的图腾和戒律一样，组织拥有支配其成员行为的文化。在每个组织中，都存在着随时间演变的价值观、信条、仪式、神话和实践的体系或模式，这些共有的价值观在很大程度上，决定了成员的看法及对周围世界的反应。当遇到问题时，企业文化通过提供正确的途径来约束员工行为，并对问题进行概念化、定义、分析和解决。一个组织的文化常常反映出组织创始人的远见使命，因为创始人有着独创性的思想，并且对如何实施这些想法存在着倾向性，不为已有的习惯或意识所束缚。创始人通过描绘组织应该什么样子的方式来建立组织早期的文化。由于新组织的规模较小，因此创始人能够使他的远见深刻地影响组织的全体成员。所以，一个组织的文化是以下两方面相互作用的结果：一是创始人的倾向性和假设，二是第一批成员从自己的经验中领悟到的东西。

企业远景、企业任务、企业文化属于企业高层战略规划的内容，它们是品牌文化和价值主张的支撑和行动方针，品牌的发展不能偏离或冲突企业战略，并追求最大限度地和战略保持一致性和协调性。

4.4 跨境电商企业品牌外部化过程

企业品牌外部化过程就是形成良好的企业形象从而吸引消费者产生购买意向和行为的过程，本质上是信息的外部传递和沟通，沟通对象包括广泛的企业外部利益相关者，如合作伙伴、消费者、社会团体等，其中消费者是重要的沟通对象。这项工作经常采用沟通手段完成，包括常见的广告、销售促进、公共关系、人员推销、直接营销五种方式，除此之外，产品的包装、式样、价格、销售场景等都可以向外部公众传递形成企业整体形象的信息。因此，有效的传播过程一般包括八项主要步骤和内容：1. 确定目标受众，善用消费者画像；2. 确定传播目的，推进购买进程；3. 设计信息内容，做好平台建设；4. 选择传播渠道，进行精准投放；5. 编制促销预算，考虑媒介类型；6. 确定促销组合，扩大促销效果；7. 衡量促销成果，进行调整优化；8. 管理营销过程，强化品牌形象。

4.4.1 确定目标受众，善用消费者画像

营销信息的传播者必须一开始就要在心中有明确的目标受众，可能是企业产品和服务的潜在购买者、目前使用者、决策者或影响者，也可能是企业的潜在合作伙伴。目标受众的判断会影响营销信息传播者的诸多决策，例如如何营销，怎样营销，何时何地由何人营

销等。然后要对目标受众的特点进行研究,同时关注其对企业及所在行业的初步印象,以便有针对性地开展下一步工作。

消费者画像,简单地说就是为品牌的消费者打上标签,通过打标签的方式,描绘出消费者的信息全貌。消费者画像的意义在于,改善闭门造车式的品牌运营方式,帮助识别品牌目标消费者群体,进一步把握消费者需求,优化产品或服务,提升消费者体验,实现精准运营和沟通。消费者画像与消费者角色设定不同,消费者角色设定是在获取和分析海量消费者数据的基础上,由抽象到具象,创立几个典型的品牌消费者的虚拟人物形象,帮助品牌在运营过程中更好地理解消费者的目标及动机,以达到优化产品和服务的目的;消费者画像则是通过为消费者打上标签的形式进一步区分和圈定目标消费群体,具体而论,设立标签的目的在于进一步运用数据分析和数据挖掘技术,抽象出消费者信息全貌,为进一步精准、快速地分析消费者行为习惯、消费习惯等重要信息提供足够的数据基础,便于开展计算机运算,通过算法或模型,更好地实现对消费者的解读。

企业品牌的受众应该是相对复杂的一个群体,目标消费者仅仅是其中的一部分,而广泛的利益相关者往往也是信息传递和沟通的重要对象。在企业发展的不同时期和背景下,企业品牌会有重点地发展不同关系,关系紧密程度会随企业需要而不断调整,因此企业品牌是企业用于联系和创建多重关系的战略性工具。

4.4.2 确定传播目的,推进购买进程

当确认了目标受众及其特点以后,营销信息传播者必须确定要寻求受众什么样的反应。对消费者寻求的是购买行为发生,而购买行为的发生需要一个漫长的决策过程,因此营销信息传播者要知道如何把目标受众从当前所处的购买过程阶段向前推进,加速购买行为。

所有消费者的购买过程都是一个认知—感情—行为反应,消费者首先知道某个品牌,然后产生情感,之后才会发生对该品牌的购买行为。在这个反应模型的进一步解释上,有以下比较常见的反应层次模型:

(1) 效应层次模式:知晓—了解—喜爱—偏好—信任—购买;
(2) 创新采用模式:知晓—兴趣—评估—试用—采用;
(3) 沟通模式:接触—接收—认知反应—态度—意图—行动;
(4) AIDMA 模式:注意—兴趣—欲望—记忆—行动。

一般认为,在传统媒体时代与互联网初期,企业常用 AIDMA 模型解释和理解消费者购买过程,处于强调以媒体为中心向消费者单向传递信息的阶段。然而在互联网 2.0(信息与人互动)时代,基于搜索和分享应用的出现,消费者对传统媒体的聚焦转到了网络媒体上,信息的来源变得分散,消费者的行为由被动变成了主动,于是出现了 AISAS 模型,强调注意—兴趣—搜索—购买—分享,通过"搜索"与"分享"实现消费者间信息的传递与渗透。还有人提出了 SICAS 模型,即品牌与消费者相互感知—产生兴趣并形成互动—建立联系并交互沟通—产生购买—体验与分享,也对互联网消费者行为过程提出了新颖、不同的解释。

无论线上还是线下消费者,其购买行为过程基本符合某个特定的反应层次模型,营销

信息传播者可以借此了解他们所处的购买阶段和预测下一阶段，从而决定之后采取的沟通策略，推进购买进程。

4.4.3 设计信息内容，做好平台建设

有效的信息应能引起注意、激发兴趣、唤起欲望和导致行动，因此制定信息需要解决信息内容、信息结构、信息格式和信息源四个方面的问题。

在信息内容设计上，企业管理层要寻找诉求、主题、构思等独特的宣传主张，表达出受众做某些事情时会考虑到的利益、动机或认同。其中诉求可以分为三类：理性诉求、情感诉求和道义诉求。理性诉求展现的是产品的功能利益，如质量、经济性、价值或性能等。情感诉求试图激发出某种否定或肯定的感情以促进购买，如内疚、羞愧、高兴、怀旧、亲情等，获取目标受众的情感共鸣。道义诉求用来指导受众有意识地分辨什么是正确的和什么是适宜的，常用来规劝人们关心支持公益事业，如爱护环境、尊老爱幼、平等民主等。

如今电商平台已经超过 5000 家，企业要充分利用国内跨境电商平台的丰富资源，参考平台提供的消费者研究报告，选择合适的跨境电商平台，在信息设计和推广方面能够事半功倍。如第三方跨境电商平台阿里巴巴为企业提供出口一站式服务，在支付、物流、出入境、融资等方面节约企业的出口成本。跨境电商平台是企业的电子名片，企业能够通过跨境电商平台进行全方位的品牌形象定位，无论大小的跨境电商都需要通过跨境电商平台实现线上交易，因此我国跨境电商需要重视跨境电商平台的建设。

跨境电商平台也需要增强自身品牌的形象定位，传播品牌的文化内涵，形成强大的平台效应，助推所有商家的推广，毕竟消费者了解一个跨境电商首要的方式就是跨境电商平台。

在信息源方面，有吸引力的信息源可获得更多的注意与回忆，所寻找代言人必须至少具备专长、可靠性和令人喜爱三个要素其一。其中专长指代言人所具备的专业知识；可靠性指的是客观性和诚实性；令人喜爱是吸引力程度，如幽默、美丽和自然的品质等。

4.4.4 选择传播渠道，进行精准投放

信息传播渠道的选择和设计依据的是目标受众的媒介接触习惯，即了解特定受众在什么时间和场合接触什么媒介。笼统地说，可以分为人员信息传播渠道和非人员信息传播渠道。人员信息传播渠道包括提倡者、专家和社会渠道三种，社会渠道即口头传播，对跨境电商企业的企业品牌而言是非常重要的一种传播方式。非人员信息传播渠道包括各类媒体、气氛和事件。其中，气氛指"整体配套的环境"，会激发和强化消费者的购买倾向；事件指对目标受众产生影响的偶然发生的企业大事，如店庆、指定赞助商等。气氛和事件相较于媒体，对服务业品牌的传播推广有着更加重要的意义。

对于跨境电商企业而言，海外市场消费者越来越体现出碎片化、社交化等特征，如何找到目标消费者关注的媒体，进行有效传播，是需要解决的问题。首先，社交媒体发挥日趋重要的作用。全球最大的社交平台 Facebook 吸纳了二十多亿用户，75%的美国成年人每天都会登录；在东南亚市场，如泰国用户，每月平均有 27 天会登录 Facebook，其影响力

可见一斑。跨境电商企业可以利用社交平台提供的多种营销工具，有效实现信息传播。其次，在媒体投放中，广告创意的个性化生成也非常重要。如今已经不是一则广告面向所有受众的时代，海外消费者对内容的喜好度千差万别，需要进行针对性的定制和投放。例如OPPO在面向东南亚市场进行销售时，利用了谷歌"多元创意制作与展示"的方案，自动根据观看者的消费者画像，将广告视频的不同剪辑版本进行匹配投放，提高了OPPO广告片在YouTube上的观看量，确保了更好的观众参与度，让"完整视频观看率"从16%提高到了42%。

4.4.5 编制促销预算，考虑媒介类型

合理编制促销预算才能达到促销目标。目前普遍使用的确定预算的方法有：量入为出法、销售百分比法、竞争对等法、目标任务法。量入为出法是根据企业的承受能力决定促销预算，这种方法忽视了促销对销售量的影响，会丧失某些成长机会和市场份额。销售百分比法把销售量和促销费用紧密联系起来，不会对企业造成财务负担，也能估计竞争状况，是比较有效的一种预算方法。竞争对等法是按照竞争对手的大致费用来决定自己的促销费用，一般而言，竞争对手的大致费用也代表了这个行业的平均费用水平，这种做法可以有效防止促销战。目标任务法要求经营人员靠明确自己的特定目标，确定达到这一目标必须完成的任务及估算完成这些任务所需要的费用，来决定最终的促销费用。

目前，随着互联网生态环境的逐渐稳定，占据稀缺地段和核心人群的传统媒体生态系统、互联网媒体生态系统和生活场景媒体生态系统成为主流的三种媒介投资阵地。而互联网广告的主要阵地也已移动化，用户的行为在一个小小的智能手机上完成。用户行为移动化之后，企业失去了获取消费者注意力的主动权，甚至失去了寻找消费者的瞄准镜。从前媒介广告都是单一的大媒体、大渠道、大投资，只需要大量投放广告就能带来可观的销售额；现在，面对十多亿具有各种各样细分需求的消费者，企业如果继续按照传统的媒介策略寻找消费者，无异于大海捞针。虽然很多企业及时布局在数字媒介上的投入，但是由于缺乏科学的选择策略，效果甚微。

4.4.6 确定促销组合，扩大促销效果

实践证明，靠单一手段促销不仅费用高，而且效果差，因此促销组合是企业促销活动的理性选择。如何搭配各种促销方式和手段因行业和企业不同而不同，最重要的促销组合设计依据是目标受众的特点。在设计促销组合时，企业首先要了解各种适合自身的促销工具的特点和费用情况，如电视广告覆盖广、费用高、生动活泼、能产生瞬间效应，人员推销针对性强、费用偏高、具有双向性、覆盖差等。然后结合产品特点、消费者所处阶段、企业产品生命周期阶段、竞争状况、企业财力等确定最终的促销组合。

跨境电商促销策略的四个主要维度分别是促销让利的诱惑性、促销活动的趣味性、促销品类的丰富性和全民参与的感染性，对消费者参与意愿有不同程度的促进作用。越能以极其丰富的产品一站式满足消费者需求的跨境电商企业，越有可能在促销活动中胜出。从

这个角度考虑，促销品类的丰富性非常重要，是消费者在购物节中选择购物平台的重要因素。跨境电商企业除了通过价格折扣增加促销让利的诱惑性外，还应通过舆论宣传营造全民参与的节日氛围，吸引更多的潜在消费者，优化网上交易各环节的体验，增加购物的趣味性和娱乐感，利用社会影响及消费者的从众心理提高消费者在促销活动中的参与率和购买率。

4.4.7 衡量促销成果，进行调整优化

促销计划贯彻执行后，营销信息传播者必须衡量它对目标受众的影响，收集受众反应的行为数据，诸如产品销量、消费者对产品的喜爱程度等，同时还要衡量促销费用的投入产出效率，通过改变促销内容、促销方式和媒介来改善促销效果。例如，数字媒介投资选择就是一切以消费者为中心的流量串联，不仅要投到有效流量还要将其串联起来，使之服务于企业的营销和商业目的，而且对阵地、形式、资源的评价标准都来源于这个唯一的考量标准。

4.4.8 管理营销过程，强化品牌形象

由于竞争的加剧和消费者行为的变化，整合营销要不断调整以适应新变化。营销模式的未来趋势是个性化定制营销手段将取代低价竞争的大规模营销手段。电商市场由价格所带来的利润空间逐渐缩小，随着消费者对体验式、个性化消费模式的推崇，各大电商平台开始尝试多渠道的以感性体验为驱动的综合营销模式。以往单一化价格营销模式带来的短期利润增长是显而易见的，这也缔造了"双十一"折扣促销的销售增长神话。但长期来看，电商企业单一价格竞争将导致服务和物流的滞后，不仅影响消费者的消费体验，还限制企业的持续发展空间。所以网络时代下我国电商企业的核心竞争力和持续发展动力无疑是产品和服务的差异化，只有差异化的整合营销传播模式才能实现企业拓展市场空间的良性循环，即以加强消费者的个人体验为中心进行多渠道的信息整合，引导消费者进行双向互动，增强消费者的参与感和选择性，并将消费者的自我表达与产品销售相联系，提高消费者的忠诚度。在移动互联网技术高速发展的今天，在消费行为、消费心理变化和新媒体碎片化信息特征的影响下，企业品牌形象的完整性和一致性很难建立，大量的营销信息让受众疲于接受，选择困难。因此多渠道、多平台的联合推广可以建立完整统一的企业品牌形象，同时建立稳定的消费者群体，这也是电商企业在网络时代营销的重要策略(王昌茂，2014)。一方面，整合营销传播可以在最大限度上获得消费群体，为消费者提供多元化的消费服务。另一方面，整合营销传播可以建立完整统一的品牌形象，获得潜在消费群体的认知。

【本章小结】

本章首先介绍了企业品牌化模型的基本概念，然后简述了跨境电商品牌内部化和外部化的关系，接下来分析了跨境电商企业品牌内涵的根源，最后概述了跨境电商企业品牌外部化的过程。

【本章习题】

一、名词解释

企业品牌化模型　　品牌内部化　　品牌外部化　　消费者画像

二、单项选择题

1. 在品牌外部化过程中，需要研究（　　）如何被目标受众理解和偏好。
   A. 品牌价值　　B. 品牌形象　　C. 品牌体验　　D. 品牌战略
2. 品牌内部化过程是有关（　　）的内部生成及传递渗透的过程。
   A. 消费者感知　　B. 品牌内涵　　C. 功能价值　　D. 情感价值
3. 企业品牌化被概括为一个整合的、（　　）、关联的和动态的管理过程。
   A. 营销的　　B. 文化的　　C. 互动的　　D. 战略的
4. 企业品牌内涵的形成和转移一定要得到（　　）、企业任务和企业文化的支持。
   A. 企业品牌　　B. 企业广告　　C. 企业远景　　D. 企业形象
5. （　　）过程就是形成良好的企业形象从而吸引消费者产生购买意向和行为的过程。
   A. 品牌外部化　　B. 品牌营销　　C. 品牌推广　　D. 品牌传播

三、简答题

1. 跨境电商企业品牌化模型是什么？
2. 跨境电商企业品牌内部化和外部化的关系是什么？
3. 怎样合理制定跨境电商企业的品牌内部化战略？
4. 跨境电商企业品牌外部化过程包含哪几步？

案例分析

全球 DTC 童装品牌 PatPat

"喜欢 PatPat 的亲子装，这么多种类的衣服可供挑选。成人的卡其色字母 T 恤 4.07 英镑，孩子的 3.05 英镑。凭码 'emma15' 可享 15%的优惠。" Emma Sewell 在她的 Instagram 上如此写道。作为三个女孩的妈妈，她的 Instagram 主页上不仅有许多孩子的照片，还顺便展示着 PatPat 的服装及折扣码。

作为 2014 年成立于硅谷山景城，带有浓厚"中国基因"的 DTC 童装品牌，PatPat 除拥有强大的供应链管理与运营效率优势外，在消费者洞察与品牌影响力构建上的出色表现，也是其广受消费者与资本市场青睐的重要原因。

从 PatPat 的社交账号上我们可以看到，其发布的视频内容很多都是可爱萌娃的画面，又或者是父母和宝宝的家庭互动变装，而且也创建了#patpat、#patpathaul 等多个话题标签页，其目的在于吸引父母群体来共建品牌内容。

试想一下，谁不想炫耀一下自家的宝贝，又有谁会拒绝萌宝呢？基于这一点，很多父母也开始在标签页拍起了晒娃视频，PatPat 巧妙地抓住了消费者心理，让父亲和母亲成为品牌大使，以此吸引了更多的目标受众来推动他们的内容策略。在 Instagram 上，这样的帖子数量繁多，仅在#patpat 这一话题下，就有 23 万余篇帖子。而在主要阵地 Facebook 上，PatPat 的粉丝数量更是超过了 600 万。

就在 2021 年 7 月 19 日，PatPat 宣布，获得了由徐新掌舵的今日资本、泛大西洋资本、鼎晖百孚、SIG 海纳亚洲、渶策资本、DST Global、GGV 纪源资本等知名 VC/PE 的 5.1 亿美元 C 轮和 D 轮系列融资。随后的 8 月 17 日，PatPat 又宣布，完成软银愿景基金二期独家投资的 1.6 亿美元 D2 轮融资。短短一个月的时间，便实现了 6.7 亿美元融资，刷新国内跨境电商行业披露的最大单笔融资记录。

作为全球最大的 DTC 童装品牌，PatPat 目前已覆盖全球 100 多个国家和地区。虽然其模式与知名跨境电商 SHEIN 有所类似，但是这个成立仅 6 年，由几个理工男创立起来的母婴童装品牌，显然代表了新一代跨境电商企业的典型发展路径。

曾经在国内风光一时的贝贝网和蜜芽宝贝，给了王灿等人诸多启发。他们转头扎入了婴幼儿服饰领域。一方面，以非标准化的童装切入市场，与销售标准化产品的大规模成熟电商形成错位竞争；另一方面，PatPat 在美国建立了专人团队，参考当时的贝贝网、聚美优品等产品文案和图片，对产品展示进行包装优化。

目前，该企业 2020 年度的收入为 2 亿美元。截至 2020 第一季度，PatPat 的注册用户数已超过 760 万。

（作者根据相关资料整理。）

根据以上案例分析下面的问题：

1．作为全球最大的 DTC 童装品牌，PatPat 是如何实现品牌外部化的？
2．该企业的产品为什么得到消费者的欢迎？

Chapter 5

第 5 章 跨境电商品牌创建过程

【本章要点】
- 重点掌握战略视角的跨境电商品牌创建过程
- 懂得从价值视角创建跨境电商品牌
- 了解服务品牌创建的其他支持要素,学会多视角地培育服务品牌

【引导案例】

进军快时尚,Cider 正在攻占美国年轻人的衣柜

"我花了 500 美元一口气买了几十件 Cider 的衣服,每一件真的都太可爱了!"在 YouTube 上拥有超过 300 万粉丝的穿搭博主 Mia 在标记了"无推广"的 Cider 测评视频中感叹。而 Mia 只是众多最近在 YouTube、TikTok、Instagram 等社交平台上对 Cider 衣服发布测评的博主之一。从今年年初开始,在美国、加拿大、英国、澳大利亚等欧美国家的年轻女孩之中突然就刮起了一阵"Cider"风潮。

Cider 的定位是做一个面向海外 Z 世代年轻用户、主打 INS 风的时尚女装零售品牌。它的产品设计新潮、上新速度快,并且价格比欧美市场上的同类型、同品质女装要低出不少。一件上衣通常就 10～20 美元,裙子或外套也就 30 美元左右,凭借着"貌美价又廉"的特点,Cider 很快成为欧美女孩的心头爱。测评视频里,很多女孩一买都是十多件,衣柜里塞满了 Cider 的衣服。

抓住了年轻、时尚女性这个特定群体的定位,Cider 从产品定位到营销方式都是围绕这个主题展开的。在衣服设计上,通过自建的数字化系统,24 小时不间断地对流行趋势和平台数据进行自动化分析,基于大数据生成最受欢迎的产品设计。在营销方面,除通过 KOL 进行"带货"推广,从各大社交媒体"找"客户之外,他们还着力打造一个充满 Z 世代特性的开放式社区——Cidergang。在这个社区,用户们可以发布自己的穿搭造型、聊天交流,也可以提出关于产品设计的意见反馈,在增强用户的品牌认同感的同时形成较强的用户黏性。

在 Tiktok、Instagram 和 Pinterest 这些海外平台上,关于#Cidergang 话题的内容每天都有数千条发布。根据 Similarweb 平台统计,近 6 个月来,Cider 的网页访问量稳步攀升,

从 2 月的 65 万人次/日上涨到 7 月超 180 万人次/日。不到一年，Cider 在全球社交媒体上已累计拥有超过 200 万粉丝，积累了超十亿次曝光，用户遍布全球 100 多个国家。

（作者根据相关资料整理。）

5.1 战略视角的跨境电商品牌创建过程

5.1.1 战略视角的品牌创建说

2001 年，Lde Chernatony 采用平衡的内外部视角建立了一个品牌整合的战略过程。它讨论了品牌创建的过程，包括定义品牌远景、强化企业文化、设立品牌目标、审计品牌领域，以及定义品牌实质、内部实施、获取品牌资源、品牌评价、反馈等环节，并周而复始地修正和再循环。多因素模型和商品模型相比，企业文化和品牌内部化在创建服务品牌方面有更多工作要做。企业可以利用交叉职能团队、强烈的消费者导向和品牌文化最大化等提高服务品牌的成功率。

成功的服务品牌创建过程如图 5-1 所示，包括九个阶段：第一，鉴别外部机会；第二，识别内部能力；第三，定义和发展品牌概念；第四，考虑品牌可行性；第五，确保内部承诺；第六，定位和差异化品牌；第七，构建企业资源；第八，市场检验；第九，反馈。大多数人认为成功的服务品牌依赖规划，但不仅如此，员工对成功的服务品牌也至关重要，招聘、感应、培训三方面是其中的关键。当招聘员工时，管理者不仅要考虑如何轻松传授技能和改变员工的价值，还要考虑员工和品牌的价值吻合程度，而不是只强调技术、操作技能等。

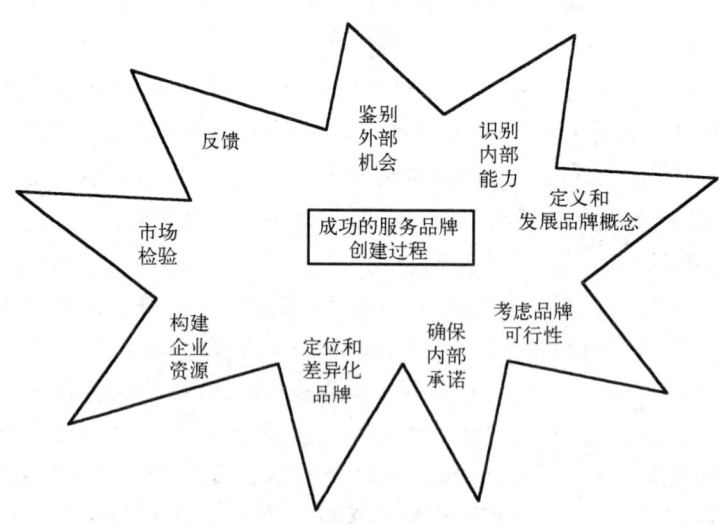

图 5-1　成功的服务品牌创建过程

企业规划发展新服务品牌需要考虑成立一个泛企业团队（Pan-company Team），这个团队受具有号召力和个性的高级管理者领导，使得团队能够投入整个企业的新服务品牌创建中，并且对消费者是否参与到了品牌发展过程中进行定期检查。品牌开发的职责主要由相关职能团队来承担，同时受高级管理者的领导。品牌成功的关键是热情、承诺，这表明有一个强烈的消费者导向是很重要的，但是同等重要的是基于相关、共享的价值的品牌文化的支持。总之，在确保内部承诺、构建企业资源、市场检验三个阶段中，人力资源、领导观念和企业文化扮演着重要角色。

5.1.2 战略视角的企业品牌创建过程

跨境电商企业品牌创建的差异性的原因在于企业品牌特性，企业品牌对跨境电商企业而言意味着更多元的关系处理，不只是如何构建企业和消费者之间的关系，还包括和其他各种利益相关者的关系构建。在企业管理上，尽管营销部门和高层管理者在其中起着更关键的作用，企业品牌也要求所有的职能部门参与品牌创建过程。

全部的利益相关者是企业品牌维护的对象，通过创造和谐的利益相关者关系而实现企业品牌价值的传递和达成。利益相关者包括消费者、供应商、跨境电商平台、员工、竞争者和民间团体等，他们都是企业品牌创建和发展的外部影响要素。

企业和利益相关者的关系管理可以借助关系营销理论来解释。关系营销强调和所有利益相关者建立持久稳定的关系，从而使企业有一个稳定的生态环境。在企业发展的不同时期，在不同的生存环境中，和不同的利益相关者的关系亲密程度可以不同，企业投入也不同。但毫无疑问的是，所有关系都该给予恰当的管理。企业品牌作为和所有利益相关者沟通的手段，在品牌远景、品牌目标和品牌本质的阐述上，必须考虑到所有利益相关者的需要，设计出一致的或和谐的品牌价值，确保全部关系的利益最大化，而不是仅仅考虑消费者的需要和利益。企业应结合跨境电商行业的发展趋势和环境特点，有重点地、有主次地发展和不同利益相关者的关系，用战略眼光来考察企业生存环境和主要伙伴关系。

企业品牌是所有职能部门开展工作的中心，所有职能部门都要参与和支持企业品牌创建过程。但以往品牌管理工作大多由营销部门负责，许多管理者没有认识到品牌的重要性和系统性。最终明智的管理者会意识到：企业言行一致会为企业建立持久有效的品牌形象。

企业品牌的塑造过程就是培训每个员工正确对待消费者的过程，这个过程必须贯彻到企业每个部门的实际工作中，如此才能创造长久趋同的消费者体验。如果一个企业已经明确了企业品牌的含义，那么每个员工就会按照企业的最大利益、企业个性和对消费者的承诺采取行动。而且员工们会知道自己的工作如何直接或间接地影响消费者的体验和企业品牌。最后做到所有职能部门的积极参与和步调一致，这是企业品牌成功的组织保证。

跨境电商企业通过不断地修正和完善企业品牌，来进行企业品牌的创建，如图5-2所示，下面对这个模型进行阐述。

1. 鉴别外部机会

跨境电商企业首先要回答这样几个问题：为何要创建企业品牌？企业品牌的主要受

众是谁？受众对企业评价如何，是否满意？竞争企业做得如何？受众最期望企业品牌提供哪些利益？（此处受众可以是任何利益相关者及其组织。）

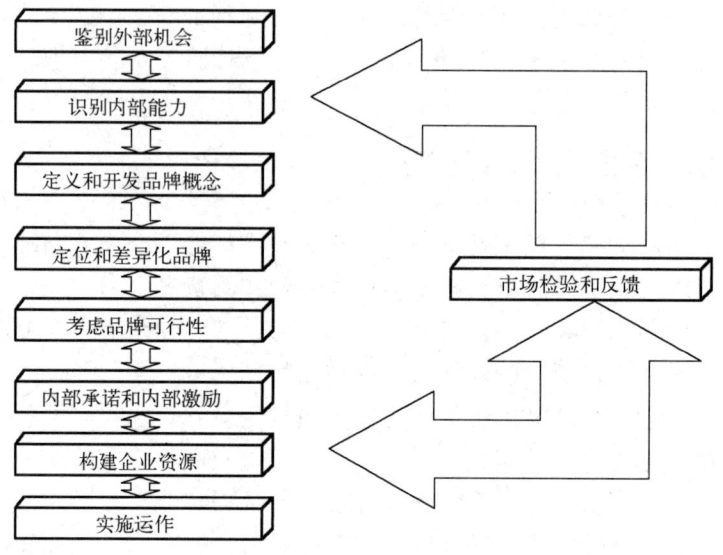

图 5-2　跨境电商企业品牌创建过程

回答这几个问题需要从竞争者和主要受众入手，寻找未被开发和使用的企业品牌利益点，或者竞争者忽视的或做得不尽人意的品牌策略，在此基础上寻找企业品牌所应主张的远景和价值。例如在跨境电商行业中，有学者提出现在是双品牌营销时代，即消费者不仅挑选产品品牌，还挑选企业品牌，这种现象在某个特定跨境电商企业的目标消费群体中是否存在、有无发展的趋势、竞争者有无采取品牌化行动，都是需要思考和解决的问题。答案就在消费者对跨境电商服务质量评价的五点利益要求中——有形性、可靠性、响应性、保证性和移情性，企业可以落实其中一个或几个利益点作为企业品牌利益点。详细分析数字时代的特点发现，消费者更加注重购物体验，"质美价优"是消费者的核心诉求，品质最好、价格最优、款式最称心如意的产品能为消费者带来最好的购物体验。消费者在消费过程中往往倾向于选择具有鲜明特点且独一无二或排名第一的产品和服务，当跨境电商企业品牌被塑造为行业第一或其具有独特的文化特征时，这一品牌就将获得大量消费者青睐。因此，跨境电商企业需要围绕"最"文化的消费理念塑造自身品牌。

2．识别内部能力

跨境电商企业在考虑如何体现企业品牌利益点时要回答这样几个问题：企业具备哪些资源(人员、资金、企业文化、组织结构等)？这些资源的规模和质量如何，与竞争者相比有哪些优势和劣势，是否适于开发企业品牌的战略？可以开发一个品牌利益点还是多个？选取的利益点能否体现出与竞争者品牌的差异化？企业是否具备持久维护和强化品牌的能力？

分析得到肯定答案后方可进入下面环节。一般来说，历史悠久、口碑较好、资源相对充足、有市场拓展能力和兼并条件的企业可以执行企业品牌战略，但在服务管理、企业文化、组织结构等一般相对弱势的方面仍需小心谨慎。

3. 定义和开发品牌概念

管理者决定创建企业品牌后，下一步就是建立品牌开发小组，定义和开发品牌概念。为了使企业品牌定义准确符合需要，品牌开发小组的成员应包括高级管理层人员、产品和服务开发人员、营销人员、销售人员、客户服务部人员和人力资源管理人员等，复杂、不同的小组成员身份有利于全面系统地考虑企业品牌的利益点和冲突点，尽量在主要利益相关者中建立一个比较和谐的企业品牌形象。放眼当下，相对于国际成功品牌对于精神境界的深入挖掘，国内品牌的目标大多仍然停留在销售产品而非培养品牌文化上。品牌远景应该体现出人类对真善美的永恒追求，应该超越国界和种族，成为全球共享共鸣的一种人类文化，基于此而培养的企业品牌才能够获得生命和永恒。例如，耐克品牌超越了运动产品商标，而培养出关注人类精神追求和营养心灵的企业文化。随着经济全球化的发展，跨境购物的消费者越来越多，企业需要充分做好全球市场的定位，及时注册国际域名和设计突出的品牌名称。在品牌名称的设计上，跨境电商企业应当按照自身的品牌定位和文化内涵选择具有创意和特色的名称，同时也要传递出品牌的文化内涵，突出品牌的形象。

4. 定位和差异化品牌

一个成功的企业品牌一定具有突出的差异化特征。如何定位和差异化品牌？解决这个问题有两个前提，一是了解竞争者的企业品牌特性，二是了解受众喜欢的企业品牌属性。竞争者成功的品牌利益点恰恰是企业品牌创建中要回避的东西，而对方企业品牌中缺失或失败之处恰恰是自身要努力开发和宣传的地方。跨境电商消费者对产品功能的实现要求更加精确、科学、合理，因此企业要针对不同消费者的具体需求，为其提供更加个性化、有针对性的产品或服务。对此，跨境电商企业可通过对消费者的消费行为进行大数据分析，从而更准确地了解市场需求、加大市场细分、挖掘消费者深层次的潜在需求，并通过构建更具针对性的个性化服务满足消费者需求，这不仅能够使消费者形成在某个细分领域中对企业品牌的认可，而且能促使企业在细分市场获得竞争优势，进而帮助企业迅速占领市场。受众对一个企业品牌的评价是多重属性的，不同受众关注的企业品牌属性不同，不同属性的重要性不同。企业要明确企业品牌的主要受众是谁、哪个品牌属性最重要、竞争者做得如何，最终决定树立和宣传一个或几个竞争者忽视的、主要受众需要的企业品牌属性。

5. 考虑品牌可行性

可行性分析就是考察既定的企业品牌差异化能否在动荡的企业外部环境中和企业的能力范围内顺利实施。这个环节首先需要财务部门进行成本核算分析，对品牌战略实施的成本和预期的收入进行比对。然后对整个品牌战略实施进程进行计划安排，保证行动步骤有条不紊地推进。电商产业作为近年来兴起的一个新兴产业，虽然具有极大的市场发展前景，但是也面临着市场环境瞬息万变、市场竞争日益激烈、同行业之间模仿和仿制无法制止、产品与服务的生命周期日益缩短等问题，导致很多电商企业被市场淘汰，同时也有新的电商企业加入激烈的市场竞争中。电商企业通过对消费者的交易数据及同行业竞争者信息的搜索、整理和利用，掌握产品和服务的市场需求变化，准确地把握市场动向，有针对性地进行生产经营战略调整，把握企业发展机遇，进行产品和服务的创新，可见外部知识的搜索与获取是企业进行产品和服务创新，以及价值链优化的基础。

6．内部承诺和内部激励

无论是跨境电商企业管理还是企业品牌管理，员工都是至关重要的群体。做好员工管理首先要明确适当、科学的领导方式，有效的领导方式要求管理者要以身作则地理解和贯彻品牌精神；其次要招聘、培训合格的员工，如果没有高效的领导，品牌塑造就只能成为漂亮而空洞的口号；然后要保持和各层次员工的沟通，即双向的信息交流；在企业品牌得到员工理解和承诺后，企业要通过适当授权和激励措施解决品牌落实中的突发问题。此外，员工的素质也是不可忽视的一个方面，从招聘、培训到考核、激励都需要一套严格的制度确保员工具备专业而负责的工作态度，从而提高品牌战略实施的效率和效果。

7．构建企业资源

企业内部环境的优劣决定了企业在跨境电商上的投入力度和发展水平。跨境电商的发展需要长期的规划，如果企业对未来跨境电商的发展有详细的规划并切实落实，必然会大大促进企业跨境电商业务的发展。企业品牌创建不仅是营销部门的工作，更是高层管理者和所有职能部门的工作，因为管理者的认知限制了企业品牌在企业内的品牌内部化效果，继而决定了企业品牌的外部形象，所以加强高层管理者和职能部门经理之间对企业品牌的共识和重视是开展后续工作的前提和保证。企业所有部门在对企业品牌达成共识后，在行动上必须保持一致和协调，从品牌理念、资源安排、行动配合、事件处理、信息共享等各方面体现出整个企业运营的中心和焦点是企业品牌，一切为企业品牌的健康发展服务。

8．实施运作

实施运作环节包含品牌清晰、一致行动和大力宣传三部分内容。三部分内容环环相扣，互相依存。首先，各层次员工必须清楚知道企业品牌的内涵和精神，了解不同受众和主要受众对企业品牌的期望，根据企业品牌的精神体现其独特属性，如独特的消费者体验、独特的技术、行业领导地位、质量领先、企业文化、独特的物流系统等。其次，在全体员工认识一致的基础上，持续保持和完成企业品牌的独特利益。最后，在宣传手段上，跨境电商企业可以采用标识、广告、横幅、色彩、公共关系、网络等进行视觉和语言上的宣传。有效的品牌信息传播将产生比较一致的企业品牌形象认知，并刺激潜在消费者的需求，强化消费者对企业品牌的认识和偏好。

9．市场检验和反馈

在企业品牌活动实施之后，企业要进行品牌效果的衡量和反馈，以确定企业品牌创建是否得到所有工作常规和员工行动的坚定支持。市场检验和反馈时应该考虑以下问题：受众眼中企业当前的品牌是什么？企业的消费者是否有相同的、持续的、满意的品牌体验？企业的市场份额是否需要改善？企业的品牌知名度和忠诚度如何？对存在的问题及时分析，制定对策，改善品牌管理过程。企业品牌的创建不仅能提升企业形象，还能明显改善企业竞争力，这才是企业打造企业品牌的目的。

综上所述，战略视角的企业品牌创建过程始于对外部机会的判断和把握，这种机会或者来自消费者需求，或者源于竞争，同时也要符合企业自身发展的要求。然后分析企业内部能力情况，包括人员、资金、企业文化、组织结构等，在此基础上定义和开发品牌概念，描绘的品牌远景应该能够反映出人类对美好的东西的共同追求。之后借助定位和差异化品牌实现企业品牌的独特内涵和差异化优势。接着考虑品牌可行性，分析品牌被目标消费者接受的可能性和企业操作的现实性。在品牌战略的落实中最重要的工作是确保内部承诺和内部激励，员工行为、交互过程、消费者体验共同决定了服务质量和企业品牌形象认知。为了保证企业品牌战略落实到位，需构建充足的企业资源，从部门分工、人员安排、资金资源配备、实施策略都要做精心的设计。实施运作中要确保符合消费者期望的服务供应物的持续传递，这是品牌创建的基本原则。最后通过对目标消费者的访谈了解企业品牌形象和企业身份是否一致，发现沟通差距和误解，强化沟通，加深正面认识。如此反复，循环不止，推动企业品牌的创建和持续健康成长。

5.2 价值视角的跨境电商品牌创建过程

5.2.1 基于股东价值的品牌构建说

学者们仅仅从管理流程上思考成功品牌的构建是不够的，Peter Doyle(2001)提出品牌创造股东价值必须满足四个决定性因素，如图 5-3 所示。一是一个强烈的消费者价值主张，二是有效地整合企业的其他资源创造资产，三是定位在一个有充分吸引力的市场上（不断创造利润），四是为了最大化品牌的长期现金流价值而管理（让股东受益）。当管理者致力于这四个决定性因素，企业就能强化品牌价值和发展更有效的营销战略，因此构建品牌就是要创造价值。

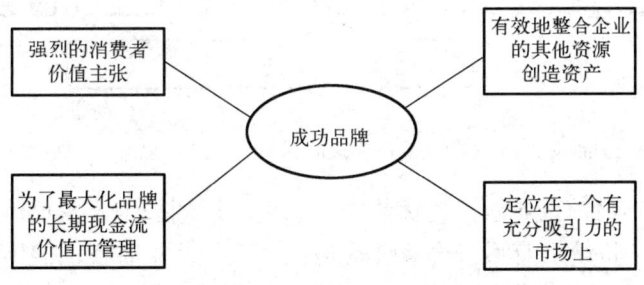

图 5-3　成功品牌的决定性因素

(资料来源：Peter Doyle. Building Value-based Branding Strategies. Journal of Strategic Marketing, 2001(9)：255-268。)

单单关注消费者价值建议，管理者会过度投资品牌，如宝洁就过度估计了品牌的增长潜力，破坏侵袭了他们的利润，结果自然导致下降的市场份额和对企业战略的拆解。一个成功的消费者价值主张的品牌(Bcp)包含三个构成要素：有效的产品 P、清晰的差异化 D，以及其中最重要的附加价值 AV，这给了消费者在品牌功能和情感利益上的自信。关系如下：Bcp = P · D · AV。

在社会、技术、竞争环境的快速变化下，消费者对品牌的选择越来越困难，品牌如果要借助功能和情感的联想简化选择过程，就应该学习成功品牌依靠情感和体验创造消费者价值，如 BMW "终极驾驶体验"，"Rolex——专业人士的手表选择"，也有许多品牌集中于声望、个性、个人成长、生存理念的开发和传播，如 Nike 的 "我行我素"，"Pepsi 时代" 或 Microsoft 的 "今天要去哪里？" 这些品牌不再突出产品优势或特点，而是分享人们的价值或美好感受。

传统的企业如施乐、宝洁等传递的价值主张并不是完全富有吸引力的，品牌必须整合其他资源来建立高级的商业过程从而传递差异化优势和股东价值。为了理解品牌附加价值，需要从企业创造价值的模型开始了解，广为接受的是 "资源基础论"，认为定义一个企业的资产和核心能力与能满足的消费者需求相比能提供更好的战略基础。换句话说，保持成功不仅要能鉴别市场机会，还取决于有独特的以更低成本和更高质量生产的能力或者构建更有效的客户关系的能力。

资源基础论的目标是创造股东价值，如图 5-4 所示。创造股东价值的关键是在竞争环境中拥有差异化优势。差异化优势依赖企业商业过程的效率，核心的商业过程被划分为三个领域：产品开发过程、供应链管理过程、客户关系管理过程（鉴别客户、理解需要、建立客户关系、形成组织和品牌的认知）。

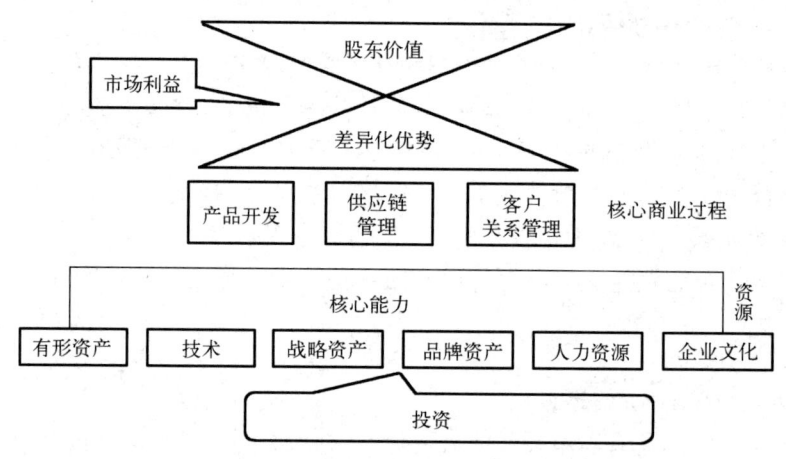

图 5-4 企业资源基础论中的品牌管理

（资料来源：Peter Doyle. Building Value-based Branding Strategies. Journal of Strategic Marketing，2001(9)：255-268。）

核心商业过程不仅是企业差异化优势的发动机，还创造了股东价值。资源可以分为有形和无形资产两类。传统上有形资产重要，但在今天的信息时代，因为服务产品更丰富，所以无形资产更重要，可以看出品牌形成于驱动企业核心商业过程的部分无形资产。资源基础论模型提出了品牌角色方面和股东价值创造方面的几个观点，首先，营销者应该警惕夸大品牌的重要性，品牌资产只是实现股东价值的部分资源，其他资源如企业的专利、技术、技能和员工承诺等都很重要。品牌资产地位参考表如表 5-1 所示。

表 5-1 品牌资产地位参考表

行业类别	有形(%)	品牌(%)	其他无形(%)
公共产业	70	0	30
工业	70	5	25
制药业	40	10	50
零售业	70	15	15
信息技术产业	30	20	50
汽车产业	50	30	20
金融服务业	20	30	50
食品和饮料行业	40	55	5
奢侈品	25	70	5

其次，尽管有效的品牌管理也参与了产品开发和供应链管理过程，但对成功的品牌直接影响最大的是客户关系管理过程，通过此过程强化了消费者从产品获得的自信和满意。

最后，是否开发了一个基于股东价值的战略，要看下面四个问题：第一，是否有一个有效的消费者价值主张？第二，品牌是否有效地整合到商业价值链中？第三，品牌的市场经济性有怎样的吸引力？第四，品牌是否很好地连接而最大化了股东价值？

5.2.2 基于消费者价值的品牌构建说

1. 品牌中的消费者价值及其特点

品牌管理就是价值管理。Rokeach(1973)对价值界定有三个前提：第一，人们有相对较少的价值；第二，每个人拥有相同的价值，但赋予的重要性不同；第三，人类价值来源于文化、社会、制度和人性。

消费者营销领域对价值的理解是多样化的，其中一种理解就是消费者价值，指消费者需要的、有用的且重要的东西，是对产品的一般且客观的评价，和产品利益概念基本相同。消费者价值是一个随时代而改变的概念，为了研究方便，可以把消费者价值分为核心价值和边缘价值。一个品牌既有可持续的核心价值，也有反映社会变化的边缘价值(Collins and Porras, 1998)。Rohan(2000)讨论了价值的优先顺序，认为"人们的价值优先顺序会反映出他们对环境变化的反应"。如女性服装价值中的庄重和时尚，时尚会不断改变，是边缘价值，而庄重决定了特定的审美标准，是核心价值。成功的服务品牌管理存在核心价值和边缘价值的明显差异。环境变化的规律性追踪会让管理者重新评估他们品牌价值的持续性，有一些文献涉及了管理者如何维持品牌价值，但很少谈及哪种价值和哪种方法有效。由此可见核心和边缘的品牌价值需要不同的方法去管理，从而扩大服务品牌的成功，其中人力资源管理是创造和维持服务品牌价值最有效的方法之一。

2. 消费者价值共创

价值共创理论的一个重要分支是 Prahalad 和 Ramas wamy 提出的基于消费者体验的价

值共创理论，Prahalad 等认为不断快速变化的商业竞争环境和互联网技术改变了消费者和产品(服务)制造商之间的角色关系，企业需要与消费者展开互动对话，创新消费者体验。随着人们对于营销活动认识的深化，品牌价值的内涵也在不断丰富，Gardner 等(1995)强调品牌所具有的功能性价值以外的情感性价值。互联网为消费者和企业共同进行品牌价值创造活动提供了平台与渠道，涉及品牌价值创造的越来越多的各利益相关者强调对话渠道的多样性和参与品牌管理的必要性。实践的发展呼吁理论的创新，学者开始关注到价值共创理论在品牌管理中的重要作用，并就品牌价值共创的概念、内涵、机制及应用等内容进行了研究，如张婧和邓卉(2013)对品牌价值共创的维度进行了实证探索；申光龙等(2016)探究了消费者间互动对消费者参与价值共创的影响；Cassandra 等(2018)提出了一个新的四维共创行为概念，强调发展、反馈、倡导和帮助在共创品牌价值中的作用。综上可知，消费者已经深度参与到品牌价值创造的过程中。

3. 网络环境下的消费者价值

传统购物环境下的消费者价值研究成果颇多，网络环境下的消费者价值研究起步较晚，还有待完善。消费者价值具有情景依赖性，随着条件和环境的变化而有所差异(Sheth 等，1991)，数据时代带来购物环境的改变，使消费者价值内涵更为丰富，其影响因素也发生了相应的变化。网络环境下的消费者价值是指消费者对通过跨境电商企业达成其消费目的和意图的偏好与评价，既有对购物结果的评价，即消费者对网络购物所获得的效益与所付出的成本的权衡与评价；也包含对购物过程的体验和感知，即消费者对跨境电商企业如何展示和提供想要的产品的感知；同时还包含对网络购物行为带来的社会效应的感知。

网络环境下消费者价值维度的研究基本沿袭传统消费者价值理论，即其功能性价值不仅体现在所购买产品的功能性，还体现在购物成本的节约性(赵卫宏，2010)；网络零售渠道为消费者创造和传递不同的体验性价值，即消费者对通过网络零售商购买产品的过程的体验。即使两家跨境电商企业销售的产品相同，消费者对它们的看法仍可能有所不同。同时，网络的虚拟社会特征使得网络购物的社会性价值凸显，购物网站凭借互联网的特点和优势，创造出与消费者之间紧密的关系(社会性价值)，提供给消费者独特的社会性价值。因此，网络环境下消费者价值维度的研究基本遵循功能性、过程性和社会性的标准。

4. 消费者价值研究对品牌和消费者的意义

研究消费者价值的理由是价值驱动行为，"价值是针对具体事物和环境的先验性的指导行为和判断的唯一信仰"(Rokeach，1968)。消费者价值影响着消费行为，企业和品牌的价值影响着员工行为。品牌价值能否得到员工准确的传递并被消费者接受和偏好，则决定了企业与消费者关系的走向。在服务品牌中，特别重要的是关注员工价值，因为员工体现的价值决定了消费者对品牌的价值判断，且员工是可以被影响和被管理的不确定因素。Davies 和 Chun(2002)定义企业形象是"消费者拥有的对企业自然和潜在真相的态度和感觉"，而个性是"根植于组织成员行为中的独一无二的组织特征"。图 5-5 描述了来自被认可的价值的企业个性,通过员工认知、行为变成企业品牌形象,然后被消费者感知的过程。

当消费者感知到的包含价值的形象适合他们实际或理想的需要时,他们会接受品牌,这主要通过消费者和员工面对面的互动实现(Wilson,2001;Davies and Chun,2002)。

产品品牌价值经常体现在包装和广告中,而服务品牌价值更具突发性,因为它依赖企业创立者和员工的表现。经过一段时间,当企业成长、多样化或者兼并时,价值会有丢失或淡化的危险,所以识别价值是有关品牌维持的重大因素。企业在识别和维持价值方面的失败非常普遍,一个原因就是价值没被员工、消费者和资源提供者同等地接受。

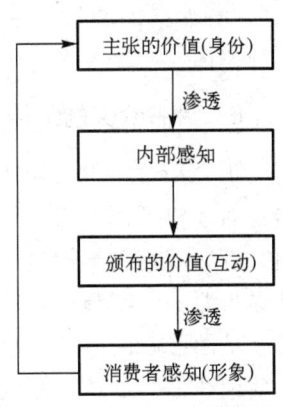

图 5-5 从品牌身份到品牌形象的转化过程

(资料来源:Leslie de Chernatony, Susan Drury, Susan Segal-Horn. Identifying and Sustaining Services Brands'Values. Journal of Marketing Communications, 2004(10):73-93。)

网络环境下消费者购买意向研究多以消费者价值理论为基础,对其五个价值维度进行筛选和验证,并以消费者价值为出发点,验证消费者价值对购买选择的影响作用。功能价值、情绪价值和社会价值三个维度得到众多学者的采纳和验证。跨境电商的消费者价值划分为三类,即功能性价值、过程性价值和社会性价值,学者就这三方面通过问卷调查结合实证分析研究了各项因素对消费者忠诚度的影响,得到以下三点结论:第一,在跨境电商功能性价值方面,产品质量、信息质量、购物便捷性和服务失误弥补措施对消费者忠诚度呈显著的正向影响,且以上因素依据影响程度由高到低的顺序排列为:产品质量、购物便捷性、信息质量和服务失误弥补措施。第二,在跨境电商过程性价值方面,除跨境电商平台设计对消费者忠诚度的影响不显著外,个性化定制服务、跨境电商与消费者的互动关系、平台安全性、消费者隐私保护措施、网购娱乐性和操作简洁性六项因素对消费者忠诚度呈显著的正向影响,以上因素依据影响程度由高到低的顺序排列为:平台安全性、消费者隐私保护措施、个性化定制服务、操作简洁性、跨境电商与消费者的互动关系和网购娱乐性。第三,在跨境电商社会性价值方面,跨境电商的信誉、B2C 关系价值和 C2C 关系价值等三项因素对消费者忠诚度呈显著的正向影响,根据影响程度由高到低的顺序排列为:C2C 关系价值、B2C 关系价值和跨境电商的信誉。

5. 品牌价值的识别

品牌价值的出现有两种方式,一是来源于企业个性,被建立者、管理者和员工所影响(内部化过程);二是来源于消费者感知(外部化过程),形成了企业形象的一部分。这种差异反映在识别品牌价值的方法中:内部化方法关注企业个性,而外部化方法集中于消费者感知到的形象及一些其他品牌外部因素。为了获得对品牌价值、企业个性和形象的全面理解,内部化和外部化方法都被采用。在品牌价值识别方面有 4 个已验证的观点:

(1)识别内部价值(品牌个性)比外部价值(品牌形象)更重要。

(2)咨询企业内部识别品牌价值的主要方法是通过和员工讨论。

(3)核心和边缘价值的差异化管理和服务品牌价值的效果间存在间接联系。

(4)在适当的价值指导下培养的员工信仰较规则化价值的实践指导更可能产生持久的品牌价值。

6．品牌价值的维持

识别和维持价值对服务品牌特别重要，因为它的成败取决于员工对消费者需要的价值的沟通，包括消费者之间和员工之间的沟通。当识别了品牌价值后，采用员工和外部利益相关者的观点去维持良好的内、外部平衡，认识到品牌价值主要由个性驱动而非形象驱动是很重要的。实质上，管理者也面临着外部机会理解上及如何去运作独一无二的内部价值来满足消费者的挑战，因此一旦核心价值被确定，就需要努力维持它。边缘品牌价值需要定期地评估和调整，影响品牌成功的因素有：识别和维持品牌价值是高层管理者主导的工作；选择现实能接受的和理想中比较接近的价值；识别的是在品牌深处的独一无二的价值，而不是普通的价值。

有很多技术可以确保核心个性价值的维持，如法典、互动技术、人力资源实践、内部和外部沟通、高级管理者的行为，同时维持员工感受到的价值和消费者认知的价值才能直接地影响到品牌价值。

综上所述，品牌价值管理者首先要根据目标消费者的价值需求确定企业品牌的核心和边缘价值，然后把这些价值传递、渗透给内部员工，通过他们和消费者的互动获得消费者的认可和满意，如图5-6所示。在企业、员工、消费者三者之间的价值传递中，会面临众多利益相关者的扰乱，不同的利益相关者价值要求不一，甚至有所冲突，因此企业要善于分析判断和筛选价值，确定较普遍适用的价值主张，减少理解上的冲突等不和谐现象。如果消费者对企业形象和品牌价值的认知受体验的影响，则要在价值传递中克服失败点。

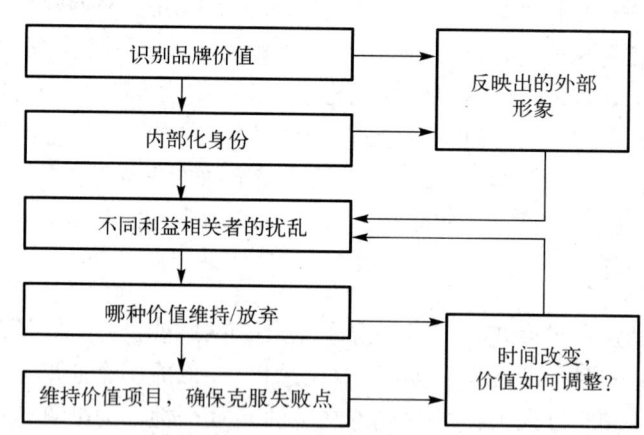

图5-6　价值视角的品牌价值管理

（资料来源：Leslie de Chernatony，Susan Drury，Susan Segal-Horn．Identifying and Sustaining Services Brands' Values．Journal of Marketing Communications，2004(10)：73-93。）

7．品牌价值共创

目前的跨境电商消费者呈现出四种特征：一是个性化，多元化的国际消费者想要体验和获得更多有特色和有个性的产品，也想购买和体验其他国家的产品；二是趣味化，消费者需要好玩、有趣的产品，不再是传统地追求低价格实惠产品，而是由产品体验来决定愿意支付的价格；三是过程化，消费者不再是单方面价值的接收者，而想要与跨境电商企业共同创造价值；四是品牌化，消费者想要的不只是一个商标，而是需要附加在这个商标上的符号、文化、体验、品味、情感等核心功能，跨境电商消费者想要的是"互动"，而不是"灌输"。从跨境电商消费者特点来看，其在语言、文化、知识、沟通等方面存在较大差异，其参与价值共创的主要任务有两个，一是创意（给企业提供自己的创意或建议），二是选择（帮助企业在众多创意中选择最适合自己的创意）。

跨境电商作为一种平台经济，与价值共创有着密不可分的联系，价值共创是跨境电商企业发展升级的必经之路，能够促进企业颠覆传统模式迈向价值链的高端。跨境电商的发展为价值共创提供了良好的环境，消费者在跨境电商购物平台上，不受时间和地域的限制，通过稳定的网络、发达的虚拟技术、规范的社区实现与企业之间的高度合作，这种良好的环境进一步激发了消费者从动机和行为上参与价值共创的意愿。

跨境电商主要流程包括产品生产制造、产品设计、产品营销、境内物流配送、海关报关、境外物流配送等，消费者参与价值共创主要集中在产品设计与产品营销两个阶段，如图5-7所示。

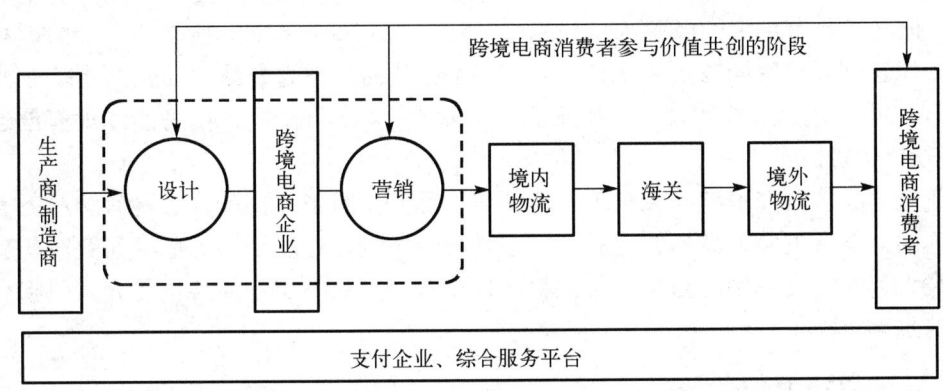

图5-7　跨境电商消费者参与价值共创的阶段

（资料来源：张晓东. 跨境电商消费者参与价值共创对品牌偏好的影响. 商业经济与管理，2019(08)：20-29。）

跨境电商作为全新的贸易和销售方式，不经过中间环节直接面对来自世界各地不同背景和多元化的消费者，这些消费者不是被动地消费产品，而是主动地参与到产品创新当中，他们具有个性化的消费需求与独特的创造诉求，可以为企业提供丰富的创意资源。跨境电商企业可以充分利用这些消费者带来的技术、信息和知识来提高消费者满意度、提升企业竞争力、降低研发成本。

跨境电商企业进行价值共创的外部动力是满足国际化、多元化的消费者，内部动力是企业求创新、求胜出、求效益的发展动机，内外动力共同构成了跨境电商进行价值共创活动的动力结构。两大动力推动企业资源与消费者资源协同整合，通过价值共创提升消费者的品牌偏好，如图5-8所示。

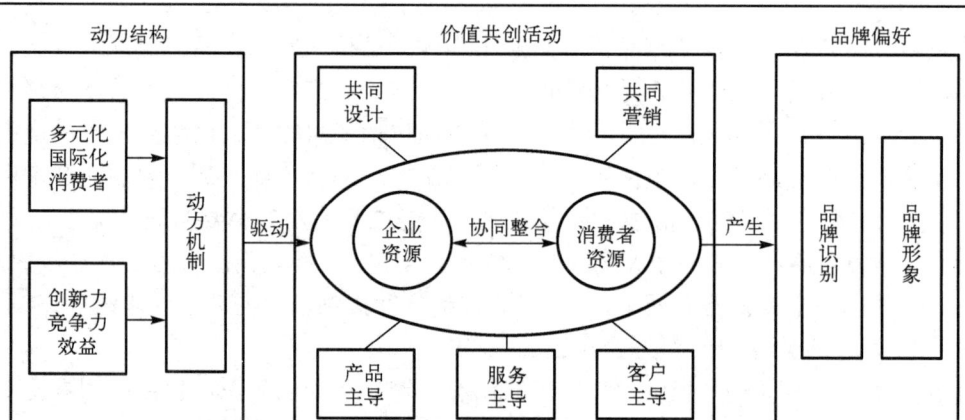

图 5-8 跨境电商消费者参与价值共创对品牌偏好的影响框架
（资料来源：张晓东. 跨境电商消费者参与价值共创对品牌偏好的影响. 商业经济与管理，2019(8)：20-29。）

5.3 创建服务品牌的其他支持要素

一般来说，产品和服务可分为搜寻型、经验型和信任型三类，有形产品具有更多的搜寻属性，服务则具有更多的经验和信任属性。Moorthi（2002）强调，搜寻型、经验型和信任型服务组织在创建品牌的原则和重点上是不同的，从品牌作为产品（产品、价格、地点、促销、有形展示）、过程、组织、人、和象征五个方面，对不同类型的服务组织如何创建品牌进行了详细的描述。

传统上，品牌研究根植并成长于产品领域，尽管文献中有许多内容是有关服务管理和品牌管理的，但有关服务品牌创建的文献还是相对不足，这表明服务品牌研究对产品领域品牌化技术存在持续依赖的问题。这种状况也反映出产品与服务的特性差异未引起品牌创建研究的足够重视。

5.3.1 品牌权益的创建说

许多人提出过强化品牌和提升品牌权益的模型，例如 Kapferer（1997）提出了一个六边形的品牌权益棱模型，六条棱分别代表架构、个性、文化、关系、反射和自我形象。

创建强势品牌有四步：第一步，确定品牌识别，在消费者心中将品牌与具体产品或服务进行联想；第二步，建立品牌意义，品牌意义是指品牌表现和品牌形象，即建立有形和无形的品牌联想；第三步，诱发消费者对品牌识别和品牌意义恰当的反应；第四步，将品牌反应转化为积极和紧密的忠诚关系，品牌不仅要有第一提及率和心理份额，而且必须在恰当的时间和地点让消费者感知到。品牌表现共有五类：产品主要和次要特征，产品可靠性、耐用性和可服务性，服务的效果、效率和移情性，风格和设计，价格。品牌形象共有四类：使用者个人特征，购买和使用情形，个性和价值，历史传统和体验。品牌反应可以分为品牌判断和品牌情感。品牌判断有四类：质量、可信性、思考和优越性。在品牌创建中，可产生六种品牌情感：温暖、乐趣、兴奋、安全、社会认同和自尊。

Berry(2000)提出的服务品牌权益模型指出，企业展示的品牌、外部品牌沟通、消费者体验形成了品牌认知和品牌意义，继而决定了品牌权益，提出服务型企业应通过提供持续一致的信息、提供良好的核心服务与消费者建立情感上的联系等手段来创建强势品牌。强势品牌有很高的心理份额，有助于提高企业的市场份额。创建消费者品牌权益金字塔模型包括明确品牌意义、推动品牌反应和维护品牌关系三个层次，如图5-9所示。提升品牌权益主要有四种措施：差异化品牌、确定服务主题、建立情感联系、内部化品牌，见图5-10。差异化品牌是指服务企业有意识地创建一个独特的品牌个性，包括合适的识别标志、设施设计、外观、核心服务的扩延、广告的内容风格和媒体的选择等，让消费者花时间和精力关注品牌。确定服务主题是指企业必须明确自己提供的服务的内涵和意义，品牌不是只标识与竞争者品牌的区别所在，更代表一种很有价值的市场提供物。企业必须理解和清楚市场需要什么，通过提升消费者体验来满足这种需要。企业通过宣传，有效地创造品牌认知，刺激试用，增强消费者体验，超越理性和纯经济层次，激发消费者产生亲密和信任等情感，与消费者建立可信任的情感联系。创建品牌首先要从内部员工开始，让员工了解品牌价值和品牌意义，然后再通过员工将这些价值传递给消费者，内部化品牌还可以增强员工的骄傲感。

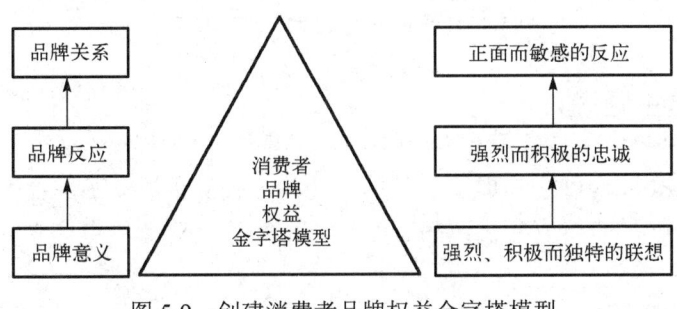

图5-9 创建消费者品牌权益金字塔模型

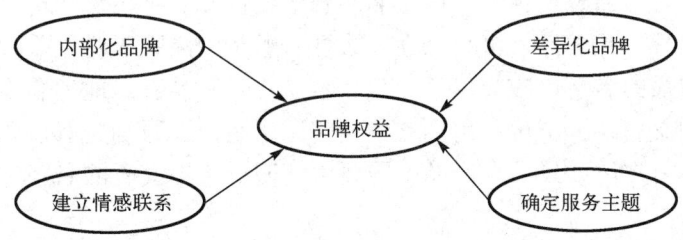

图5-10 提升品牌权益的模型

（资料来源：Berry，L.L.. Cultivating Service Brand Equity. Journal of the Academy of Marketing Science，2000，28(1)：131。）

5.3.2 品牌创建四阶段过程说

Davies(2000)提出了一个四阶段的品牌资产管理模型，基本体现了内外部两个视角，如图5-11所示。但是它的不足也是显而易见的，就是过于抽象和简化，对文化的地位认识也不够，对品牌资产管理战略这一重要的核心内容缺乏细致阐述，但模型中强调的过程性和文化认识依然值得肯定。品牌构建一定是在一段时间内通过四步工作完成的：知识收集、战略、沟通和管理。知识收集包括对企业品牌的理解和透视，为发展品牌战略提供基础和信息。战略定义了品牌承诺的本质、个性、属性和信息。战略一定基于现实和反映企业特征，符合企业当前权益并能提供充足的发展空间，要提出单一的差异化来源引导品牌的表达和传递。沟通是过程中的第三阶段，落实战略后，对内外部受众传达品牌战略，必须清楚而一致。最后阶段是管理，是长期的激励和承诺，是有关时间、知识和品牌测量的管理。

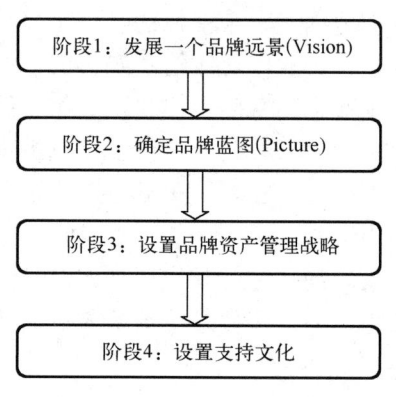

图 5-11　四阶段的品牌资产管理模型

5.3.3　品牌创建主题说

Joseph Arthur Rooney（1995）提出了品牌化的几个关键主题：品牌命名、品牌广告、品牌研究和开发、品牌延伸与成分化、品牌管理，这些观点对跨境电商企业品牌构建有一定的借鉴意义。

品牌命名是品牌化最基本的问题。Shipley 和 Howard（1993）提出了品牌命名的 5 步法，即设定品牌目标、具体品牌化标准、产生名字想法、选择名字想法和选名字。名字应该包括四个特征：突出性、相关性、可记忆性、柔性。所有的品牌应避免取听起来相似或直接传递产品的内涵本质的名字，应简单、简短、容易发音和易读。地理名称或描述性语言不可取，但有效的图案和 Logo 可以用于支持名字。这些命名原则是有益和有效的，但也有成功的例外规则。总之，如果一个产品不需要去克服一个不好听的名字劣势时，品牌化容易成功。

在花费资源命名品牌后，必须做的是广告和沟通。广告的第一步就是建立品牌认知和企业品牌认可。通过广告，营销者揭示潜在消费者的潜在需求并创造机会让他们接受。广告应被看作投资，正像一个企业会投资于技术和创新一样，如果要成功则必须在广告和促销方面进行投资。

品牌研究与开发反映出对品牌的持续管理。任何一个已经进入市场并建立良好形象的品牌都需要关注和坚持，任何一个强势品牌都不能依赖以往的荣誉而获得长生，因此品牌所有者要持续考察品牌诉求和确保与时代同步。虽然一个领导者品牌可能不会在短时间内失败，但忽视管理会在一定程度上增加失败风险。企业对品牌价值的常规跟踪在了解消费者的品牌认知方面也很重要。服务型企业的名字就是企业的品牌，它和供应物组合在一起作为服务产品包提供给消费者。因此,服务型企业必须提供一个适当的品牌形象让消费者确信该企业的服务产品包是他们的最佳选择。

品牌延伸和成分品牌化是品牌化的两个最实用的应用技术。企业把一个流行品牌引入到新市场中,成功的概率是五五开的,所以当操作者计划做新市场品牌延伸时,应考察清楚新老市场在品牌上是否有紧密联系,延伸到产品上也应如此。成分品牌化是较新的品牌化策略,即利用一个知名的品牌作为自己新产品的构成成分推动本产品的市场拓展。众所周知,建立一个新的品牌要比捍卫一个老品牌困难得多,借助老品牌推出新产品也比开发新品牌推广新产品容易,品牌延伸依然是推动企业发展的很好的品牌策略。

品牌管理的第一步就是建立和保持一个积极的品牌形象。这个形象建立在整个产品概念上,包括色彩、符号、语言和口号,不仅是名字可以传递持续的信息,形象也要保持连贯性和一致性,尽管很困难,但必不可少。企业一定要管理品牌的形象和个性并和整个商业战略相联系。企业必须决定如何开展品牌化战略,因为每个战略不是通用的,商业战略和品牌战略必须一致服务于企业远景和任务目标。尽管品牌和具体企业战略的匹配有很多方向,但每个品牌的设计实施一定要配合独一无二的企业战略。

品牌创建主题说重点分析了品牌管理的细节问题,其不足在于就品牌谈品牌,忽视了品牌创建的来龙去脉和追根溯源,是比较狭隘的品牌管理思维和局部的品牌管理内容,但品牌命名、品牌广告、品牌研究和开发、品牌延伸与成分品牌化等品牌管理细节对企业品牌管理有着重要的借鉴意义。

【本章小结】

本章首先介绍了战略视角的品牌创建过程,接下来分析了价值视角的品牌创建过程,最后概述了创建服务品牌的其他支持要素。

【本章习题】

一、名词解释

品牌创建过程   股东价值   消费者价值   服务品牌

二、单项选择题

1. 一个成功的企业品牌一定具有突出的(   )特征。
   A. 差异化   B. 文化   C. 营销   D. 符号
2. 战略视角的品牌创建过程始于对(   )的判断和把握。
   A. 外部机会   B. 比较优势   C. 品牌战略   D. 外部营销
3. (   )指消费者需要的、有用的且重要的东西,是对产品的一般且客观的评价。
   A. 认知资源   B. 企业文化   C. 消费者价值   D. 品牌管理
4. (   )成败取决于员工对消费者需要的价值的沟通。
   A. 品牌互动   B. 价值识别   C. 价值匹配   D. 品牌溢价

三、简答题

1. 构建跨境电商企业品牌有哪几个阶段？
2. 网络环境下的消费者体验价值有什么变化？
3. 消费者价值研究对品牌和消费者的意义是什么？

案例分析

CUPSHE 如何成为泳装品牌出海领头羊

中国的快时尚品牌出海经历了三个阶段：最初，大多数企业属于靠爆款拉新铺货的流量导向型，后来演变到投资供应链、尝试产品自主设计的产品导向型，再到如今强调品牌建设与消费者体验的品牌导向型。CUPSHE 正是这样一个典型，它以泳装为产品切入点，自 2015 年成立以来，积极开拓全球市场，并在 2021 年 3 月完成嘉御基金超亿元融资，在短短 6 年的时间内，成功突围时尚行业出海的竞争环境，实现跨越式增长。

1. 品牌定位：并非一成不变

CUPSHE 的品牌定位经历了多次调整，成立之初也经历过"杂货铺"的阶段，产品多且杂，并没有一个主打的系列。

自 2016 年起，CUPSHE 开始深入泳装细分领域，进行自主产品研发，2018 年全球客户量成功突破 1000 万，很快成为美国最受欢迎的服饰品牌之一。

2019 年开始，CUPSHE 紧跟市场风向，又陆续推出了大码泳装、男性泳裤、儿童泳衣、泳装披肩等产品，在一次次探索创新中，"时尚、舒服的泳装品牌"逐渐成为 CUPSHE 的品牌标签。

在品牌出海的营销策略中，品牌定位向来是重中之重。但品牌定位并非一成不变，尤其是对于初入市场的年轻品牌来说，通过对市场的观察、热点趋势的捕捉，不断细化、调整品牌定位，才能时刻紧跟趋势变化，确立能够通过市场检验的品牌定位。

2. 社媒营销：扩散品牌价值观

品牌要想被市场记住，就必须有一个有创意、差异化的品牌价值观，并在多个渠道统一宣传口径。CUPSHE 的品牌价值观可提炼为三个关键词——自信、舒适、时尚，产品应用场景为沙滩度假。浏览它的官网，随处可见色彩鲜艳的服装、自信大胆的模特、丰富的时尚元素、迷人的沙滩景色。而这一点，在它的社媒营销中展现得更加淋漓尽致。据数据统计，CUPSHE 的社媒营销为官网带来了 10.67%的流量，其中，Facebook 的引流效果尤为突出，YouTube 与 Pinterest 紧随其后。在 CUPSHE 发布的 Facebook 帖子中，不只是单纯地推介产品，而是通过图片、文案等细节处处彰显"女性自我价值认同"的品牌价值观。社媒用户会通过这些帖文逐渐建立起品牌认知，并产生心理认同，从而进一步了解品牌。

3. 积极互动：鼓励二次传播

一旦与目标客群构建联系，与他们积极保持互动，不定期进行产品更新与品牌升级，就变得格外重要。通过社媒渠道的大力宣传推广，CUPSHE 获得了一部分客群，而这部分客群，被 CUPSHE 视作能够进行二次传播的重要资产。

官网中 CUPSHE 开设了一个 Sunchaser Club 会员社区，借助发放购物折扣吸引网站游客注册加入。社区中设置了一系列积分措施，鼓励客群在社媒平台互动、撰写评论，在圈层内传播口碑等等，在满足老客户复购需求的同时，有效地形成二次传播。

（作者根据相关资料整理。）

根据以上案例分析下面的问题：

1. 跨境电商企业 CUPSHE 是如何实现品牌创建的？
2. 该企业的营销策略为什么成功？

第6章 跨境电商品牌服务质量模型

【本章要点】

- 了解跨境电商品牌服务质量模型
- 掌握服务质量测量工具
- 明确内部服务质量，懂得如何提高内部服务质量
- 明确外部服务质量，懂得如何提高外部服务质量

【引导案例】

跨境出口去中间化：WOOK

作为东南亚首家S2B2C跨境电商平台，WOOK从2011年在印度尼西亚建立"VIVAN"和"ROBOT"两大品牌开始，用3年的时间拿下了印度尼西亚3C数码配件品类市场三成的份额。VIVAN更是以超高的国民知晓度和美誉度，成为2019年印度尼西亚总统就职大典电视直播的赞助方。

印度尼西亚人口超过2.62亿人，仅次于中国、印度、美国，居世界第四位；且人口年轻化，35岁以下占比75%，一方面为印度尼西亚提供了充足的劳动力，另一方面也创造了巨大的消费需求。同时，印度尼西亚是一个移动互联网很发达的国家。有数据显示，印度尼西亚的Facebook和Twitter用户量在全球排到前四位，微信用户数也是除中国以外最高的，当地人对移动端的接受度是很高的。印度尼西亚正处于人口和移动互联网双重红利叠加的最好时期。WOOK最初的目标是搭建3C数码配件产品从中国到印度尼西亚的渠道，利用中国制造业的优势，在国内完成周边产品的开发、设计、代工，然后输出到印度尼西亚市场，打造新的品牌。

WOOK做的事情，本质上是通过移动端的电商来改造和提升零售效率，把跨境出口去中间化。搭建一个移动端的B2B电商平台，整合集成国内的供应链资源，把印度尼西亚端的渠道扁平化、IT化、电商化。WOOK连接了两端，一端是大中华区的制造商和品牌商，他们有先进的制造力，但是没有精力和能力开拓深耕海外市场。WOOK为其提供扁平化销售渠道，通过强大的印度尼西亚地推团队，帮助他们在印度尼西亚实现快速增长。目前已经有DJI、海康威视、TP-Link等十几个细分领域的优秀中国品牌进驻WOOK。另一端是

印度尼西亚成千上万的中小零售店面。印度尼西亚的现代连锁业并不发达,全国最大的手机连锁店仅有 500 多家门店,最大的家电连锁店还不到 50 家门店,而且价格不像中国那样有优势,反倒是传统零售商成为了销售 3C 产品的主要渠道。对于零售商来说,通过 WOOK 可以找到有质量保证和售后服务的好产品,直接与中国厂商对接,去掉中间环节,降低进货成本。更重要的是,平台还能为零售商提供营销服务和金融支持。

2B 本质上需要构建一个重度垂直的服务体系,WOOK 通过产品+供应链整合、移动电商平台开发与运营、地推团队提供有价值的营销服务,在短时间内构建了难以复制的服务模式和价值链条,创造 B 端用户需要的价值并让他们感受到价值所在。这种具有时间门槛的服务体系本身就成为了 WOOK 的壁垒。WOOK 下一步将开始布局菲律宾、越南、缅甸等东南亚国家,争取未来 3 年内成为中国领先的跨境出口东南亚国家的 B2B 电商。

(作者根据相关资料整理。)

6.1 跨境电商品牌服务质量的内涵

6.1.1 服务质量的内涵

关于服务质量的内涵,现在主要有以下三种观点。

第一种观点认为服务质量产生于消费者对接受服务之前的服务预期与服务传递系统实际运作的比较。接受服务之前的预期主要来源于对某种服务的宣传、前期的亲身体验、其他服务享用者传递的信息等。服务传递系统的实际运作水平既取决于企业可控的内外因素,也会受到一些不可控因素的影响,具有一定的不确定性。

第二种观点认为服务质量表现为一方面要满足外部服务标准和成本,即满足消费者的期望值,另一方面要满足内部服务标准和成本,即要提供"卓越的消费者服务和质量水平",这一观点主要将重点放在"消费者""服务""质量"和"水平"四个指标上。

第三种观点主要是对感知服务质量的理解,主要根据企业可能存在的缺陷及由此可能导致的消费者产生的期望和感知服务之间的差距,得出企业提供的服务与消费者期望值之间产生差异的原因,调研消费者对服务质量的评价。

通过上述对服务质量不同观点的分析,可以得出服务质量具有以下几个特点:一是服务质量是消费者感知的质量;二是企业提供的服务和消费者之间存在一种互动关系;三是消费者是服务质量的享用者,同提供服务的人员一样对服务质量具有重要的影响。

6.1.2 跨境电商品牌服务质量研究综述

跨境电商品牌服务质量是跨境电商网站能够方便有效购买、支付和配送货物的程度,同时认为其比价格战及网络设计更重要,必须从消费者的角度看待并评价其服务。通过文献调研发现,现阶段对跨境电商品牌服务质量的研究主要集中于以下三个方面。

1. 跨境电商网站设计。网站设计是跨境电商品牌服务质量的主要影响因素。将跨境电商品牌服务过程属性和跨境电商品牌服务质量维度相结合,通过实证分析和跨境电商品牌服务质量维度效度检验得出,网站设计是可操作化的跨境电商品牌服务中一个重要的驱动因子。

2. 跨境电商网站提供的信息的质量。根据传统环境下的 SERVQUAL 模型,信息的可靠性、易用性是影响跨境电商品牌服务质量评价的关键因素。通过网上问卷的方式对影响跨境电商品牌服务质量的因素进行调查,得出评价跨境电商品牌服务质量的 5 个决定性指标为:信任、响应性、信息可靠性、个性化、网站质量。

网站质量包括易用性、可用性、响应性、网站设计、技术可靠性、完整性、服务可靠性等方面。在电商领域,网站质量划分为处理速度、易用性、视觉呈现和安全性 4 个维度。根据技术接受模型,网站质量划分为有用性、信息质量和服务质量 3 个维度。对于网站质量维度的划分,不仅应包含可用性及对技术层面的评估,也应包含网站是否获得成功这一特性。此特性对网站质量评价的有效性已经在各种研究中得到证明。而跨境电商不同于传统电商,对其平台网站质量的要求更高,消费者对产品的真伪、跨境物流、支付安全、关税及售后服务等也十分重视。

3. 跨境电商物流配送。随着跨境电商的发展,物流配送已成为跨境电商遇到的主要难题。物流作为电商发展的保障,新型的物流模式将成为电商服务的重要一环。在不同类型的跨境电商中,B2C 环境涵盖了消费者线上购买产品和服务的网站和交易环节,并展现了其效率和成本效益。但消费者对其服务质量却有诸多不满,物流配送成了网购消费者诟病最多的地方,导致其网购体验大打折扣。因此,提高跨境电商品牌服务质量,首要的是要解决订单调度的问题。长期以来,订单调度被认为是每个仓库劳动最密集和劳动力最昂贵的活动,其成本约为仓库总运营费用的 55%。订单调度的任何不足,都会导致消费者对服务质量的不满意和商城运营成本的增加,从而影响整个供应链的业绩。为了有效评价跨境电商的服务质量,不光要获取消费者得到服务后的反馈和评价,还必须注意订单的调度过程是否恰当、合适。

跨境电商企业是典型的服务型企业,除了商业模型创新、产品创新,服务质量的提升是跨境电商企业持续发展的重要保障因素。跨境电商企业的网站响应速度和界面友好性、产品品质和种类齐全性、配套物流服务的可达性和时效性、网站售后服务和是否有个性化服务配置等方面都是跨境电商服务质量的重要组成部分,在一定程度上会直接影响消费者体验与感知。

6.2 跨境电商品牌服务质量模型的构建

6.2.1 跨境电商品牌服务质量模型

20 世纪 80 年代初,北欧著名的芬兰学者 Gronroos(1982)根据认知心理学的基本理论,提出了消费者感知服务质量模型,如图 6-1 所示。这个模型是里程碑式的研究成果,之后的关于服务质量的模型大多为其衍生。Gronroos 认为服务质量是一个主观范畴,主要取决于消费者对服务质量的期望(即服务预期)同其实际感知的服务水平(即消费者的服务经历)的对比。他把服务质量分为两类:一类是服务过程的产出,即消费者在享受服务过程中所得到的东西,称为"技术质量";一类是消费者如何得到这种服务,称为"功能质量"。不同的消费者、不同的服务对感知服务质量的影响也是不同的,因此可以将所有质量要素分为两类:一类是质量保健要素,包括与消费者的沟通、企业形象、企业口碑等;另一类是质量促进要素,包括消费者体验到的服务质量和感知的服务质量等。

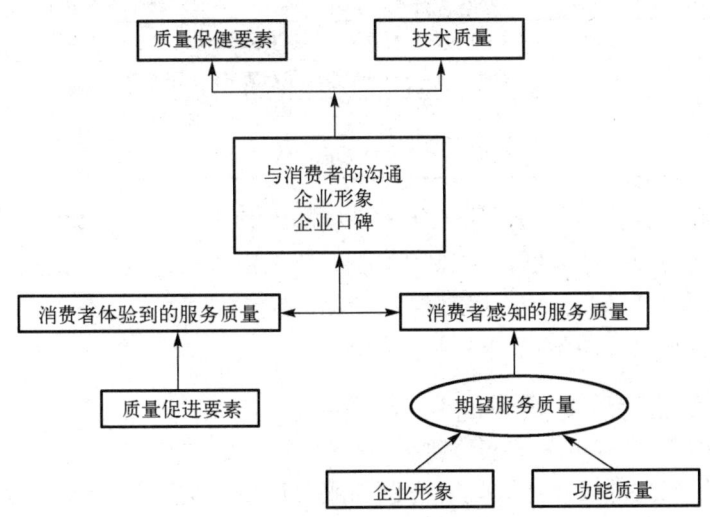

图 6-1 消费者感知服务质量模型

(资料来源:(芬)克里斯廷.格罗鲁斯,服务管理与营销:服务竞争中的消费者管理(第3版),韩纪纶译.
北京:电子工业出版社,2008。)

服务质量又细分为实体质量、相互作用质量和企业质量。实体质量主要指支持产品本身和整个服务过程的实体,包括产品本身和整个服务过程中的实物的质量;相互作用质量是指质量享有者与质量提供者的接触过程;而企业质量是指企业形象质量,主要包括设计质量、生产质量、传递质量和关系质量四个组成部分,构成了 Gronroos 的消费者感知服务质量模型。后来 Lehtinen 在 1991 年对这一模型进行了修正,将服务质量划分为设计质量、生产质量、过程质量和产出质量四大要素。

美国营销领域的学者对服务质量问题的研究成果中最具代表性的是 Parasuraman 等 1985 年提出的差距模型,也就是 SERVQUAL 模型的雏形。这一模型发展和完善了 Gronroos 的消费者感知服务质量模型,认为服务质量就是消费者期望和消费者体验的差距。

尽管"服务产品、服务传递和服务环境"三成分模型未被定量验证,但在银行和保健行业均发现了相似模型。服务质量模型维度研究的基本观点汇总如表 6-1 所示。

表 6-1 服务质量模型维度研究的基本观点汇总

作者	发表时间	服务质量模型的维度
Gronroos	1982	技术质量(服务的结果),功能质量(服务的过程)
Lehtinen	1982	产出质量,过程质量
Lehtinen,Lehtinen	1983	实体质量、相互作用质量,企业质量

续表

作者	发表时间	服务质量模型的维度
Parasuraman，Zeithaml，Berry	1985	可靠性，响应性，可接近性，安全性，有形性
Parasuraman，Zeithaml，Berry	1988	有形性，可靠性，响应性，保证性，移情性
Gummesson	1988	设计质量，生产质量，传递质量，关系质量
Johnston，Lyth	1989	保健要素，促进要素
Edvardsson	1989	技术质量，整合质量，功能质量，产出质量
Lehtinen	1991	物理质量，企业质量，过程质量
Olsen	1992	设计质量，生产质量，过程质量
Rust，Oliver	1994	服务产品，服务传递，服务环境
Brady，Cronin	2001	过程质量，物理环境质量，结果质量

由表 6-1 我们可以看出，关于服务质量模型的维度研究，大多数学者热衷于对技术质量和功能质量维度的分析和分解，尝试增加服务质量模型的维度，或运用新方法评价服务质量。但服务质量维度的分解是相对混乱和粗糙的，维度界定不清，思路上没有摆脱 Gronroos 消费者感知服务质量模型的基本框架。

6.2.2 跨境电商品牌服务质量的测量

服务质量测量工具的开发主要建立在感知服务质量定义和差距模型的基础上。英国航空公司(1980)研究发现关怀与理解、响应性、解决问题的能力、服务补救能力是对消费者感知服务质量影响最大的 4 项服务质量特性。随后，Parasuraman 等(1985)提出了差距模型和影响感知服务质量的 10 个因素，共包含 97 个测量项目。1988 年，Parasuraman 等通过两个阶段的实证研究，将 10 个维度简化为 5 个维度和 22 个项目，5 个维度分别为有形性、可靠性、响应性、保证性和移情性，这就是具有代表性的美国视角下的服务质量测量方法，至此形成了被广泛使用的 SERVQUAL 量表，如表 6-2 所示。

表 6-2 SERVQUAL 量表

维度	项目
有形性	1. 某企业具有现代化设备 2. 某企业的有形设备赏心悦目 3. 某企业的员工衣着整洁 4. 某企业与服务相关的材料很吸引人
可靠性	5. 某企业承诺在确定时间内完成某项服务，他们确实完成了 6. 当您有了问题，某企业表现出诚挚的意愿去解决 7. 某企业第一次就正确履行服务 8. 某企业在承诺的时间内提供该服务 9. 某企业坚持零缺陷记录
响应性	10. 某企业随时通知消费者提供服务的时间 11. 某企业员工为您提供了及时的服务 12. 某企业员工随时愿意帮助您 13. 某企业员工从未因太忙而不答复您的要求

续表

维度	项目
保证性	14. 某企业员工的行为使您逐渐对其产生信任 15. 与某企业交易使您感到安全 16. 某企业员工一贯礼貌待您 17. 某企业员工具有回答您问题的业务知识
移情性	18. 某企业给予您人性化关怀 19. 某企业具有方便的营业时间 20. 某企业的员工给予您人性化关怀 21. 某企业内心中装着您的最高利益 22. 某企业的员工理解消费者的特别需要

SERVQUAL 量表被广泛应用于各服务行业，但在推广过程中，由于不同的服务行业具有不同的特点，SERVQUAL 量表的应用出现了一些争议。可概述为理论和实践两方面。

一方面是理论方面的争议，主要表现在服务结果是消费者对服务绩效的一种态度，难以测量，SERVQUAL 量表度量的实际上是消费者满意与否，而不是服务质量如何，这种争议直接指向的是 SERVQUAL 量表的基本理论框架是否正确的问题；再者，差距模型的实质是一种人为的设计，缺乏实证性的研究。

另一方面是实践方面的争议，主要集中在测量方法的问题上。在 SERVQUAL 量表中，对期望的测量是整个方法的核心和关键，但这种方法并没有对期望做出科学的界定，而且期望总随着时间而变化，很难给予精确的测量，这也降低了该方法的稳定性和科学性。而且不同行业、不同类型的服务质量调查中，各个维度的重要性也不同，因此学者们又提出了一些新的思路。他们认为服务质量除用可靠性、有形资产、回应能力这三个传统指标测量外，还可以加入保障、体谅两个新的特性来衡量服务质量。不同学者对 SERVQUAL 量表在零售业的应用进行了质疑和验证，如表 6-3 所示。

表 6-3 零售业应用 SERVQUAL 量表的实证研究汇总

研究者	发表时间	研究对象	行业	结果
Carman	1990	原 22 个问项	零售店	识别出服务质量的九维度
Finn，Lamb	1991	原 22 个问项	百货商店	均不支持五维度结构
Guiry，Huthinson；Weitz	1992	51 条(15 个原问项，外加 36 个新问项)	商店	发现了七维度结构
Gagliano，Kathryn Bishop	1994	原 22 个问项	服装专卖店	得出四维度，其中两个和 SERVQUAL 量表不一致
Dabholkar，Thorpe and Rentz	1996	28 个问项(17 个原问项，外加 11 个新问项)	商店	得出五维度，其中两个和 SERVQUAL 量表基本一致

电商品牌服务质量评价主要是基于服务过程、服务结果、服务补救三个关键指标展开的。以 B2C 移动电商为研究对象，借鉴 SERVQUAL 量表构建了包含有形性、可靠性、响应性、保证性和移情性五个关键指标的服务质量测量体系，如表 6-4 所示。

表 6-4　初步构建的 B2C 移动电商品牌服务质量测量体系

纬度	二级指标
有形性	1. 有良好的可感知的网站形象，域名容易记忆 2. 页面布局简洁、美观、合理 3. 产品信息丰富、准确、容易查看 4. 直观而简单的导航，能够快速查询产品信息 5. 位置导航，能够快速查询某一区域的产品信息 6. 有完善的消费者购买评价功能
可靠性	7. 网站按承诺的时间提供服务 8. 网站是值得信赖的 9. 准确的支付订单
响应性	10. 能够及时为消费者提供人工帮助服务 11. 能够有效并快速地处理消费者的问题 12. 能够及时准确地提供物流信息 13. 能够提供便利畅通的沟通方式
保证性	14. 能够保证消费者的个人资料安全 15. 确保交易过程的安全 16. 网站提供的信息和产品是值得信赖的 17. 能够保护消费者购物信息 18. 消费者可以随时查看交易状况和记录 19. 能够保证消费者合理地退换货 20. 网站内容精简，能够连接，不易掉线
移情性	21. 能够准确定位所在位置 22. 消费偏好感知，了解消费者的需求 23. 能够支持多种付款方式（例如货到付款、各种银行卡支付等） 24. 能够免费接收短信提醒（例如订单信息） 25. 能够提供个性化的服务（例如个性化的页面）

（资料来源：王明明，赵国伟. B2C 移动电子商务服务质量评价体系研究. 科技管理研究，2015，35（03）：142-145。）

跨境电商本身不仅是电商的延伸，更是外贸的互联网化。其技术基础和硬件基础分别为互联网和互联网终端，跨境电商企业网站界面的友好性和易用性是一个不可忽略的考察维度。根据跨境电商行业服务管理特征和目前行业服务的基本情况，在 SERVQUAL 量表基础上设计的跨境电商服务质量测量体系如表 6-5 所示。

表 6-5　跨境电商服务质量测量体系

一级指标	二级指标
有形性	1. 该跨境电商网站布局美观大方 2. 该跨境电商网站产品详情页设计赏心悦目 3. 该跨境电商网站的网页界面色彩鲜明吸引消费者 4. 该跨境电商网站的网页布局比例合理
响应性	5. 该跨境电商网站客服回复及时 6. 该跨境电商网站客服咨询回复语气态度佳 7. 该跨境电商的退换货等售后处理及时 8. 该跨境电商网站产品发货速度快 9. 该跨境电商网站在处理交易纠纷时速度较快

续表

一级指标	二级指标
可靠性	10. 该跨境电商网站所投放的广告值得信赖 11. 该跨境电商网站消费者信息安全有保障 12. 该跨境电商网站支付环境让人放心 13. 该跨境电商网站产品品质有保障 14. 该跨境电商网站物流配送安全可靠
易用性	15. 该跨境电商网站导航分类细化到位 16. 该跨境电商网站后台支持服务方便 17. 该跨境电商网站信息检索准确 18. 该跨境电商网站网页设计操作方便 19. 该跨境电商网站关键字搜索准确

(资料来源：韩朝胜. 基于多属性决策的跨境电商服务质量测评指标体系构建. 商业经济研究, 2019 (02)：60-64。)

6.3 跨境电商品牌的内部服务质量管理

6.3.1 员工满意的内涵及其测量

1. 员工满意的内涵

员工满意的内涵建立在消费者满意的研究基础上。对消费者满意的研究从 20 世纪六十年代中期开始，许多学者从不同的角度提出了各种理解，可谓见仁见智。1965 年，Cardozo 首次将消费者满意引入营销领域，开创了消费者满意研究的先河。到了 90 年代，学者终于意识到消费者满意是由消费者消费前的预期和消费过程中的心理评价决定的，于是他们开始从消费者期望与消费者感知价值的角度来定义消费者满意。如"消费者满意是产品预期与结果的函数"，认为满意是指消费者将产品的可感知效果(或结果)与其期望值相比较后，所形成的愉悦或失望的感觉状态等。

斯蒂芬•P.罗宾斯把"员工满意"定义为"员工希望得到的报酬与他实际得到的报酬之间的差距"。怎样形成员工满意？它有哪些影响因素？这些问题是进行员工满意研究和获得员工满意所必须首先搞清楚的问题。

一些中国学者也对员工满意进行了定义，如南剑飞认为员工满意是和用户满意相对而言的，指员工对其需要被满足程度的感受，是员工的一种主观的价值判断和心理感知活动，是员工期望与其实际感知相比较的结果；徐哲认为员工满意度是相对于个体的生活满意度和总体满意度而言的，特指个体作为职业人的满意程度，是员工在比较薪酬、工作环境等方面的期望与实际情况后得出的满意度。尽管这些定义触及了"员工满意"的部分本质问题，但过于简单。从历史发展和社会环境的改变来看，员工满意的内涵也在与时俱进、不断更新。

综上所述，无论是外部消费者满意还是员工满意，从本质上看，都表现为个体心理的满足程度。所谓员工满意，是指员工根据以往的经验、企业的承诺，以及从多种渠道获得的信息进行综合判断后，形成了对工作的心理预期，该心理预期与进入企业工作后获得的实际体验进行比较后所达到的一种心理状态。若预期超过实际体验，则员工不满意；若实际体验超越预期，则员工满意。

2. 员工满意的测量

在测量员工满意方面，国外已经形成了多种方式和方法，在此介绍六种量表。一是工作满意度指数，由 Brayfield 和 Rothe（1951）编制而成，测量工作者一般的工作满足，亦即综合满意度（Overall Job Satisfaction）；二是明尼苏达满意度问卷，由 Weiss 等（1967）编制而成，特点在于对工作满意度的整体性与项目皆予以完整的测量，但是缺点在于受测者可能没有耐心完成120道题目，误差方面值得商榷；三是工作说明量表，由 Smith、Kendall 和 Huilin（1969）编制而成，它主要测量工作者对工作本身、薪资、升迁、上司和同事五个方面的满意度，工作说明量表的特点是不需要受测者说出内心感受，只由其选择即可，适用于教育程度较低的受测者；四是 SRA 员工调查表，又称 SRA 态度量表（Attitude Survey），由芝加哥科学研究会（1973）编制而成，可测量工作者对十四个工作方面的满意度；五是工作诊断调查表，由 Hackman 和 Oldham（1975）编制而成，可测量工作者一般满意度、内在工作动机和特殊满意度（包括工作安全感、待遇、社会关系、督导及成长等方面），以及工作者的特性及个人成长需求强度；六是工作满足量表，由 Hackman 和 lawler 编制而成，可测量工作者在自尊自重、成长与发展、受重视程度及工作权力等十三项指标方面的满意度。

参照国内外员工满意测量方法可以得出，决定工作满意度的重要因素可以概括为工作本身、组织环境、薪酬福利、个人发展、人际关系。工作本身包括工作环境、工作内容、工作职责等方面；组织环境是员工工作的"软环境"，企业文化和制度政策影响和规范每个员工的行为和态度；在所有的工作分类中，员工都将薪酬福利视为最重要或次重要的指标，薪酬福利能极大地影响员工的行为和工作业绩；个人发展已被越来越多的青年人作为选择职业、单位的首要指标，企业中的知识型员工更是如此；人际关系是个体之间在社会活动中形成的以情感为纽带的相互联系，是直接影响员工的工作满意度的重要因素之一。

6.3.2　员工买入和雇主品牌化

内部营销是"成功地雇佣、培训和激励有能力的员工更好地服务消费者的任务"，它不仅包含人力资源招聘、培训和沟通的内容，也包含了企业何种程度上被认为是"被选择的雇主"和其在招聘过程中的吸引力的问题。该概念明确说明了一个企业的员工是他的第一个市场，员工就是消费者，工作就是内部产品。当强调企业的整体目标时，要求内部产品一定要吸引人，能发展和激励员工，能满足员工的需求和欲望。这既需要员工对工作和企业的欣赏，也需要企业管理好自身形象，吸引员工加盟，这就是内部营销需具体开展的工作——员工买入和雇主品牌化。企业和员工之间是双向互动关系，仅靠管理好任意一方都是不够的。因此除了对员工进行适当管理提高企业业绩外，企业本身还要提高吸引力促进员工满意，即培育雇主品牌和雇主吸引力。

1. 员工买入

在员工买入方面，较早提出该概念并进行研究的是 Kevin Thomson 等，他们提出最大限度的员工理解和承诺能强化服务品牌和提高企业业绩，是品牌成功的发动机，开发了知识-情感买入矩阵，展示了管理者怎样能更好地使用内部沟通强化员工买入，进而改善业绩，增加"冠军"员工是战略性建议之一。一个成功的服务品牌不仅要做好外部沟通，外部化为一组受消费者欢迎的功能和情感价值，还需要借助品牌战略来驱动品牌内部化工作，争取到员工的理解和执行。某种意义上，品牌内部化过程决定了品牌外部化效果。因此企业必须重视员工对品牌战略的理解（知识买入）和承诺（情感买入）。

员工对品牌战略的理解就是"知识买入"。内部营销研究的一个主要原因是员工满意和消费者满意密不可分。品牌成功的要件是团队活动的协调一致，这就需要建立一种适当而强烈的企业文化，以文化支撑品牌，借助内部沟通促进员工对品牌价值的承诺，从而使他们能按照企业需要的方式行动。另外，企业内不同部门的员工会接触混合的信息源来理解企业的品牌战略。即便从最高层传达了清晰的信息，内部的品牌沟通还是不能被精确地管理，因此需要整合各职能部门各层次的内部沟通来减少误解。实践证明，在缺乏有效的内部沟通下进行的兼并中，员工业绩降低20%，承诺降低11%，工作满意度降低21%；相比之下，有效内部沟通下的兼并中，员工业绩和承诺没有任何下降，工作满意度仅降低了2%。

员工对品牌战略的承诺就是"情感买入"。如果说员工的行动是为了建立和消费者的关系的话，那么他们首先需要信任他们的品牌战略并承诺实施。承诺是影响成功的长期品牌关系的显著因素，是"维持一个有价值的关系的持久要求"。一个员工的承诺产生了其在企业中的个人身份、心理归属，对企业未来福利的关心和对企业的忠诚。员工承诺因行业而不同，随资历而增长。员工的承诺在强化企业名声和品牌成功中扮演媒介角色。成功的品牌具有有力的员工和客户关系的特征。现实中，情感的商业利益，如承诺、忠诚和信任被视为一个企业的"情感资本"。很多研究已表明，承诺的员工越多，一个企业的情感资本就越多。员工的承诺（情感买入）会促进员工态度改进，提高工作满意度，进而改善消费者满意和企业的业绩。

2. 雇主品牌化

"雇主品牌"是"由雇佣企业识别的，由就业提供的功能、经济和心理利益的组合"，和传统品牌一样，也有个性和定位。雇主品牌化就是在潜在劳动力群体心目中建立一个形象——相比其他企业而言的"伟大的工作场所"。在企业鉴别、获取和保留有技能的员工方面，借助广告来建立和保持引人注目和差异化的就业条件。具体来说，发展强势的雇主品牌需要五步：第一，理解组织；第二，创造一个对员工的引人注目的承诺，而且反映出企业品牌对消费者的承诺；第三，发展测量品牌承诺实现程度的标准；第四，企业所有人以行动支持和强化品牌承诺；第五，执行和测量。强势雇主品牌能潜在地降低员工获取成本，改善员工关系，相比那些雇主品牌差的企业，既提高了员工保留率，又节省了薪水。雇主品牌形象的两个维度和潜在员工的就业决定相关，这两个维度是：对企业的总的态度，感知到的工作属性。因此，一个强势的雇主品牌是通过企业的持续的雇主品牌化努力实现差异化个性的，这有利于吸引和满足员工，是实现内部营销所倡导的员工满意的保证。

和"雇主品牌化"最相关的概念是"雇主吸引力"。这个概念在职业行为、管理、应用心理学、沟通和营销领域被广泛讨论,在商业新闻中也成为热门词汇,"最好的雇主"形象成为更多企业努力的目标。雇主吸引力的评价和管理可借助五个维度来操作:兴趣价值、社会价值、经济价值、发展价值、应用价值。

(1)兴趣价值:雇主借助提供令人兴奋的工作环境、新奇的工作实践激发员工创造力对员工产生吸引力的程度。

(2)社会价值:雇主借助提供有趣、愉快的同事关系与团队氛围和良好的工作环境对员工产生吸引力的程度。

(3)经济价值:雇主借助提供超过平均水平的薪水、奖金补贴、工作保险和提升机会对员工产生吸引力的程度。

(4)发展价值:雇主借助提供认知、自我价值与自信、职业强化体验和未来就业跳板对员工产生吸引力的程度。

(5)应用价值:雇主借助提供给员工应用和传授所学知识的机会、消费者导向和人本主义环境对员工产生吸引力的程度。

改善雇主吸引力就是提升雇主品牌竞争力和品牌权益,雇主品牌化工作和员工买入行为促进了企业和员工间的良性互动,保证了内部营销的落实,如此必然提升员工满意和员工忠诚。

综上所述,员工在服务型企业的营销活动中具有重要性和特殊性,不仅决定了交易瞬间的服务质量和消费者满意,还影响了企业长期的服务利润和竞争优势,因此服务型企业需要采用内外部平衡视角,通过深化内部营销来保证外部营销的效果。在内部营销方面,要争取员工最大限度地理解和实施企业的品牌战略,即员工买入。员工只有认同和承诺实施品牌战略后,才会在和消费者接触的"真实瞬间"中兑现企业品牌承诺,达到消费者满意,从而产生良好的外部服务质量。为了提高员工对品牌战略的承诺程度,企业要加强自身品牌建设,提升员工的归属感和荣誉感。具体来说,就是在员工关心的兴趣价值、社会价值、经济价值、发展价值和应用价值这五个价值方面培养企业对员工的吸引力。企业有了良好的雇主品牌和雇主吸引力,自然会保证员工队伍和服务质量的稳定性。

6.4 跨境电商品牌的外部服务质量

6.4.1 过程质量管理

1985年美国学者Parasuraman、Valarie Zeithamal和Leonard Berry在对四家服务型企业进行广泛的探索性质量调查后,提出了差距模型,该模型揭示了引起消费者对服务的预期和享受到的服务之间的不满的差距(差距5)是由服务过程中四个方面的差距(差距1、差距2、差距3、差距4)决定的,差距5是差距1、差距2、差距3、差距4的逐渐累积。所以要提高服务质量就要尽力缩小这四个方面的差距。由于这些差距难以完全避免,因此进行及时的服务补救也是重要途径之一。该模型的意义在于为企业指明了服务质量的形成过程,从消费者调查—管理制度—服务传递—消费者体验的逐级传递中，认识和分析服务质量差距的形成。借鉴该模型，提升跨境电商消费者服务质量也必须从缩小前 4 个差距入手，实现最大限度上的消费者满意。

1．缩小差距 1——认知差距

造成跨境电商和消费者之间对服务期望的认识偏差的原因在于对消费者需求缺乏深入的调查了解。所以缩小认知差距、提供优质服务的第一步，也是最重要的一步，就是要了解目标消费者需要什么，可以通过调查消费者和服务人员来了解需求信息。选品是跨境电商企业的核心命题之一，是否能够灵活制定选品策略，决定了生产布局、销售周期、营销策略等的方向。如果选品不当，跨境电商企业可能会遇到大量库存积压的情况，并且难以为这些积压库存寻找到市场、消费者。过去跨境电商企业在了解海外信息、消费者需求时，需要经过海外零售商、分销商、代理、国内生产商的流程，这个周期需要半年甚至更长的时间。但在数字化背景下，跨境电商企业探索出了更智能的选品策略。智能选品模式赋予了跨境电商企业非常强的选品敏锐度和决策能力，基于跨境电商企业积累的数据，反推企业对供应链或者对生产制造的进一步需求，以便企业做更进一步的备料准备，实现目的国需求与始发国供应的高效匹配、敏捷响应，并具备反向指引前端库存、生产、物料计划的可能性。以环球易购为例，其作为中国跨境电商的代表企业，出口平台合计注册用户数量超过 1.4 亿人，拥有超过 5000 个优质供应商合作资源，日均发货量 200 吨，销售网络覆盖全球逾 200 个国家和地区。环球易购的成功，一定程度上得益于其基于数据的智能选品。在选品方面，综合考虑交易属性、功效属性、运输属性和品牌属性四大要素，实时监测市场热销产品及元素特征，并研究目标市场区域消费者消费行为特征，将热销产品元素应用于自主产品设计中，通过试销及时掌握消费者反馈数据，分析反馈结果，确认下一步产销策略。

2．缩小差距 2——标准差距

掌握了消费者期望和需求后，企业要利用这些信息来制定适当的标准和建立相应的系统，以提供消费者满意的服务。服务质量标准要尽可能地体现出管理层对消费者服务期望的认识，减少标准差距。第一，基于搜索、已购和浏览记录等针对消费者进行个性化推荐，以提升销售转化率。以跨境通旗下的 ZAFUL 平台为例，其拥有"千人千面"智能推荐的功能，将算法应用于分类页面、个人中心页面，这样流量便不会局限于头部产品。如果消费者超过三次没有点击推荐产品页面的话，便会为消费者推荐另一个产品。通过这种形式，有效提升了销售渠道的转化率。第二，消费者进行产品或服务购买时往往存在预期花费，跨境电商企业在了解消费者预期后需要对产品或服务价格进行合理设置。第三，跨境电商企业应从消费者获取产品的便利性角度出发，为消费者构建便捷的产品运输渠道。

3．缩小差距 3——交付差距

从感知质量差异化的角度对消费者满意度进行分析，消费者按自己对产品的使用目的和需求状况，对产品进行感知质量和实际质量之间的评估，当产品的实际质量超过或等于消费者感知的质量时，消费者就会形成一种愉悦的感觉状态。设定好服务标准后，关键在于实施过程中如何缩小交付差距，即缩小服务标准和实际提供的服务之间的差距。首先，培训员工。员工必须对产品和消费者需求有充分的了解，具备这些知识才能回答消费者的问题和推荐产品，同时也能逐渐地增强员工的自信和理解能力，有助于解决服务问题。而且员工在同消费者，尤其是生气和不安的消费者打交道时，需要掌握一定的社交技巧，所以必须培训售货员和客服代表等员工怎样提供更好的服务并安抚不满的消费者。其次，适度的员工授权。员工的情绪、态度常导致服务产出的不一致，消费者的差异化需求也加重了服务质量的差异化，这对企业品牌和形象的形成非常不利。因此，适当的员工授权可以增加人员接触中对突发事件和差异需求的处理灵活性，同时也可以提高员工的成就感和满意度，充分发挥员工的主动性和创造性，调动员工的智慧，减少员工流动率，提高员工生产效率。再次，激励员工。要提供相应的系统和设备来帮助员工有效地提供优质服务，如利用计算机系统提高结账速度，为收银员配备通话机同经理联系以快速处理一些问题。另一方面，在处理消费者问题时要始终保持微笑，这会让服务人员承受不小的心理压力，所以营造同事间相互友爱支持、上级关心理解的氛围将是对服务人员有力的精神支持，能鼓励他们更好地工作。最后，调节服务供求关系。供不应求导致的服务排队现象很难保证交互质量，供求关系管理一直是服务业面临的难题。改善供求关系可以从供给和需求两方面做起，在服务供给方面，企业要把握需求变化规律，科学设计服务供应能力；在服务需求方面，企业可以通过价格变动和其他促销手段来调整需求，也可以利用预约方式储备需求。

产品质量是影响消费者满意度的根本因素。提升消费者满意度首先要保证网站中产品的质量；由于淘宝网提供的图片与产品描述对消费者满意度也有一定的影响，包括产品评价在消费者购买产品时也会起到辅助决策的作用，因此产品图片、产品描述与实物的相一致程度及产品评价的真实性也是非常重要的。在传统的交易模式中，消费者对产品是有着直接的感官体验的，凭借自身的经验对产品实物做出合理评价。而在电商交易模式中，由于产品信息只能通过图片和文字等进行表达，因此容易造成输出信息与实物相分离的情况。消费者依据商家对实物的描述及图片进行选购，电商交易在这个环节中由于信息不对称造成的风险要远远高于传统交易。一方面商家有可能提供与实物不相符的产品信息以达到促成交易的目的，造成消费者判断的偏差。另一方面由于文字和图片所提供信息的局限性，消费者在选购时存在着较强的主观性，大多是凭借主观体验进行选购的，这难免与实物体验存在一定的偏差，直接影响到对产品的客观评价。产品的体验评价是电商平台为弥补单一图片文字信息的不足，为消费者提供的产品购买的参考借鉴，但在没有实物佐证的情况下还是会增加网络购物中的风险。

4. 缩小差距4——体验差距

夸大宣传提供的服务会提高消费者的预期，而如果消费者的体验达不到他们的期望，就会觉得不满，因此夸大宣传只会带来负面效果。如何做到有效的宣传？首先，加强与消费者的积极沟通，合理界定服务承诺的水平。过高的承诺常会导致消费者的失望和不满，因此要科学合理地界定服务承诺的水平，避免夸大其实和模糊不清。另外，某些服务问题也常由消费者知识不够、使用不当导致,譬如看病时缺乏基本的医学知识、在未读说明书时不正确地使用产品等。所以服务宣传活动中应帮助消费者了解自己在接受服务前、中、后所应具备的知识和能力,扮演好合作的角色,告诉他们发现自己的合理需求、寻找适合自己的服务、正确地理解服务和配合服务传递,以及告诉消费者服务问题的售后处理措施和投诉程序,引导消费者合理地反映和解决问题。其次,各部门之间积极沟通,宣传内容要保持高度一致。宣传计划由营销部门制定,而具体的服务是由其他部门来提供的。所以如果各部门之间缺乏沟通,会导致宣传活动中的承诺和实际提供的服务不一致。因此在进行宣传时,营销部门和服务执行部门之间一定要沟通好,才能协调一致。

随着电商平台的兴起,体验经济和消费经济等概念逐渐延伸到网购体验感知中来,主要指消费者在使用电商平台进行消费活动时产生的主观感受。王志远等(2018)根据电商平台的特性,将网购体验感知划分为平台体验、产品体验、服务体验和情感体验。平台体验是指在消费者接触电商平台时,因平台设计、交互界面、消费流程而产生的主观感受,它通常与电商平台设计是否合理、使用是否方便等有直接的关联;产品体验是指在电商平台购买产品给消费者带来的主观感受,它通常与产品质量、价格、实物是否与介绍相符等有直接的关系;服务体验是指消费者在接受电商平台的服务时产生的主观体验,它通常与服务质量有直接关系;情感体验是指消费者在电商平台购买产品时获得的满足感,它通常与多种因素相关,如产品本身属性、平台交互性、产品暗含的意识形态等。

平台如何提升消费者的网购体验?第一,情感体验是增强消费者黏性的关键。相较于其他方面的体验,情感体验更具综合性,它是消费者对产品、服务、平台等多种因素的综合评价。因此,电商平台要给予消费者优质的情感体验,不仅需要满足消费者的情感寄托,而且需要通过服务、网站设计等要素营造良好的消费氛围,激发消费者的积极情绪,如此才能使消费者产生更好的情感体验,进而增强消费者黏性。例如,电商平台可以引入拼团概念,对于参与任意拼团的消费者,确保拼中者可以买到折扣产品,并在12小时内极速发货;而对于未拼中者则全额退款,并给予平台的补贴红包,使消费者无论如何都有收获,买得越多赚得越多。这不仅能够激发消费者的消费冲动,还能够提升消费者的消费喜悦情绪。第二,产品体验是平台的立身之本。如果一个电商平台上充斥着假冒伪劣产品,即使平台设计、服务能够给消费者留下深刻的印象,消费者也不会继续使用该平台。消费者进行网购的主要目的是选购合适的产品,而非体验平台的交互界面。因此,电商平台必须分清主次,紧抓产品质量,打造良好的口碑。尤其是对于自营产品,电商平台需要尽可能在产品生产的设计、生产、质量检测等每个环节都参与把控,制定严格的内部选货标准。

6.4.2 结果质量管理

Dabholkar,Thorpe 和 Rentz(1996)三位学者提出了服务质量阶层模型,如图 6-2 所示。第一阶层有五个基本维度,包括实体方面、可靠性、人员互动、问题解决与政策。其中三个基本维度各含有两个次维度,即实体方面包含外观、方便两个次维度,可靠性包含承诺、正确两个次维度，人员互动则包含信心和礼貌/帮助两个次维度。实证研究发现，该模型和相应量表有较好的科学性，因此本部分以其作为结果质量管理的理论依据。

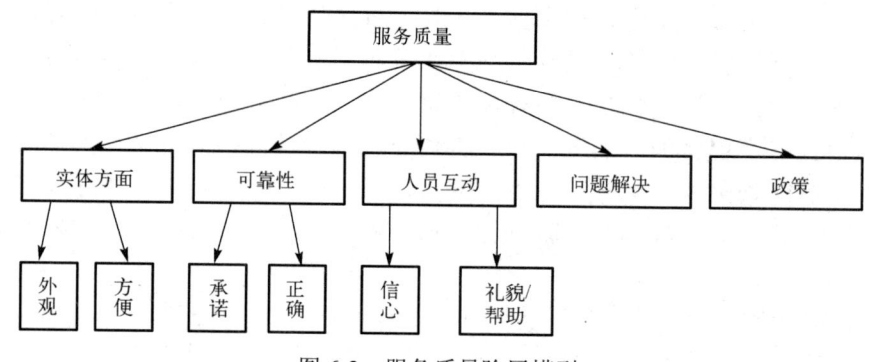

图 6-2 服务质量阶层模型

1. 改善网络商店形象

由于服务的无形性，消费者对服务产品购买前的理解需要借助一些有形的线索，因此服务的有形展示管理是必要的。网络商店形象的不同维度对网络购买行为的影响包括三方面。第一，B2C 网络商店形象可以增加消费者网络购物的感知价值和虚拟体验，消费者的感知价值可以增加消费者的冲动性购买意愿，消费者的虚拟体验可以大大增加消费者的冲动性购买。第二，B2C 网络商店形象各个维度对感知价值和虚拟体验的影响不尽相同，网站形象、产品形象和服务形象这三个外在型或互动型的维度对虚拟体验的影响最为明显，而产品形象、服务形象、便利形象和安全形象这四个更加内在型的维度对感知价值的影响最为明显。第三，消费者的虚拟体验对感知价值有显著的正向影响，在网络购物中消费者的虚拟体验体现了消费者在网络购物过程中对商家提供的产品或服务的一种内在的心理反应，代表了消费者对购物过程的一种反馈，它会增加消费者的感知价值和购买意愿。B2C 网络商店的经营者要认识到网络商店形象是非常重要的，良好的网络商店形象可以提高消费者的购买率。因此跨境电商企业如果能在以下几方面加强投入，势必会吸引更多的消费者前来购物。(1)设计功能齐全的网站，提供良好的产品分类、详细的产品信息，以及个性化的产品搜索和互动及时的服务。(2)提供琳琅满目的产品、更多品质良好的产品和知名品牌产品，以便不同消费者挑选。(3)增强客服人员的服务意识，及时回答消费者提出的问题，并能为消费者提供体贴入微的购物建议。(4)提供多样化的付款和物流方式，灵活的退换货制度，以及全天候持续热情的服务。(5)提供可信的交易付款机制、产品诚信机制，保护消费者的个人信息等，并不断提高商店的声誉。虽然网络商店的形象只是一个外在环境要素，但是在网络购物这种虚拟环境中，一方面，由于消费者无法确切了解商家的具体情况，此时网络商店的形象便给了消费者一个放心、安全的信号；另一方面，良好的网络商店形象可以提升消费者的感知价值和虚拟体验，从而刺激消费者的购买欲望。

2. 提高消费者信任

在服务质量的结果评价中，可靠性被认为是最重要的决定因素，指"按照承诺行事"，可以理解为准确可靠地执行承诺的服务的能力。在跨境电商购物过程中，消费者与跨境电商企业信息不对称,这使得许多消费者更倾向于选择线下实体店进行产品或者服务的购买。其中,信息不对称指的是产品交易的双方存在信息分布不平均的情况,在线上购物中,消费者所知道的产品信息往往少于商家所掌握的产品信息,信息不对称问题如果未能得到很好的解决,将会对消费者的购买决策产生影响。信息不对称产生的原因主要有以下几个方面。首先,交易主体身份不容易识别。在线上购物过程中,消费者不容易识别产品的销售商,商店随时可能处于关闭状态;同时消费者本身的身份也存在不确定性。其次,产品信息与实际物品分离。消费者在线上购物时,产品以图片和文字说明的形式进行销售,消费者无法实际体验产品,不能直观地对产品的质量和性能进行判断;并且产品的支付与产品的交付分离,消费者无法马上拿到购买的产品,如果销售商不发货,那么消费者就得承受时间损失。再次,网络购物评价对消费者的购买决策有重大影响,但有些商家会通过利益交换获得好评,从而诱导消费者购物。最后,追究法律责任难度较大。

跨境电商企业如何维护消费者的利益不受损害呢?首先,强化销售商的诚信意识,严格筛选产品,保证产品的质量,确保网站中提供的产品信息真实可靠。线上销售商需要制定科学合理的产品销售流程和提供完善的售后服务,为自身树立良好的品牌形象,提高自身的品牌知名度。其次,销售商要重视与消费者在信息和情感方面的沟通交流,通过线上交互工具进行信息的交流和互动,从而了解消费者的需求和心理变化,有针对性地制定销售策略,根据消费者需求提供相应的产品信息,通过消费者的反馈信息优化产品和服务,提高产品的市场竞争力。再次,销售商需要与正规的物流运输企业合作,提高产品配送的效率,及时将产品配送到消费者手中,提升消费者的满意度。最后,销售商应该尽可能地为消费者提供货到付款及无理由退换货等服务,有效避免消费者面临烦琐的售后流程的情况,进而提高消费者对销售商的信任。

3. 重视人员互动质量

从消费者的角度来看,当其与企业接触时,一项服务在服务接触或是真实瞬间中能够给其带来最生动的印象。服务接触过程中每一个环节和每一个员工都是重要的,跨境电商可以把这些真实瞬间连接起来构成一个服务接触层次,消费者正是在这些过程中获得对服务质量的第一印象的。因此,从跨境电商的角度来看,每一次的服务接触也提供了证明其作为合格服务提供者的潜力和提高消费者忠诚度的机会。即使消费者与跨境电商有许多联系,每一次接触对在消费者心中建立跨境电商的完美形象也同样起着重要作用。许多积极的体验积累起来会树立起高质量的跨境电商企业形象,而负面的体验则会产生相反的效果。从逻辑上说,在建立关系方面并不是所有的接触都同等重要,对每一次服务而言,都有一些特定的接触是实现消费者满意的关键。除了关键接触外,还有一些重要接触。重要接触一旦做不好,往往会使服务产出前功尽弃。服务接触往往是愉快或不愉快体验的来源,因此通过对服务接触的研究和重视,减少不愉快事件发生,开发愉快经历。这要求服务人员有强烈的消费者意识,有必要的授权处理特殊要求的能力,有专业熟练的业务能力,有快速有效的服务补救措施。跨境电商企业通过制作服务蓝图来考察消费者的每一个要求和管理每一次来自服务人员的接触,尽量保证每次接触都是"愉快"的真实瞬间。消费者在服务供应中可能扮演三种角色:生产资源、质量和满意的贡献者、竞争者。对消费者的管理有两种观点：一种认为服务供应系统应尽量和消费者保持隔离，减少消费者给生产带来的不确定性；另一种观点认为指导培训消费者完成他们可以扮演的角色，最大限度地贡献于服务产出，可以提高组织生产力。研究表明，那些相信在服务中已有效地完成了自己的任务角色的消费者更容易对服务感到满意，参与活动本身对他们具有一定吸引力，如一些消费者喜欢通过互联网上购物获得成就感。

跨境电商要提升竞争力，首先需要提升自身的品牌意识，打造优质的服务团队，发挥品牌营销的实力。一个服务优质的电商团队需要具有精湛的技术、具体的操作平台，以及有效的营销手段和畅通的物流等综合能力。当前的跨境电商团队在产品的销售和品牌的宣传上都具有较强的技术，但是针对境外消费者的营销和售后服务等方面能力较弱。因此跨境电商可以通过重点培训服务团队，借鉴境外电商的一些做法，在品牌的宣传和推广方面增强自身的实力，从自身的实际出发提升品牌竞争力，在消费者群体所在国家和地区注册后利用自身的团队实施线上营销和线上品牌建设；线上营销积累一定的品牌口碑后，划分境外的消费市场，引入境外当地的电商，实现品牌的本土化发展战略；然后针对重要国家和地区的品牌产品实施分销全国的经营策略，做好 B2C 和 B2B2C 模式经营。

4. 提高问题解决能力

投诉管理基本包含投诉预防、投诉受理、投诉处理、投诉分析四个方面，涉及企业管理人员、服务人员、流程管理、制度政策设计、公关传媒等多个方面，不仅仅是消费者服务一个部门的职责。从投诉预防、投诉受理到投诉处理，是为企业节约成本挽留老客户的经营过程，再通过投诉分析挖掘出商机，寻找市场新的卖点，使投诉成为服务利润链的发力点和企业潜在利润中心，即从投诉管理走向投诉经营的过程。投诉管理工作中，最重头的环节在于投诉预防，应从识别并处理好消费者抱怨做起。抱怨是消费者不满足的一大讯号，企业应在发现的最初期就把它处理好，调动企业内每位员工的主观能动性，鼓励其处理好每起接触到的消费者不满或抱怨。其次，做好投诉受理。一是企业要建立一个客户联络中心平台；二是要有顺畅的渠道，如投诉电话、电子邮箱、消费者回访、服务渠道等；三是要有规范的处理流程，记录、受理、处理、分析、反馈都流程化。所有工作的核心就是如何将消费者的信息完整地收集进来，然后通过标准化、人性化的管理将不同的消费者不同的需求进行分流、处理。再次，进行投诉处理、投诉处理也是投诉管理的核心，是鼓励消费者忠诚消费的行动。投诉处理可以减少消费者"剧变"并挽救那些濒临破裂的客户关系。投诉还应进行层级化管理，通常可分为一般投诉、严重投诉和恶性投诉。应对不同的投诉设定严格的定义，并依此设定不同的处理流程，在团队建立共享制度，以保证给处理人员或部门以统一的口径及处理思路。最后，投诉分析。做投诉分析的目的是从众多具体的投诉中，发现一些规律性或异常的问题，分析产品或服务的盲点。从消费者投诉分析中，可以挖掘出有价值的东西，进而将信息资源变为知识资产。这样，投诉分析可以为企业提供持续改进的方向和依据，还可以通过投诉问题分析改进企业的质量管理体系，作为市场调查数据加以充分利用，挖掘消费者潜在需求。

综上可知，消费者投诉处理是一项集心理学、法律知识、社会文化知识、公关技巧于一体的工作，需调动多个部门一起解决问题。跨境电商企业如何加强与消费者的交互，避免形成误会，并通过建立信任关系，共同创造价值呢？首先，跨境电商企业可以将产品评价设置为所有人可见、可评价的模式，充分增强消费者之间的互动。由此，企业便可以通过消费者间的互动了解他们的需求，以及他们对产品或服务的意见。同时需要根据消费者反映的意见，对产品或服务做出调整，及时满足消费者需求。其次，跨境电商企业应当在消费者购买前后均与其保持密切联系，充分了解消费者的需求，解决其遇到的困难。因此，跨境电商企业一方面需要在产品描述中细致地展示产品，同时详细写出消费者可能存在的疑问；另一方面需要及时回复消费者的邮件，并将其邮件地址保存下来，以便于后续开展营销活动。此外，企业还可在节假日、特殊节日以邮件问候消费者，体现出企业的人文关怀。最后，跨境电商企业可在完成交易时适当提醒消费者将该产品分享出去，并对消费者的分享行为给予一定奖励，但在提出相关建议时一定要注意措辞，防止消费者对此产生反感。同时需要长期维护与消费者的关系，借助忠诚消费者的口碑推荐达到营销目的。

5. 完善内部政策环境

无论是宏观层面应对外资企业的行业竞争压力，还是微观层面强化自身竞争力的需要，制度和政策设计都是重要的内容。跨境电商企业的内部制度和政策内容与服务质量密切相关，也就是说要通过完善内部政策环境来提高内部管理控制能力。内部管理控制包括计划控制、生产控制、质量控制、物资存货控制、营销业务控制和管理组织机构和组织人事控制等，涉及管理控制的各部门，不仅需要通过制度政策合理划分各部门的权限，明确其责任，还要保证经营管理行为有计划、有组织地落实，高效经济地实现企业的任务目标。

【本章小结】

本章首先介绍了跨境电商品牌服务质量的内涵和模型的构建，然后简述了服务质量测量工具，最后重点分析了企业如何提高内、外部服务质量。

【本章习题】

一、名词解释

服务质量　　跨境电商品牌服务质量　　员工满意　　员工买入　　雇主品牌化

二、单项选择题

1. 员工满意的内涵建立在（　　）满意的研究基础上。
   A. 消费者　　　B. 领导　　　C. 企业　　　D. 同事
2. （　　）是"成功地雇佣、培训和激励有能力的员工更好地服务消费者的任务"。
   A. 品牌营销　　B. 外部营销　　C. 内部营销　　D. 员工满意
3. （　　）从消费者调查—管理制度—服务传递—消费者体验的逐级传递中，认识和分析服务质量差距的形成。
   A. 过程质量管理　　　　　　B. 结果质量管理
   C. 品质质量管理　　　　　　D. 交付质量管理
4. 造成跨境电商企业对消费者的服务期望的认识出现偏差的原因在于对（　　）缺乏

深入的调查了解。

  A. 产品需求 B. 竞争对手 C. 平台 D. 消费者需求

5. 在服务质量的结果评价中，（ ）被认为是最重要的决定因素。

  A. 网络商店形象 B. 人员互动 C. 可靠性 D. 问题解决

三、简答题

1. 现阶段对跨境电商品牌服务质量的研究主要集中于哪几个方面？
2. 跨境电商品牌服务质量的模型。
3. 如何测量跨境电商企业的品牌服务质量？
4. 怎样合理制定跨境电商企业服务质量管理策略？

案例分析

倡导健康舒适生活方式 Lilysilk

  Lilysilk，也许中国消费者不熟悉该品牌，但事实上做海外市场超过十年的 Lilysilk 在国外颇具知名度，多个时尚媒体如 marie claire、BAZZAR、VOGUE 均对其做过报道。最早该品牌是通过 Amazon 等第三方渠道销往海外的，之后 Lilysilk 自建了 B2C 品牌电商平台，可以说 Lilysilk 是一个平台转型独立站的成功案例之一，其独立站的销售占比目前已超 60%，今天我们就来分析一下它的成功之路。

  一、平台和独立站双布局

  Lilysilk 采用平台和独立站双布局的模式，其产品主要通过自营网站、亚马逊平台销往海外。通过"平台+独立站"双渠道获客，实现平台与独立站互联互通，打造线上营销生态网络，通过全链路协同管理，实现公域流量与私域流量双管运营的营销需求。

  二、摒除红海竞争，紧抓细分市场

  1、在品牌定位上，Lilysik 走的是轻奢路线，价格和目标人群设置极为精准，价格 50~200 美元，目标人群抓准 35~54 岁受过良好教育的中高收入女性。

  2、在品类方面，避开了已经被 Zara、SHEIN、Zaful 等快时尚巨头所"占领"的大类目红海，选择做服饰类目下的细分子类目——丝绸产品。

  事实证明这一决策是正确的，因为海外用户普遍认为丝绸生产和制造工艺最优秀的国家一定是中国。Lilysik 主打丝绸产品意味着不需要在文化上做太多的调整，以品牌的中国背景作为宣传重点也更容易获得消费者信任。

  三、社媒营销玩法多

  与 SHEIN 等发展十分成熟的中国跨境时尚电商一样，Lilysilk 品牌在海外的主要营销阵地也是 Facebook、Instagram、YouTube、TikTok 这些重要的社交媒体平台。

  首先，根据不同渠道规划不同内容。在 Facebook 与 Instagram 两个渠道中，维持品牌调性的同时，侧重发布时效性强的新品和活动类宣发；而 TikTok 作为短视频新赛道，用户更喜欢泛娱乐、泛知识类的内容，因此，更偏向于丝制品保养等科普知识内容。

  其次，Lilysilk 利用免单奖励，鼓励消费者在社媒上做内容分享，分享内容带有#lilysilk

品牌词，这样的做法既有利于提高社媒及谷歌关键词搜索排名，也有利于打通社媒与独立站，形成渠道优势互补，提高品牌影响力。

另外，YouTube 上还采取了将样品寄送给意向博主，由博主进行真人测评的方式，且每个合作博主都有粉丝专属折扣优惠，粉丝通过博主给的优惠券下单后，博主本人也能从中抽佣。

四、善用站内营销功能

1、首页促销折扣活动

黑五促销活动：LilySilk 会在网站首页提前为黑色星期五促销活动做铺垫，购买站内商品可享高达 73%的折扣；

新用户订阅活动：首页打开即可看到，订阅电子邮件可获得额外 10%折扣，用于新用户的开发注册。

2、品牌 VIP 计划

以购物享品牌积分、会员专属折扣日、免运费、会员生日礼券、额外折扣等会员专属权益吸引消费者注册会员，收集消费者邮件地址等信息，方便后期二次营销。

3、好友推荐专属折扣裂变玩法

送好友 20 美元，得 20 美元。当好友成功下单，自己也能获得 20 美元，让用户去为产品做推广是成本低、见效快、转化高的建立口碑的捷径之一，此法可以低成本地获取新用户，并且带动新老用户下单，提升站内销量。

五、优质的消费者服务

超长退货窗口，Lilysilk 退货保证延长至 60 天，第一次从美国退货的消费者，无须支付邮费，和大部分的独立站平台相比，其在退货时长上占据较大的优势；详细的交付时间；完善的 FAQ 问答体系；精美的产品包装等都是他们运营中的"小心机"。

在小细节处彰显自己的独特服务，可以令消费者享受到愉悦的购物体验。Lilysilk 在网站端接入了评价页面，和消费者进行一对一交流，针对消费者提出的问题道歉、告知原因并提出解决方案。甚至一些消费者指出的小缺陷，品牌也作了回应。和很多出海品牌相比，Lilysilk 似乎真正理解了 DTC 的精髓，与消费者直接沟通并且将这种服务态度体现在网站上。此外，消费者的评论也成为 Lilysilk 的品质背书。

六、贴合消费者需求，针对性优化

了解消费者的消费需求，优化产品推广。从谷歌海量数据分析中发现，丝质床单、枕套是美国消费者的热搜词汇，而他们对于家居丝质用品的选择更关注品牌与丝制品的益处，比如对皮肤、头发都有哪些好处。此外，人们还常搜索关于颜色、如何清洗丝质床单等问题。所以，Lilysilk 在产品功能、特性描述上做出了针对性的优化，更明确丝制品的独特好处，解决了消费者的疑问。

（作者根据相关资料整理。）

根据以上案例分析下面的问题：

1．Lilysilk 是如何实现跨境电商品牌服务质量管理的？
2．该企业是如何在跨境电商企业竞争中实现差异化竞争的？

第7章 跨境电商品牌出海的机遇和路径

【本章要点】
- 掌握跨境电商品牌出海的概念
- 了解跨境电商品牌出海的机遇
- 了解跨境电商品牌出海实现的路径
- 熟悉跨境电商品牌出海数字营销工具的使用

【引导案例】

"海信"品牌出海——赞助全球顶级体育赛事

作为中国企业中较早布局海外市场的品牌,2006年海信就将"大头在海外"上升为战略目标,此后还将国际营销公司的自主品牌占比提升纳入KPI考核,通过本地化经营、本地化生产、全球研发、资本并购、全球顶级赛事体育营销等手段,实现海外市场占比、海外市场自主品牌占比两大指标逐年提升。2021年,海信集团实现营收1755亿元,海外收入731亿元,自有品牌收入占比超80%;海信家电实现总营收675.63亿元,同比增长39.61%。

海信家电集团党委副书记、工会主席鲍一认为,品牌出海在世界疫情叠加国际环境多变的当下效果尤为明显。他说:"代工企业往往会面临甲方调整甚至取消合作的情况,可替代性非常强。对海信来说,长期且可持续的品牌出海使我们与海外经销网络有了稳定的合作与连接,开展营销活动会更有信心。"

连续多年赞助顶级体育赛事正是海信品牌出海最为成功的打法。2016年,海信成为欧洲杯56年历史上首个中国顶级赞助商。1/8决赛赛场上,沙奇里在大禁区边缘的世界波倒钩创造了当届欧洲杯最佳进球,场边的"容声冰箱"广告也伴随进球攻占各大媒体首页,成为观众难忘的回忆。之后,海信成为2018年世界杯赞助商,并锁定2022年卡塔尔世界杯的官方赞助商身份。多年发力体育营销,使海信在全球市场打响了知名度,保持着强大的发展韧劲:2022年上半年,海信家电实现营业收入383.07亿元,同比增长18.15%,归属于上市企业股东的净利润6.20亿元,同比增长0.79%。

海信家电集团股份有限公司现已成为全球超大规模的以家电制造为主的企业,同时在A股、H股上市,主营业务涵盖电冰箱、家用空调、中央空调、特种空调、洗衣机、厨房电器、环境电器、商用冷链、模具等领域产品的研发、制造、营销和售后服务,包括海信、科龙、容声、日本"HITACHI"、美国"YORK"(中国区域)、gorenje 古洛尼、ASkO、三电"SANDEN"八大品牌。

(资料来源:谭海琪,自有品牌出海成为抗击市场风浪的压舱石。)

7.1 跨境电商品牌出海的概念

7.1.1 跨境电商品牌出海的定义

1. 什么是品牌

品牌是连接跨境电商企业和消费者的纽带和桥梁,建设品牌是一个抢占消费者心智的过程。

广义的"品牌"是具有经济价值的无形资产,用抽象化的、特有的、能识别的心智概念来表现其差异性,从而在人们的意识当中占据一定位置的综合反映。

狭义的"品牌"是一种拥有对内对外两面性的"标准"或"规则",是通过对理念、行为、视觉、听觉四方面进行标准化、规则化,使之具备特有性、价值性、长期性、认知性的一种识别系统总称。

在国际贸易发展过程中,跨境电商企业对外塑造的一般都是企业品牌,向海外目标消费者展示企业实力,以获得 OEM 或 ODM 订单;跨境电商蓬勃发展以来,逐渐转向塑造产品品牌,向海外目标消费者展示产品特征,获得消费者对产品的认可和持续购买。

2. 什么是 DTC 品牌

在品牌出海的过程中,经常会听到 DTC 品牌,这是电商蓬勃发展的产物,是一种轻体量品牌运营模式。

DTC(Direct to Customer),简单地理解,就是直接面向消费者。DTC 起源于互联网,通过线上官网,向消费者直接贩卖、寄送产品。由于砍掉了中间商,这些品牌的售价往往低于市场价格。在降低价格的同时,DTC 品牌还会在产品上做优化或者创新,使其质量同于或高于市场上已有的产品。在市场营销环节,这些品牌会抓住社交媒体,鼓励明星、消费者分享使用体验,从而带动口碑营销,并通过这些反馈数据改良产品和服务。

例如知名 DTC 品牌之一 WARBY PARKER,让消费者在线上只需花费 100 美元左右,就能买到与实体店里一样好的眼镜。因为简单直接地解决了高价的痛点,WARBY PARKER 成为了发展最好的 DTC 品牌之一。WARBY PARKER 品牌网站如图 7-1 所示。

同时 WARBY PARKER 还在官网和 App 上提供虚拟试戴程序,并可以按消费者要求寄五副不同的眼镜送到家里,留下想要的一款即可。WARBY PARKER 虚拟试戴服务如图 7-2 所示。

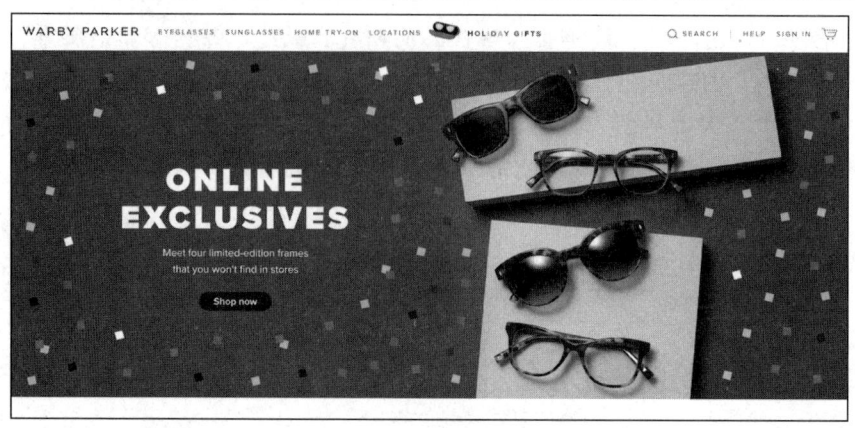

图 7-1　WARBY PARKER 品牌网站

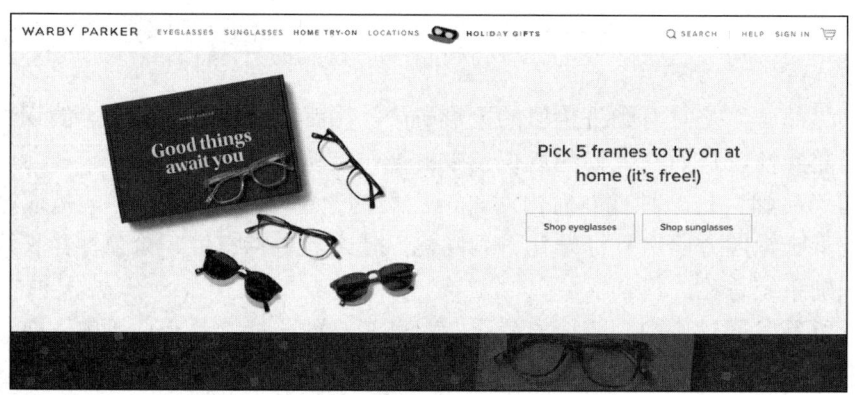

图 7-2　WARBY PARKER 虚拟试戴服务

3．什么是品牌出海

品牌出海是国内跨境电商企业抢占海外消费者心智的过程，因为地域、文化等方面的原因，品牌出海比在国内打造品牌会难很多。

国外关于品牌评价有多种衡量标准，例如：品牌力是全球领先的市场调研企业凯度华通明略的 BrandZ 品牌资产评估指标之一，代表消费者选择特定品牌的倾向。品牌力由三个要素构成：有意义（以合适的方式满足消费者的功能和情感需求）、差异化（具有独特性或引领潮流）和突出性（购买时在消费者脑海中迅速浮现）。

WPP 和凯度华通明略联合 Google，从 2017 年开始推出的"中国出海品牌 50 强"报告及评选，2020 年升级为"中国全球化品牌 50 强"报告及评选，根据 Google Surveys 问卷调查结果计算每个品牌的"有意义"和"差异化"的得分，根据问卷调查结果和品牌搜索指数计算每个品牌的"突出性"。2020 年的调研发现，前 10 强品牌始终如一地从交互设计、消费者互动、倾听消费者反馈及简化产品或服务购买流程等方面优化消费者体验，与消费者建立情感联系。它们在"有意义"指标上的得分领先，收获了较高的消费者忠诚度，同时造就了出色的品牌力。2020 年中国全球化品牌 50 强品牌资产对比如图 7-3 所示。

第 7 章　跨境电商品牌出海的机遇和路径

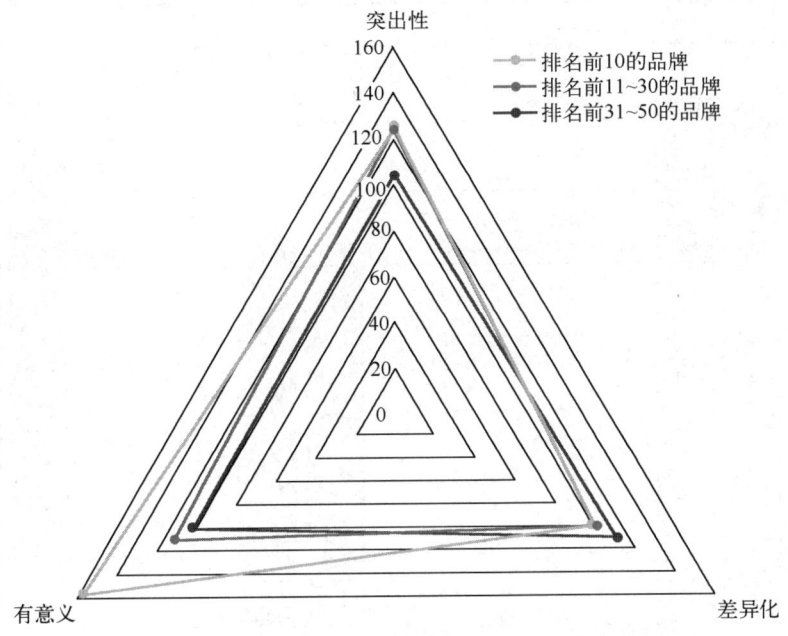

图 7-3　2020 年中国全球化品牌 50 强品牌资产对比
（资料来源：Google 及凯度华通明略 BrandZ）

7.1.2　跨境电商品牌出海的常见误区

1. 在国际品牌林立的今天，中国品牌与国际品牌的差距正在缩小

2018 年"中国出海品牌 50 强"榜单报告中指出，Google 的调查数据显示中国品牌与国际品牌的搜索指数差距正在逐年缩小，在 2013—2017 年的五年间，中国品牌与国际品牌之间的搜索指数差距已缩小了 29%。中国品牌与国际品牌搜索指数差距变化如图 7-4 所示。

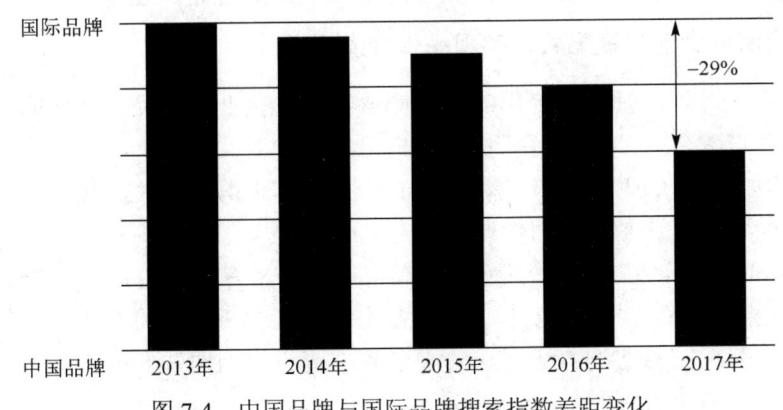

图 7-4　中国品牌与国际品牌搜索指数差距变化

同时，中国品牌的出口额、品牌力也呈现出与 Google 搜索指数相近的增长幅度，如图 7-5 所示。中国品牌呈现稳步增长趋势。

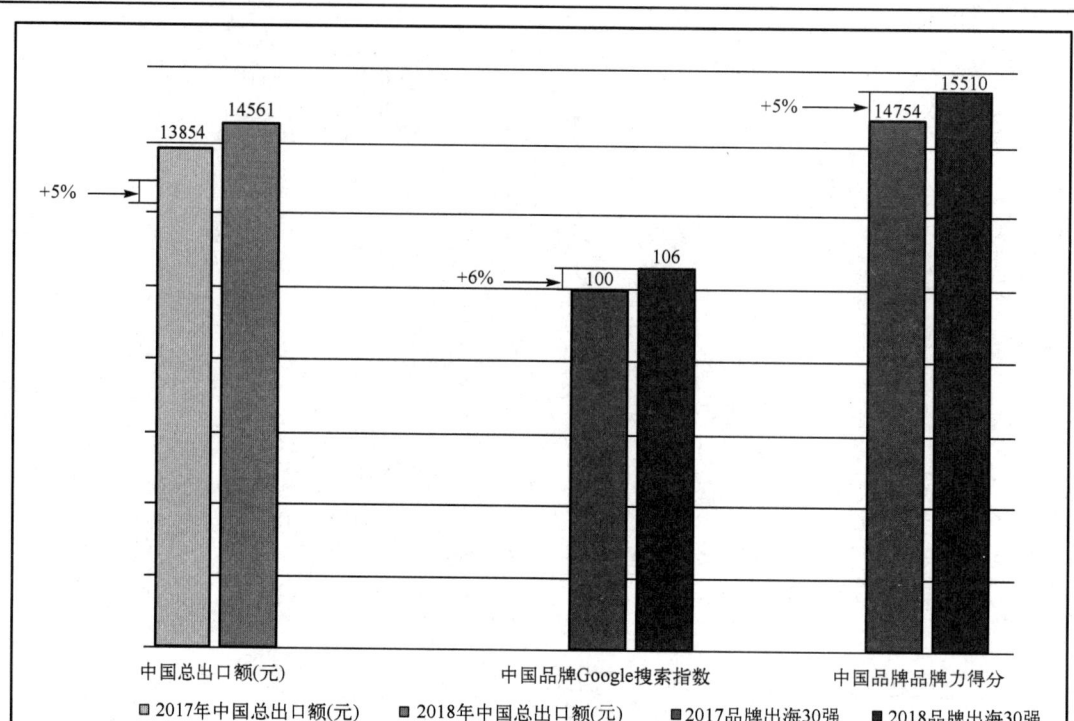

图 7-5　中国品牌的出口额、Google 搜索指数和品牌力的增长
(资料来源：中华人民共和国海关总署/Google 搜索指数/凯度华通明略 BrandZ)

每一届"中国出海品牌 50 强"的评选结果中，我们都能看到不少新兴的国内品牌，例如创办于 2008 年的"快时尚"跨境电商品牌 SHEIN 在 2017 年成功跻身"中国出海品牌 50 强"。同时，SHEIN 作为中国品牌，还是 Google 上的热门搜索词，2019 年搜索指数同比增长了近 250%。SHEIN 创始人许仰天说："虽然许多低价产品都产自中国，但 iPhone 之类的高端产品也是在中国生产的。如果你有严格而有效的把控,就能生产出优质的产品。"

因此，无论从哪个方面来说，国内品牌走出一条出海之路，还是非常有机会的。

2. 品牌出海与企业规模无关，实现品牌弯道超车

对于大多数人来说，凡是能走出国门的应该都是大企业、大品牌，实际上很多中小企业尽管在国内默默无名，却在出海后打出了自己的一片天。

"你在纽约如果不认识 Orolay，就相当于在国内不认识加拿大鹅(CanadaGoose，加拿大著名羽绒服品牌)。"这是一位纽约留学生对 Orolay 的评价。

Orolay 品牌创立于 2006 年，目前由嘉兴市子驰贸易有限公司持有。Orolay 品牌羽绒服这两年意外地成了全美过冬"宠儿"，无论是有钱人还是普通民众，都以拥有这款好看又舒适的羽绒服为荣；它的影响力还不局限于电商，连纽约当地知名的创意名人、杂志主编都是它的粉丝，还纷纷为它贡献流量。

截至 2019 年 2 月底，图 7-6 所示的售价 99.99～139.99 美元的加厚女装羽绒服在亚马逊网站上有 6000 多条评价，其中超过 80%的是 4 星或 5 星评价，因为广受欢迎被亲切地称为"亚马逊外套"。

第 7 章 跨境电商品牌出海的机遇和路径

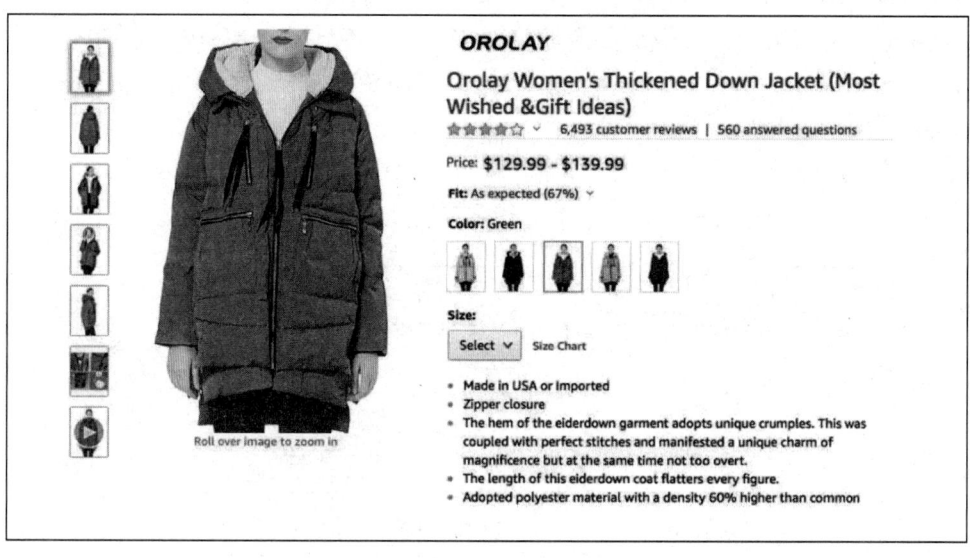

图 7-6 亚马逊外套

Orolay 品牌在海外的走红，就是中小企业品牌出海非常典型的案例，在市场占有率上，中小企业也许不能和大企业竞争，但是他们能够在垂直领域利用品牌弯道超车，这样的案例近年来屡见不鲜。

7.2 跨境电商品牌出海的机遇

7.2.1 跨境电商品牌出海的机遇

1. 中国制造业经过 30 多年的持续发展，已经建成了全球最成熟完善的制造业体系

曾经，企业主每天的思考更多放在类似"我如何找到一款畅销的产品，可以迅速推向市场，获得巨大利润"的问题上，或者在某个展会上找到一些好的产品，"简单粗暴"地抄袭一下。"找"的背后，依然是"销货思维"，找到好的货源，然后销售出去。

"造"是指在现有产品的基础上进行改造、改良，做出相较于目前的产品更符合消费者需求、带有一定创新性的产品。这个过程增加了对消费者需求的思考，增加了对产品价值的思考，同时也对中小制造企业提出了更高的挑战。

"创"是指根据消费者需求，创造一个产品形态出来，拥有这种意识、能力的企业往往具备足够的研发能力，对消费者需求也有深入的研究。

不管处于哪个阶段，中国制造业在全球的重要性依然非常突出，过硬的产品和完善的供应链体系，是企业尝试做自有品牌的基础。

2. 中国外贸出口和跨境电商产业链蓬勃发展，品牌出海的基础设施日趋完善

2019 年，众多中国全球化品牌创造了更多的商业价值，并对全球消费者产生了积极的影响。在全球市场的年轻人群中，消费者逐渐认识到中国产品和服务的价值与创新，且中国新兴品牌也在不断为自己争取更高的期望与关注。但受到国内和全球经济形势的双重挑战，中国本土市场的经济增长率持续放缓，2019年GDP增速降至6.1%。2013—2019年中国GDP增长百分比如图7-7所示。

虽然增速有所下降，但是中国经济和外贸出口依然被看好。

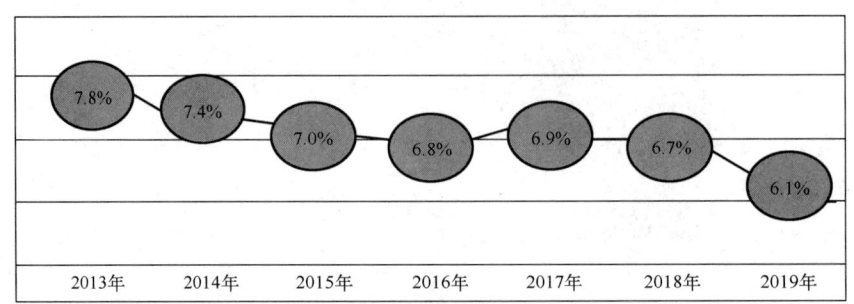

图7-7　2013—2019年中国GDP增长百分比
（数据来源：国家统计局）

2019年全球GDP增长率降至3%，全球贸易量呈现1.1%的微弱增长。全球GDP增长百分比和全球贸易量增长百分比如图7-8所示。

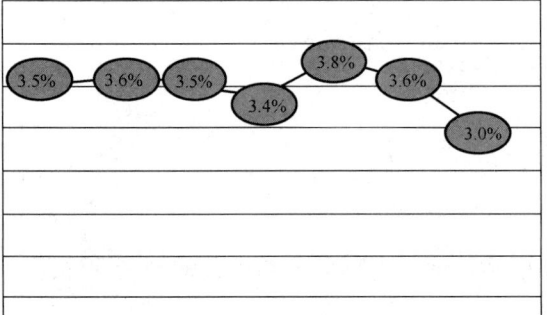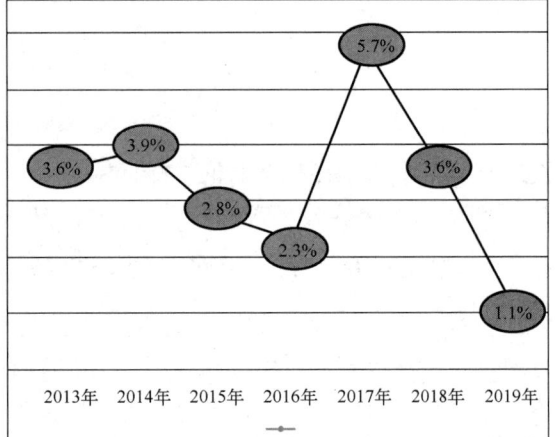

图7-8　全球GDP增长百分比和全球贸易量增长百分比

3. 跨境电商发展势头强劲，经历了四个阶段

跨境电商呈现出强劲的发展势头，2016至2018年中国跨境电商交易规模持续上涨，从6.3万亿元增长到9.1万亿元，预计这一增长趋势将继续保持。2020年4月7日，国务院决定新设46个跨境电商综合试验区，加上已经批准的59个，全国拥有105个综合试验区，已经覆盖了30个省、市、自治区，形成了陆海内外联动、东西双向互济的发展格局。跨境电商发展的四个阶段如图7-9所示。

（1）跨境电商1.0阶段：交易撮合

1998年，中国70%的工业制成品产能过剩。出于"去产能"的考虑，政府逐渐放开了外贸的限制，使得民营企业可以做外贸生意。1999年创建的阿里巴巴在互联网上建立了 B2B 交易平台，通过平台来撮合外贸生意。阿里巴巴的成立，标志着国际贸易正式开始接触互联网，跨境电商由此进入了 1.0 阶段。

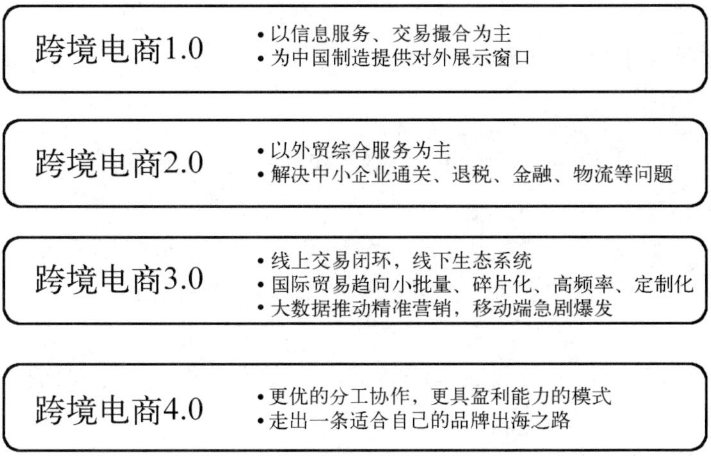

跨境电商 1.0
- 以信息服务、交易撮合为主
- 为中国制造提供对外展示窗口

跨境电商 2.0
- 以外贸综合服务为主
- 解决中小企业通关、退税、金融、物流等问题

跨境电商 3.0
- 线上交易闭环，线下生态系统
- 国际贸易趋向小批量、碎片化、高频率、定制化
- 大数据推动精准营销，移动端急剧爆发

跨境电商 4.0
- 更优的分工协作，更具盈利能力的模式
- 走出一条适合自己的品牌出海之路

图 7-9　跨境电商发展的四个阶段

在这个时期，以信息服务、交易撮合为主的跨境电商平台快速发展，涌现出了如环球资源网、中国制造网、韩国 EC21 网等知名跨境电商平台。这个阶段，跨境电商平台通过线上信息展示，很大程度上解决了中国制造业全球化的渠道问题，但是对于大部分的中小企业而言，支付、信用等环节仍存在着较高的壁垒。

(2)跨境电商 2.0 阶段：综合服务

阿里巴巴国际站只提供各方信息的汇集与呈现，本体不参与交易。一达通和敦煌网成立之后，在此基础上进行了改进与升级，将国内的业务打包，为中小企业提供以通关业务为主的跨境电商综合服务，帮助其在国外找到买家。一达通和敦煌网参与到外贸交易过程之中，标志着跨境电商走进了 2.0 阶段。相对于跨境电商 1.0 阶段，跨境电商 2.0 阶段更能体现电商的本质，帮助更多企业走向了世界。

但是，它的弊端也是很明显的：第一，是基于一般贸易流程的线下服务改进，线上部分没有闭环，无法沉淀数据，外贸效率提升有限；第二，众多会展、销售的地面人员让其不如跨境电商 1.0 阶段那样轻盈，过重的模式限制了跨境电商 2.0 阶段的发展速度。

(3)跨境电商 3.0 阶段：线上交易闭环，线下生态系统

相比之前的 1.0 与 2.0 阶段，跨境电商 3.0 阶段是一次完整的、从产业链到政府的、全社会的升级。在这个阶段，来自政府、电商企业、物流企业、支付企业的外贸相关数据汇集，第一次形成闭环，大数据开始真正走入并服务中小企业；同时，以跨境电商交易双方为核心，跨境电商生态系统也越来越丰富。

(4)跨境电商 4.0 阶段：自主品牌助力跨境新零售

跨境电商发展到 4.0 阶段，每个企业将在其中找到更适合自己的角色和模式，有的企业擅长于产品研发和生产，有的企业擅长于运营和服务，他们会找到更适合自己的盈利模式，盲目跟风发展跨境业务，都有可能导致失败。

同时，因为贸易环节中角色越来越多，有贸易商、批发商、零售商，甚至终端消费者，当 B2B 和 B2C 的界限越来越模糊，跨境电商企业在互联网上遇到的小 B 客户和 C 客户越来越多，他们对于品牌的诉求越来越强烈，这些都促使了跨境电商企业从原来的 OEM/ODM 逐渐向品牌出海方向发展，通过提升品牌溢价，为自己争取更多权利。

4．跨境电商的主要目标消费者群体在年龄、行为习惯等方面发生了明显变化

(1) 海外 B 端客户的变化趋势

阿里巴巴国际站乃至海外或全球 B2B 类采购商的变化趋势：

年轻化趋势

千禧一代(82 年到 95 年出生)已经成为海外 B 端采购人群规模最大的群体。

相比以前的"70 后"人群，新一代消费者群体有两个特征：第一，更喜欢用互联网渠道甚至是互联网进行采购。第二，更喜欢直接去上游进行采购。在过去，很多大订单客户实际上不是终端销售者而是批发商或者贸易商，而今天组货的人是下游的终端零售商，这会导致碎片化订单的出现。

更喜欢移动端工具

现在消费者喜欢用 App 或移动 Web 进行采购。因为他们更加希望能够及时得到卖家的反馈和回复。阿里巴巴国际站的监控数据显示，目前很多买家在线时间越来越偏向于中国的早上，也就是海外的晚上。这些买家在晚上用手机发询盘，然后期待卖家快速回复。

采购人群多元化

买家可能是一个创业者，也可能是各种身份的人。跨境 B2B 的采购人群不只是过去的批发商、贸易商、进出口商和买手，各种各样的人群开始通过跨境电商这种低门槛的方式给予自己生意上的支持，消费者画像变得越来越宏观。

谷歌调查也显示，在过去几年中，B2B 目标消费者群体的人口结构发生了巨大变化。2012 年 B2B 目标消费者群体的人口结构如图 7-10 所示，各个年龄段的人群都非常均衡(详见图 7-10 左图)。到 2021 年，18～34 岁的人占了所有调研人员的近一半，增加了 70%(详见图 7-10 右图)。

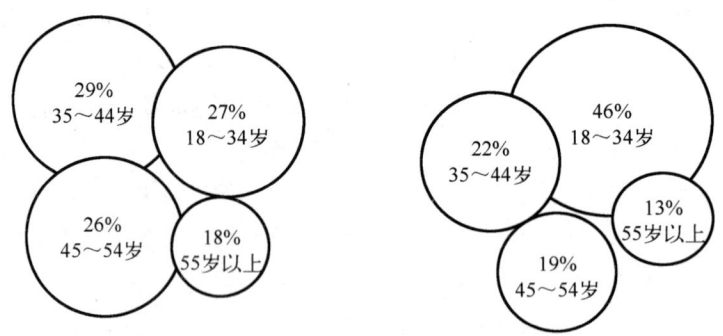

图 7-10　B2B 目标消费者群体的人口结构变化

(2) 海外 C 端客户的变化趋势

《2019 亚马逊消费者购物行为分析报告》指出，尽管网购打破了时间和距离的限制，更没有年龄的限制,任何年龄段的消费者都能在亚马逊上网购自己想要的商品。但是,在亚马逊的消费者中,40岁以下的消费者要比50岁以上的消费者网购频率更频繁,尤其是27~32岁的消费者。这个年龄段的消费者有足够的消费能力和自主审美,不仅是为自己进行网购,也会为家里的老人和小孩在网上购置商品。

调查显示,18~32岁这个年龄段的消费者,有85%的人每周都会在亚马逊上进行数次网购,而超过37%的消费者几乎每天都会在亚马逊上购物。年轻一代的消费者俨然成为了亚马逊的消费主力军。

另外一组亚马逊海外购数据显示,在海外购搜索前50个关键词中,84%为品牌名称,这意味着消费者的品牌意识和品质观念已经相对成熟。一方面,消费者的品牌意识随着生活水平的提高日益增强。另一方面,亚马逊平台对于品牌产品有所偏向。高品质产品逐渐走进千家万户,而在高度发达的市场经济中,品牌意识造就品牌企业。同样生产成本的服装,有品牌的服装价格总是以五倍、十倍甚至是百倍高于普通服装,跨境卖家们要适应市场需求的变化,还是应该树立自主品牌,把自己的品牌意识融入到产品中。

5. 众多中国品牌依托互联网渠道成为世界品牌

作为跨境电商消费者的主要信息获取渠道,互联网极大地拉平了新兴品牌和海外传统知名品牌的推广鸿沟,近几年中众多中国品牌通过互联网渠道成为世界品牌。2019年8月,根据乐天市场营销机构的调查,最受英国消费者认可的DTC品牌并不是国际上正如日中天的Glossier、Harry和Casper等品牌,榜单的前四席都是英国的本土DTC品牌:SimplyCook、Made.com、Birchbox和Abel&Cole。不仅如此,这些DTC品牌也表现出很高的转化率。例如,在听说过Birchbox(英国美妆订阅盒子)的英国受访者中,28%的人购买过该品牌,Glossier(美国知名DTC品牌)转化率为26%——明显高于传统品牌。另一组调查数据显示,44%的英国消费者将Facebook作为获取信息的平台,紧跟其后的YouTube和Instagram的用户比例分别是31%和28%。也就是说,99%以上的消费者都把社交媒体当作主要的信息平台。

综上,DTC品牌的推广路径主要是密集的社交营销加上多样化的在线销售渠道,社交媒体不仅仅是一个传播品牌信息的平台,更是一种极具潜力的销售据点。此外,DTC品牌通常也使用多个线上渠道销售产品,17%的消费者将Facebook作为首选购物平台,紧随其后的是各类返现网站、优惠券网站(14%)和品牌官网(12%)。通过互联网推广,DTC品牌迅速聚拢了目标消费者。互联网极大地拉平了新兴品牌和传统知名品牌的推广鸿沟,传统知名品牌花了很长时间和很大财力取得的成果,今天在互联网上变得触手可及。

7.2.2 跨境电商为什么要走品牌出海之路

1. 跨境电商企业发展现状

传统的跨境电商企业一直做着整条外贸链最底端的事情——代加工、代生产,也就是我们经常提到的 OEM，不仅没有自己的品牌和技术，而且随着人工、环保、管理等各项运作成本的上涨，压力倍增，生存空间愈加狭小。再加上生产制造链条不断向东南亚转移，中美贸易战侵袭，在当前形势下，跨境电商发展遇到瓶颈。

近几年，很多跨境电商企业开始意识到品牌化的重要性，并开始做一些尝试，但是事实证明在传统贸易时代，一家中小跨境电商企业去建立一个海外市场品牌是非常艰难的，主要遇到以下几个方面的阻力：(1)大部分的传统跨境电商企业长期习惯于 OEM 订单模式，老板的意识还停留在这个模式，对品牌出海有自己的顾虑。福建省德化县火木工艺品有限公司郑雨村直言，代工制造工厂虽有一定硬实力，但缺少转型所需软实力，如企业文化、组织管理等。"外贸工厂转型品牌，潜在高利润的同时风险亦高，二者之间的思维转变也是难以逾越的。"(2)传统跨境电商企业跟终端消费者脱节，缺少对海外目标市场的调研能力，对终端消费者需求把握不足。(3)国际化品牌策划和运营人才严重缺乏，跨境电商企业做品牌，在策划企业的运用上通常会陷入完全依赖策划企业的处境中，缺乏对企业自身产品、技术层面等的理解，最终导致方案结果与企业实际少了共鸣，未能深入企业"骨髓"，亦不能体现出产品灵魂所在。(4)一个品牌从商标到真正的市场认同和品牌溢价需要时间和市场沉淀，这个过程中需要充足的海外宣传投入。

2. 跨境电商走品牌出海之路带来的机会

虽然困难重重，但是跨境电商企业走品牌出海之路的尝试一直没有中断过。特别是从 2018 年开始，根据广交会官方统计的数据，124 届广交会品牌企业相较于往届进一步增加达 2297 家，品牌展位 12125 个，既有一批发展稳定、实力强的老企业，又吸纳了不少"新鲜血液"。

品牌对跨境电商而言意味着什么？从单一的 OEM 到 OEM+品牌两条腿走路，品牌给跨境电商企业带来了以下这些机会：(1)定价权的机会。OEM 模式下，跨境电商企业对产品是没有定价权利的，他只能拿到生产成本，竞争日趋激烈，跨境电商企业得到的利润非常微薄。有了自有品牌，跨境电商企业在海外会寻找品牌代理商，按照市场进行产品定价，再由代理商进行销售，或者直接通过跨境电商 B2C 平台卖给海外终端消费者，在定价权上拥有了主动权。(2)自由选择市场的机会。以前跨境电商企业只负责生产环节，终端卖到什么国家什么市场，是由海外采购商决定的。中美贸易战、海外疫情等因素带来的市场波动，都有可能影响跨境电商企业的生产安排。拥有自有品牌后，跨境电商企业可以决定在哪些市场重点推广自有品牌，特别是一些"一带一路"国家，很多跨境电商企业找到了新商机。(3)新兴企业弯道超车的机会。每一届"中国出海品牌 50 强"的评选结果中，我们都能看到很多年轻的企业，有的上榜的时候成立时间只有短短 4 年，品牌出海为新兴企业创造了弯道超车的机会。(4)中国匠人做自己想做的产品的机会。中国匠人希望制造具有匠心精神的产品，但是在 OEM 模式下，产品设计、材质、样式都是由海外采购商指定的，哪怕 ODM 模式下也会受到生产成本的限制。如今，自有品牌让这些企业家有了充足的发挥空间，他们可以按照自己的想法，结合市场和消费者的需求，制造出自己想做的产品。

7.3 跨境电商品牌出海的实现路径

7.3.1 跨境电商品牌出海的路径定位

1．品牌定位的重要性

当我们了解了什么是品牌出海，以及品牌出海在当下的机遇以后，我们已经明白了品牌对跨境电商企业发展有着重要的影响，接下来让我们一起来学习跨境电商品牌出海实现路径的三个步骤——定位、塑造、传播。品牌定位被放在第一位，可见其重要性。所谓定位，就是让品牌在消费者的心智中占据最有利的位置，使品牌成为某个类别或某种特性的代表品牌。这样，当消费者产生相关需求时，便会将该品牌作为首选，也就是说这个品牌占据了这个定位。

品牌定位将准确分析该跨境电商产品或服务的竞争对手有哪些，项目涉入的领域处于哪个层次阶段，产品或服务的优势与劣势，产品或服务的消费者群体年龄、性别、喜好等。只有找准精确的品牌定位，跨境电商企业才能制定一个明确的市场目标，生产并制造相关产品，从而在市场上拥有一定竞争力。如果品牌定位发生偏差，那么企业也会面临严峻的考验。

尤其是跨境电商企业，目标消费者群在海外，分布非常广泛，品牌定位就显得更为重要了。对目标市场和消费者的精准分析，甚至需要结合当地不同的风俗习惯、人文特性。这些对跨境电商企业的挑战都非常大。

2．特劳特定位理论

特劳特定位理论由"定位之父"杰克·特劳特开创，并在五十多年的实践中得以不断丰富和完善。特劳特于1969年在美国《工业营销》发表论文《定位：同质化时代的竞争之道》，首次提出商业中的"定位"观念，开创了定位理论，并在之后五十多年的实战中致力于定位理论的不断丰富与完善。2009年，杰克·特劳特所著《定位》一书被财富杂志评选为"史上百本最佳商业经典"第一名。特劳特定位理论四个步骤如图7-11所示。

特劳特定位理论在中国品牌中的应用很多，具体案例如下：

(1) 东阿阿胶：从边缘化品类到滋补养生第一品牌

2005年，东阿阿胶的增长出现停滞，企业市值处于20亿左右的规模。特劳特公司协助东阿阿胶，从低端、农村、老年消费的边缘化品类，重新定位为"滋补国宝"，并开创出新的高端客群，成为主流人群所关注和消费的品类。同时，协助企业进行业务取舍，"单焦点、多品牌"定位战略助推企业净利润和市值十年内增长20多倍。

(2) 香飘飘：打造"休闲饮料帝国"

香飘飘的发展是定位理论在中国实践的一个典型案例：通过创造全新产品、开辟全新市场小获成功，然后进行多元化发展，遇到强势竞争对手的阻击，几乎被超越，12年前，通过实施定位，香飘飘成为杯装奶茶领导者，并于2017年成功上市。如今，从杯装奶茶到Meco果汁茶，再到港式奶茶兰芳园，香飘飘正在构筑多定位协同的休闲饮料集团。

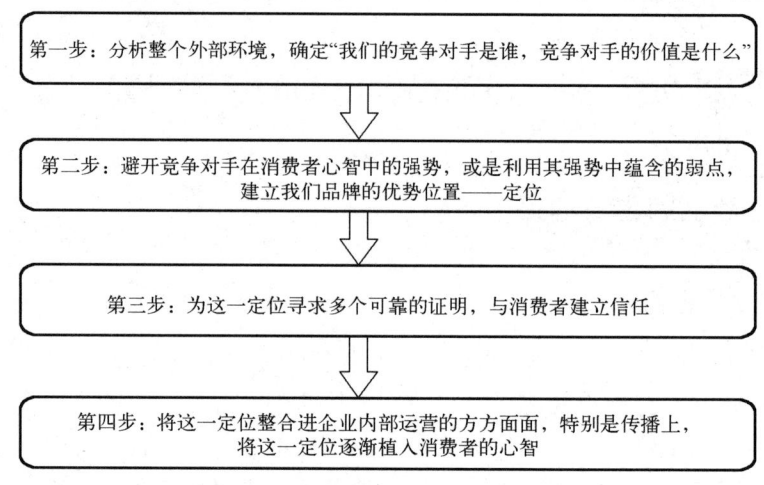

图 7-11 特劳特定位理论四个步骤

(3) 方太：做中国人自己的高端厨电品牌

特劳特公司协助方太定位"中国高端厨电专家与领导者"，调动消费者心智的力量，"中国卖得更好的高端油烟机，不是洋品牌，而是方太，因为方太更专业"，以清晰定位在国际知名品牌之上建立优势位置。方太以此引领研发与创新，不断推出新一代产品夯实高端定位，成为中国第一家营收破百亿的厨电企业。

3．如何进行品牌定位

(1) 市场环境调研和分析

基于对特劳特定位理论的应用，出海品牌的定位首先要从市场环境的调研和分析入手。研究市场，最主要的是纵观市场全局，把握市场体量，摸清市场情况。对于跨境电商企业来说，通过大数据了解潜在市场，开拓新商机，也是一个很重要的工作。

(2) 目标消费者调研和分析

在做目标消费者调研和分析之前，我们首先要明确，谁是我们的目标消费者。长期以来，跨境电商企业专注于 B2B 业务的开展，他们的客户并不是真正的产品使用者。所以我们要根据目标来确定本次针对的目标消费者是谁。比如"可口可乐"品牌，产品主要通过各地的经销商进行销售，但最终购买产品的是终端消费者，因此可口可乐每年会投放大量针对终端消费者的广告，以提升品牌知名度和消费者忠诚度，以此来提升经销商的合作信心。

消费者研究有很多方法，一般从两个维度来区分：一个维度是定性到定量，比如消费者访谈就是定性，是对事物的性质做出判断，探究它"是什么"；问卷调查就属于定量，是对事物的数量进行统计，衡量它"有多少"。前者重视消费者行为背后的原因，后者通过数据证明消费者的选择。另外一个维度是从态度到行为，比如消费者访谈属于态度，据现场观察属于行为，从字面上也可以理解，消费者访谈是问消费者觉得怎么样，现场观察是看消费者实际怎么做。

针对海外目标消费者，跨境电商企业的了解还比较少，所以目标消费者的调研和分析就显得尤为重要。比如我们想了解来华旅游的游客，因为什么原因喜欢来中国旅游，据此来决定我们在海外投放旅游广告的时候内容上的侧重。相关机构调研发现,海外来华旅游的游客对中国的历史和人文情有独钟。海外来华游客对中国旅游元素的热衷程度如图7-12所示。

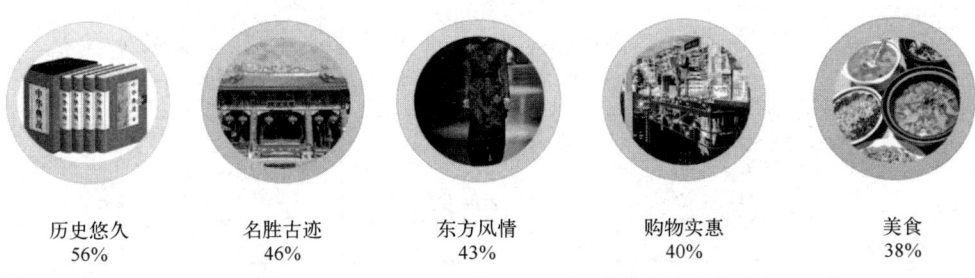

图7-12 海外来华游客对中国旅游元素的热衷程度

(3)竞争对手调研和分析

在品牌定位中,对竞争对手的研究是必不可少的步骤,那么跨境电商企业知道自己的竞争对手是谁吗?我们建议跨境电商企业确定现阶段自己对标的1~2家竞争对手,或者在某个市场或某个领域,自己对标的竞争对手。在品牌定位中,竞争对手研究的目的是通过一切可获得的信息和情报来了解对手的品牌状况,包括:品牌定位、品牌优势、品牌策略、品牌推广等,在竞争中做到知己知彼,并据此对自己的战略战术作出实时的调整与改进。

(4)结合调研结果,最终确定品牌定位

跨境电商企业结合以上对市场、目标消费者和竞争对手的调研和分析,确定自己的定位,将这一定位整合进企业内部运营(产品设计、生产工艺、服务流程等)。一般情况下,企业都会选择和竞争对手差异化竞争,树立起企业在行业范围中的独特性,强化自己的核心竞争力。

图7-13所示为一家B2B跨境电商企业负责人从企业、产品、服务三个维度,对自己进行分析的案例,每个维度找到三个衡量指标,每个衡量指标又列出三个方面。通过层层剖析,然后和竞争对手逐条对比,最终确定企业发展现阶段可以深化的具有差异化竞争优势的1~3个核心关键点,作为企业的品牌定位。

(5)案例分析:"传音手机"

"传音手机"是一个非常好的品牌精准定位的案例。相信很多人都没有听说过这个牌子,实际上,传音是我国深圳的一家手机制造厂商,在我国香港、迪拜、非洲等地都设有分公司。2019年,传音控股以非洲手机市场占有率第一、全球手机市场占有率第四、2018年全年营收226.46亿元的成绩,成为"一带一路"倡议下出海企业的先驱标杆。

传音之所以可以雄霸非洲通信行业,得益于他们对目标市场和消费者深入的研究,无限接近消费者,精准定位品牌,走别人不走的路,开辟自己的战场。

黑皮肤美肌模式:传音针对当地做了非常深度的调查,产品研发高度重视本地化的特色,包括本地语言、本地声音、本地审美观等。洞察非洲消费者的特点与需求,力求本地化和差异化,是传音在当地站得越来越稳的关键。传音关注黑人拍照难题,发明黑皮肤美肌模式。由于非洲人肤色的原因,自拍出来的照片效果很差,传音为了发明出适合黑肤色消费者的美肌模式，特别成立工作小组，大量搜集当地人的照片，最终通过眼睛和牙齿定位，在这些位置加强曝光，解决了非洲消费者的自拍困扰。

	①年限 1.成立时间？ 2.愿景使命是什么？ 3.下个三年有何规划？	②规模 1.员工人数？ 2.占地面积？ 3.年产值？	③生产线 1.生产能力？ 2.生产工艺设备概况？ 3.质量管理体系如何渗入生产线？
企业			
产品	④技术 1.有何先进技术特点？ 2.跟竞品比较优势？ 3.技术革新频度？	⑤品质 1.使用寿命？ 2.供应链品质如何保证？ 3.内制品质如何保证？	⑥价格 1.定价策略是怎样的？ 2.价格竞争力如何？ 3.市场价格走势？
服务	⑦定制能力 1.能否根据客户需求进行设计变革？ 2.定制品质能否确保不低于标准品？ 3.定制相应速度如何？	⑧交货期 1.一般交货期多长？ 2.按期交货的比率是多少？ 3.如果没能按期交货，如何处置？	⑨质保 1.一般质保年限？ 2.保修条件是什么？ 3.质保何时开始计算？

图7-13 B2B跨境电商企业三个维度分析的案例

超大铃声：考虑到非洲人对音乐的热爱，传音旗下的手机开机的音乐铃声似乎永远不结束，来电时的铃声非常大。

双卡双待：帮助传音俘获非洲消费者的，还有一件利器——双卡手机。非洲消费者大多有两张以上的电话卡，但大多只有一部手机，且非洲不同运营商之间通话收费很贵，传音抓住这一机会，将国内司空见惯的双卡双待手机推向非洲市场，甚至推出四卡手机，深受消费者欢迎。

在品牌传播上，传音也非常接地气，早期为了接近非洲消费者，传音铺天盖地地做广告，无论是电视广告，还是路边的牛皮广告，都有着传音旗下TECNO、itel、Infinix等品牌的身影，传音甚至直接用油漆在墙上写广告。迄今，传音沿用着这一广告轰炸方式，让旗下品牌深入非洲消费者心中。

7.3.2 跨境电商品牌出海的路径塑造

1. 跨境电商营销三板斧

在谈跨境电商企业品牌出海的路径塑造和传播这两个步骤之前，我们先来学习一下营销三板斧，即营销的三个非常重要的要素：内容、载体和渠道。品牌塑造和内容有直接的关系，品牌传播需要三者很好地配合。跨境电商企业营销三板斧如图7-14所示。

什么是内容？内容是以文字、图片、视频等介质传达有关品牌的内容给消费者的信息。

什么是载体？载体是承载内容的平台，包括线下实体平台（实体店、展位等）和线上虚拟平台（贸易平台旺铺、独立站、社交平台主页等）。

什么是渠道？可以将渠道理解为"把产品送达目标消费者手中"的通道，以及品牌的"让产品与企业在目标消费者心中扎根、开花、结果"的途径。

图 7-14 跨境电商营销三板斧

营销目的不同,这三个要素选择也会不同;其中某个要素没有做好,对营销结果都会有影响。企业应以消费者思维来制造内容、搭建载体和选择渠道,强调精准营销。

2. 品牌塑造的原则和表现方式

品牌塑造,就是要打造赢得目标消费者信赖的内容,表现方式有图形、文字、图片、视频等,用于传播的关键词/关键字,也是内容很重要的组成部分。

为了吸引海外目标消费者,跨境电商企业在打造内容、塑造品牌的时候,要注意以下四个原则:

(1)本土化:与目标消费者的本土习惯贴合,让目标消费者一眼就能引起共鸣。
(2)数字化:用数据来呈现事实,更有说服力。
(3)故事化:用故事情节来生动表现。
(4)场景化:让内容具有场景化的表现,让目标消费者有身临其境的感觉。

3. 如何塑造品牌

品牌塑造就是要打造赢得目标消费者信赖的内容。在品牌定位阶段,已经确定谁是我们的目标消费者,首先要分析能让目标消费者产生信赖的因素有哪些。

一般情况下,B2B 消费者会偏向了解跨境电商的企业实力,即 OEM 生产能力,包括加工能力、生产周期、交货能力等;而 B2C 消费者会更偏向于产品实力,包括产品功能、设计、安全性等。所以跨境电商企业就要按照这样的方向,去准备充足的内容。

按照品牌塑造的四个原则,我们来学习一下,如何塑造品牌,打造赢得目标消费者信赖的内容。

(1)本土化

跨国公司进入中国市场之后,竭力在品牌内容的本土化方面大下功夫,以贴近中国消费者。从品牌名称的设计到品牌形象代言人的挑选,从宣传品牌广告语的创意到品牌的宣传推广等各方面,都致力于与中国的文化、社会习俗及消费者的价值观念等相适应。而跨国公司为将品牌融合本土文化,在实施过程中会成立专门机构研究中国文化,包括麦当劳、肯德基、宝洁等,都取得了不错的成绩。

同理,跨境电商将品牌推向目标国家,也要注意本土化,包括品牌名称、品牌宣传语、品牌宣传形象、文案、视频等,都要让当地目标消费者一眼就有亲切感,特别是一些国家的禁忌,在制作品牌内容的时候都要特别注意。

(2) 数字化

数字化有两层含义：首先，用准确的数字来呈现可量化的内容，显得客观，有说服力。例如我们想表明与国外先进标准相比，我国插座产品国家标准、行业标准和"浙江制造"标准的水平差异，用图 7-15 的数字作对比，就一目了然了。重点产品标准对比如图 7-15 所示。

项目	关键指标		国外标准	国家、行业标准	"浙江制造"标准
原材料质量	对于铜导体，铜含量		无	无明确要求	≥58%
	绝缘材料灼热丝试验阻燃温度	与固定式插座载流部件接触的部件	850℃ 750℃	850℃ 750℃	870℃ 770℃
		与移动式插座载流式部件接触的部件	650℃	650℃	670℃
		其他绝缘部位	垂直测试	垂直测试	最不利状态下测试
安全性能	防单极误插入		45K	45K	40K
	温升		有	无（新国标有）	有
	保护门		极性之间3mm	极性之间3mm	除6mm及以上外，较国标增加0.3mm
	爬电距离/电气间隙		IPX4	无	IPX4
	外壳最低防护等级		/	≥5000次	≥10000次
可靠性	插拔寿命		1.5N	1.5N	3N
	最小拔出力		无	无	≤120N
	首次插入力				

图 7-15 重点产品标准对比

其次，通过数据分析对内容进行 AB 测试，选择最合适的品牌内容。比如关键词/字的筛选上，就要对搜索量、投放成本等维度进行综合评估，选择最合适的关键词/字。

(3) 故事化

品牌内容最生动的表现，就是故事化。一个品牌有很多方面可以讲故事，比如品牌创始人、品牌内涵、品牌产品、品牌服务、品牌文化等。故事化要抓住以下三个核心点。

① 引发共鸣。要明白这个故事写给谁看。心里装着消费者，最根本的目的是产生共鸣。有共鸣才有认同，让人们在故事里看到他们"自己"。看到了"自己"的什么？可以是似曾相识的经历，或一种情愫、一种情怀，或是一股急需的正能量等。

② "故事"利益点。如果消费者读了你的故事，没有觉得有任何"利己性"，没有任何触动，那绝对是个失败的故事。

③ 自身真实案例。不管是 B2B 还是 B2C 模式，消费者与跨境电商企业合作，或者使用其产品获得的愉悦体验，对于其他新消费者而言，都是最有感染力的。可以重点描述消费者使用或合作前后的对比，强调该产品或服务为其带来的巨大改变和价值，特别是用视频的形式让消费者口述的表现方式更能吸引人。

(4) 场景化

国际知名研究公司 Forrester 发布的分析报告 *The Power Of Customer Context* 中谈道：基于 campaign 的传统营销已经越来越难以触动消费者，而基于场景为消费者带来实际价值的营销才是未来。

要想做到真正打动消费者，必须站在消费者的角度思考问题，从为其创造场景出发，让消费者与品牌产生共鸣，同时通过持续沟通互动，满足他们的需求。例如 Keep App 的平面海报给人留下了非常深的印象，用小人物和大环境形成强对比，将内在的害怕视觉化，并用人物与文字间隙的交错，表现人物冲破害怕的瞬间，突出品牌和产品带给人们的真正价值，不是仅仅是一款运动 App，而是自我突破的挑战。

7.3.3 跨境电商品牌出海的路径传播

1．如何传播品牌

对于一个品牌来说，只有让更多的人知道，才能打破"酒香也怕巷子深"的桎梏，才能将产品销售出去，最终形成品牌的知名度和美誉度。

第一步，完成品牌定位和塑造；第二步，选择合适的载体；第三步，寻找有效的渠道，实现传播目标。

2．什么是传播的载体

传播的载体就是承载传播内容的物体，线下线上，我们常见的载体有很多。

(1)线下：比如零售门店/商超专柜/批发档口、相关展会的展位、相关行业活动的展位等。

(2)线上：比如综合性平台的店铺(如阿里巴巴国际站、环球资源、亚马逊、eBay 等)、行业性平台的店铺(如服装网、五金网等)、独立站(询盘功能或者支付功能)、社交媒体专区、专业论坛/专业网站专区等。

3．载体搭建的原则

(1)当地化：锁定适合当地目标消费者的载体。

(2)适合传播：海外打开速度、质量得分、移动端等，都要符合传播的要求。

(3)全方位：搭建多个载体，形成载体矩阵。

(4)持续运营：载体搭建完成后，需要持续运营和互动，提高载体的黏性。

载体搭建如图 7-16 所示。

4．载体搭建的具体方式

基于平台的载体，只需要按照平台要求开通即可，这里重点讲解如何打造海外消费者喜欢的独立站。

什么是独立站？独立站是近些年来，在跨境圈非常热的一个词，其实就是我们常说的独立的网站，目前在跨境领域一般常见的是 B2B 和 B2C 独立站，包括 PC 端和移动端。B2B 独立站主要的是展示功能，吸引海外消费者发送询盘；B2C 独立站主要的是购物功能，吸引海外消费者在线添加购物车或者下单。

(1) B2B 独立站打造要点：

首先，根据消费者需求对网站进行整体结构性布局。其次，根据产品属性和目标市场的审美风格，对网站进行整体设计。再次，重视询盘和表单的重要性，为促使海外消费者转化提供便利。复次，优化服务器和 CDN（Content Delivery Network，内容分发网络），使页面加载速度在目标市场实现最优化。最后，高度重视独立站移动端的建设。

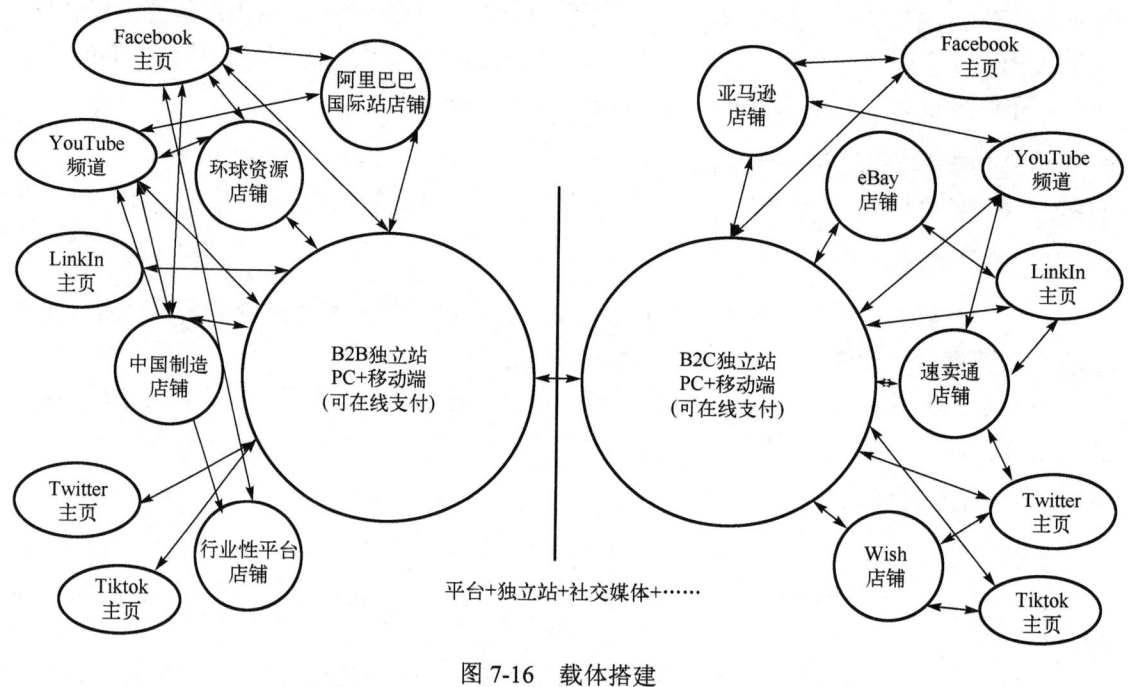

图 7-16　载体搭建

综上，B2B 独立站的目的是促进海外消费者发送询盘，因此打造独立站的一切出发点，就是取得海外消费者的认可和信任。

（2）B2C 独立站打造要点：

B2C 独立站建议利用国外建站平台进行搭建，最常见的如 shopify、magento 等，它们有很成熟的建站体系，能帮助企业在较短时间内完成独立站建设，跑通购物流程。提醒以下几个要点：

突出产品：打造 B2C 独立站最主要的是要突出产品的功能、卖点、重量、颜色等。

场景呈现：banner 设计和产品详情图中，要重视场景化呈现，让消费者身临其境。

策划活动：为了促进消费者购买，需要定期策划活动，例如每个季度一次大型活动（持续半个月左右），每个月 1～2 次中型活动（持续一周左右），每周 1 次小型活动（1～2 天）。

购买流程：持续优化购买流程，通过数据分析查看哪个购买环节消费者流失率较高，优化以后查看数据是否有改善。

消费者心声：重点关注消费者评论，及时回复和互动，拉近与消费者的距离。哪怕遇到非正面的评论，也要真诚地回复和处理。

5．什么是传播的渠道

传播的渠道是指传播者发送信息、受传者接受信息的途径和方法。线下和线上，传播的渠道非常广泛，如表 7-1 所示。

表 7-1 传播的渠道

线下渠道	线上渠道
(1) 传统媒体新闻报道 (2) 传统媒体广告：电视、广播、报纸 (3) 传统户外广告：户外、楼宇 (4) 线下活动：传单、送礼、商超活动等 (5) 参加相关展会，投放现场广告 (6) 参加相关行业活动，投放现场广告 (7) 老客户转介绍 (8) 通过黄页电话开发客户，再上门拜访/直接陌生拜访 ……	(1) 在行业性平台投放广告，引流到店铺 (2) 在综合性平台投放广告，引流到店铺 (3) 通过 Google 广告渠道投放广告，引流到店铺 (4) 通过 Google 广告渠道投放广告，引流到独立站 (5) 通过社交媒体广告渠道投放广告，引流到店铺 (6) 通过社交媒体广告渠道投放广告，引流到独立站 (7) 通过与 KOL 合作，引流到独立站 (8) 在专业论坛/专业网站发表文章，引流到独立站 (9) 通过海关数据/线上黄页等找到潜在消费者邮箱地址，发送 EDM (10) 通过和相关网站交换外链，引流到独立站 (11) 在线上新媒体投放广告，引流到独立站 (12) 线上新媒体新闻报道 ……

6．渠道推广的原则

渠道推广的原则包括以下四条。(1) 精准化：精准找到目标消费者"经过的路径"。(2) 转化率：持续优化目标消费者产生行动的占比。(3) 数据化：投放效果用数据说话。(4) 可追溯：目标消费者的行为轨迹可追溯和分析。

7．渠道推广的具体方式

跨境电商使用最多的传播渠道就是参加展会。从 2003 年以后，跨境电商逐渐开始接触线上方式。跨境电商企业可以将线上和线下方式相结合。品牌推广是一个持续的过程，根据不同的阶段和目标，会尝试不同的渠道，最终选择最适合自己的品牌出海的渠道组合方案。

7.4 跨境电商品牌出海的数字营销工具

7.4.1 潜在市场分析

谷歌、Facebook、阿里巴巴等掌握了庞大数据的平台都有很多大数据工具，可供跨境电商使用。领聚云中的 Market Finder 工具，是谷歌旗下的一款数字营销工具，可以迅速帮助企业抓取和发现适合的市场。领聚云中的 Market Finder 工具如图 7-17 所示。

首先在 Market Finder 中输入企业官网网址，谷歌运用机器读取官网中的相关产品及关键词，依靠大数据和人工智能得出一系列的数据结果。Market Finder 界面如图 7-18 所示，输入网址界面如图 7-19 所示，获取关键词界面如图 7-20 所示。

图 7-17 领聚云中的 Market Finder 工具

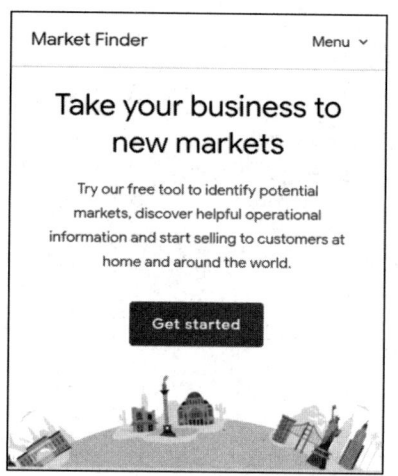

图 7-18 Market Finder 界面

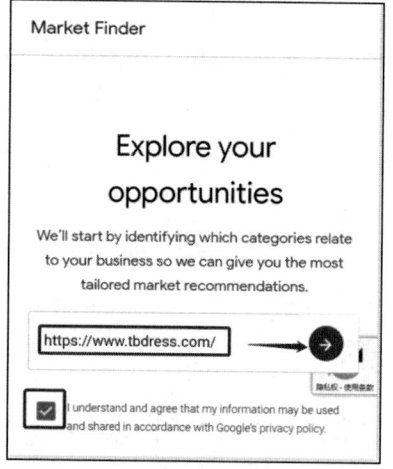

图 7-19 输入网址界面

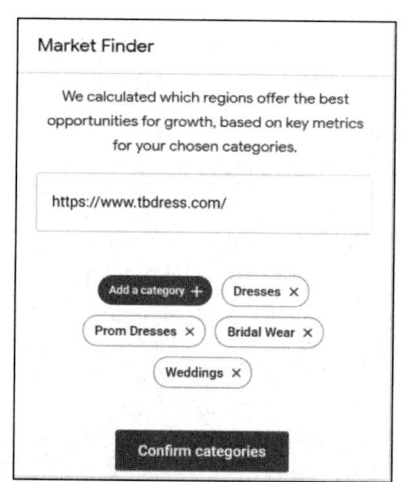

图 7-20 获取关键词界面

从查询结果排名可以看出，德国、美国、法国三个国家排在前列，说明企业在这三个国家市场机会最大。查询结果界面如图 7-21 所示。

每个国家的详细数据展示如图 7-22 所示。

德国：针对相关产业的搜索量大约有 1600 万，该市场在全球范围内的贸易难易度排名第 22；在过去 12 个月相关产业关键字/词在 Google Ads 上平均每次点击费用为 $39.4。

美国：针对相关产业的搜索量大约有 1700 万，该市场在全球范围内的贸易难易度排名第 8；在过去 12 个月相关产业关键字/词在 Google Ads 上平均每次点击费用为 $32。

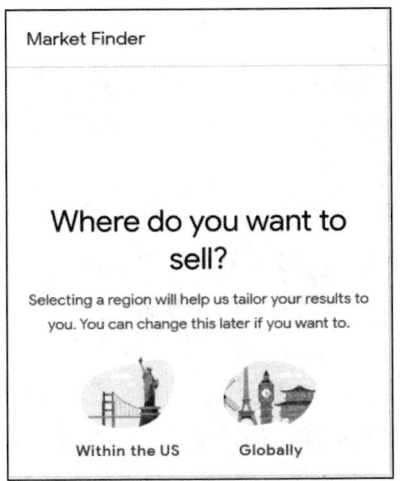 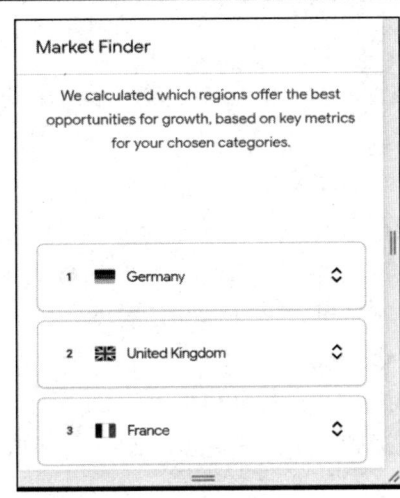

图 7-21　查询结果界面

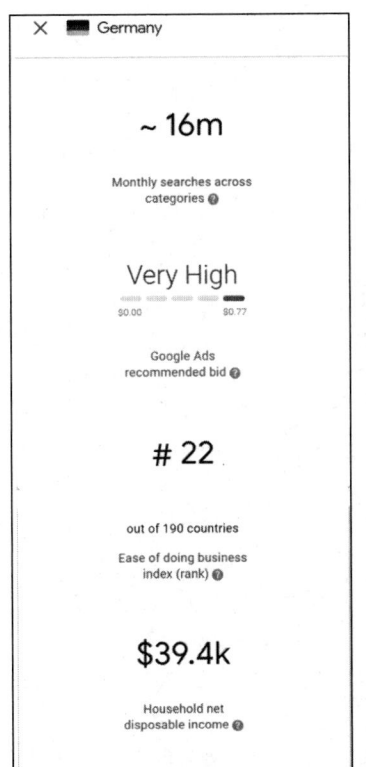  

图 7-22　每个国家的详细数据展示

法国：针对相关产业的搜索量大约有 1600 万，该市场在全球范围内的贸易难易度排名第 32；在过去 12 个月内相关产业关键字/词在 Google Ads 上平均每次点击费用为 $34.4。

跨境电商企业可以根据这些数据，结合自身情况，确定潜在市场的考察对象。

7.4.2 竞争对手对比

举例品牌词：tbdress

竞争对手品牌词：azazie

领聚云 Google Trends 工具如图 7-23 所示。运用领聚云中的 Google Trends 工具分析，发现在过去 12 个月，品牌词"azazie"在全球的搜索热度明显比品牌词"tbdress"高，而且一直在上升。"azazie"搜索热度在 2020 年 1 月开始呈现暴增，而"tbdress"的搜索热度只是小幅上涨。

搜索热度变化分析如图 7-24 所示。从不同国家的搜索热度来看，"azazie"的搜索主要集中在美国、加拿大、波多黎各、澳大利亚和英国；"tbdress"的搜索主要集中在巴哈马、美国、牙买加、波多黎各、巴拿马。

图 7-23 领聚云 Google Trends 工具

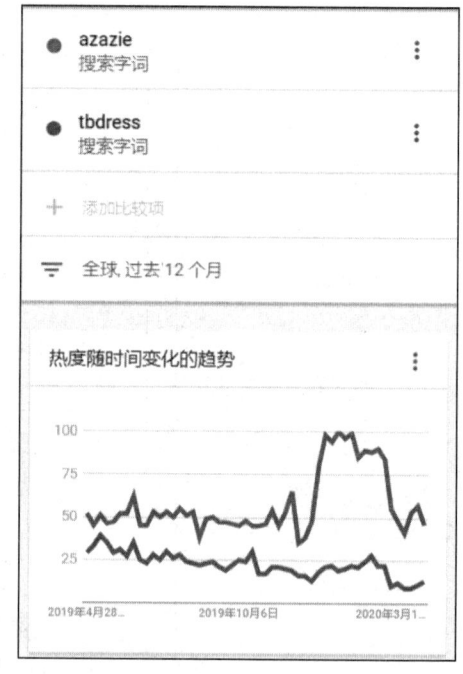

图 7-24 搜索热度变化分析

美国是两个词搜索热度都很高的国家，但是"azazie"占了 76%，"tbdress"只占了 24%。

举例产品词：maxi dresses

竞争对手产品词：long sleeve dresses

运用领聚云中的 Google Trends 工具分析，发现在过去 12 个月，产品词"maxi dresses"在全球的搜索热度明显比产品词"long sleeve dresses"高。

搜索热度变化分析如图 7-25 所示。从不同国家的搜索热度来看，"maxi dresses"的搜索主要集中在英国、巴基斯坦、孟加拉、爱尔兰和澳大利亚；"long sleeve dresses"的搜索主要集中在爱尔兰、英国、美国、澳大利亚、南非。

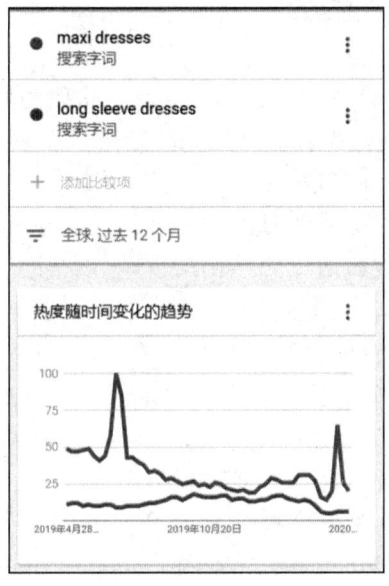

图 7-25　搜索热度变化分析

英国和澳大利亚是两个词搜索热度都很高的国家，在英国"maxi dresse"占了 78%，"long sleeve dresses"只占了 22%；在澳大利亚"maxi dresse"占了 68%，"long sleeve dresses"只占了 32%。

7.4.3　关键字调研，为品牌内容建立合适的关键字表

1．项目背景

跨境电商 I 企业主要经营 B2B 业务，决定投放 Google Ads 广告拓展海外目标消费者，但是不知道选什么样的关键字比较合适。他们希望通过关键字规划师这个工具，来帮助他们建立合适的关键字表。

2．解决思路

(1) 了解关键字规划师的含义和原理。
(2) 了解关键字规划师的优势。
(3) 了解 B2B 关键字。
(4) 查找精准关键字的步骤。

3．操作思路

(1) 什么是关键字规划师

关键字规划师，在领聚云 App 中又名市场探查，无论是经验丰富的广告客户还是新手，都能用这款工具来制作新的网络搜索广告系列。可以使用关键字规划师来搜索关键字，了解一组

关键字可能取得的效果，以及为广告系列选择具有竞争力的出价和预算。

(2) 关键字规划师的优势

使用市场探查可以完成以下任务：

研究关键字

在为新的广告系列寻找关键字时需要帮助，或者希望为现有广告系列寻找其他关键字时，可以根据与产品/服务、网站或着陆页相关的字词来搜索关键字。

获取历史统计信息和流量预测数据

利用历史统计信息(如搜索量)帮助确定要用于新广告系列或现有广告系列的关键字。流量预测数据(如预计的点击次数和估算的转化次数)可以帮助了解一组关键字在采用特定出价和预算时可能取得的效果。这些流量预测数据也能在设置出价和预算方面提供决策指导。

请务必注意，虽然市场探查能提供一些实用的关键字提示和流量预测数据，但广告系列的效果取决于多种因素，例如出价、预算、产品及所在行业中的消费者行为，都会影响广告系列的效果。

(3) B2B 关键字介绍

通过勾选添加 B2B 关键字，系统会将以下 14 个 B2B 关键字自动添加到输入的字词后面进行搜索，一般含有以下关键字：Wholesale、Customization、Commercial、Design、Manufacturer、System、Manufacturing、Solution、Factory、China、Supplier、OEM、Custom、ODM。

(4) 如何查找精准的关键字

在首页界面中，点击关键字调研，进入关键字调研界面，如图 7-26 所示。

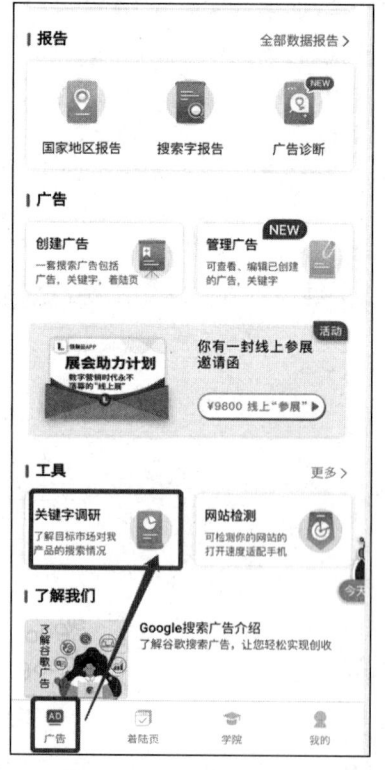
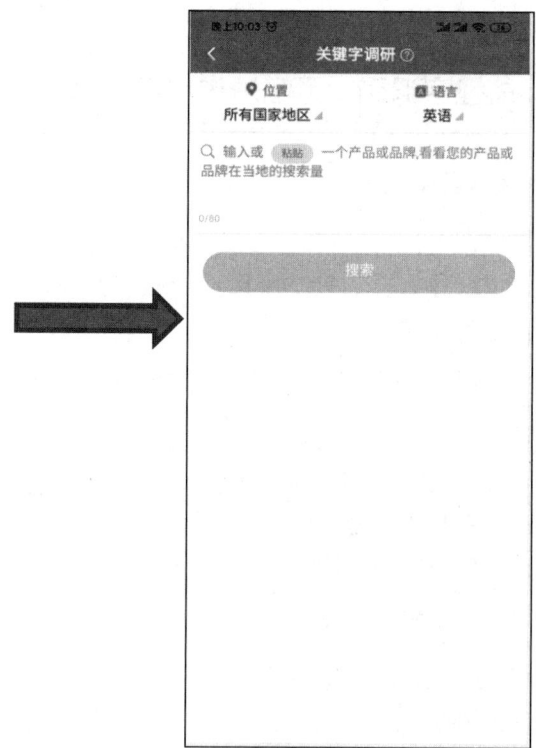

图 7-26 关键字调研界面

国家或地区、语言可以根据需求进行选择，选择完后一定要点击保存按钮。选择国家或地区、语言的界面如图 7-27 所示。

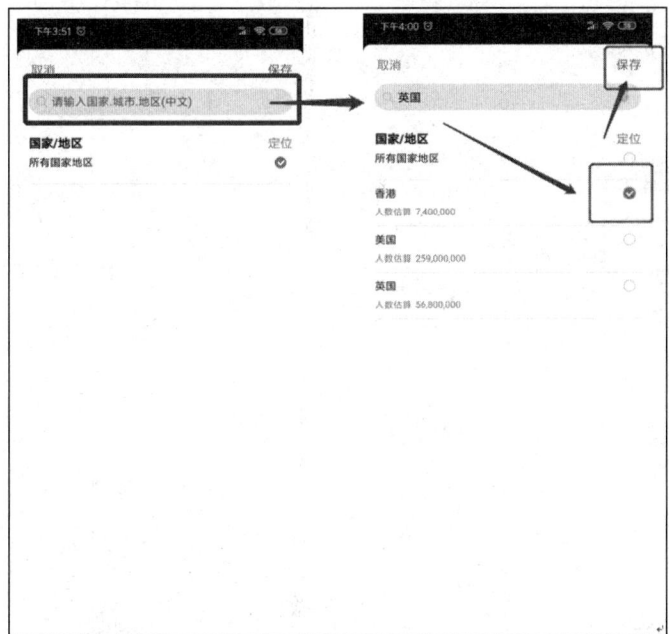
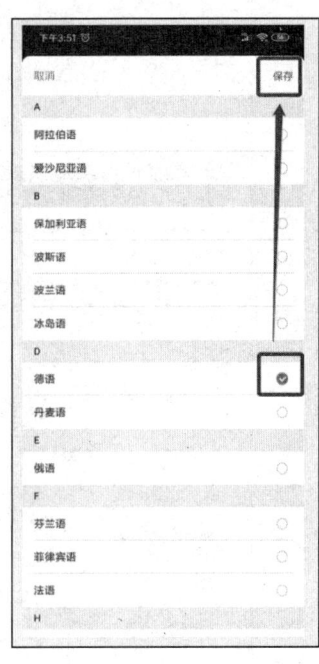

图 7-27　选择国家或地区、语言的界面

(5) 在关键词搜索框中输入要查找的关键词，可以是一个产品名，也可以是一个品牌，点击搜索按钮。查找关键词步骤如图 7-28 所示，下面以查找关键词 "dress" 为例。

图 7-28　查找关键词步骤

搜索结果中可以看到以下内容。

A. 搜索量的变化趋势：点击后可见过去 12 个月该关键词的月均搜索量。过去 12 个月该关键词的月均搜索量如图 7-29 所示。

图 7-29　过去 12 个月该关键词的月均搜索量

B. "您的关键词":"您的关键词"界面如图 7-30 所示。"dress"这个词,在美国的月均搜索量为 67.30 万,每次点击费用为人民币 8.20 元,这个价格是参考价格,实际的出价可能会低于或者高于这个价。在实战中我们发现,查找不同国家或地区,"dress"相关关键字的搜索量是不一样的,可以帮助找到不同国家或地区最合适投放的关键字。

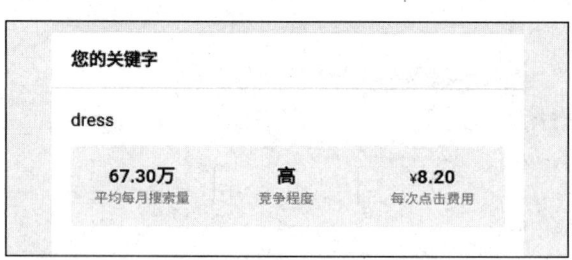

图 7-30　"您的关键词"界面

C. 领聚 B2B 关键词推荐:领聚 B2B 关键词推荐如图 7-31 所示,领聚云 App 的一个很大的优势是将 B2B 属性的词都自动列出来,更加方便快捷,不需要再一个一个地去查找。

D. 相关关键字推荐:相关关键字推荐如图 7-32 所示,相关关键字是对消费者输入的关键字的拓展。

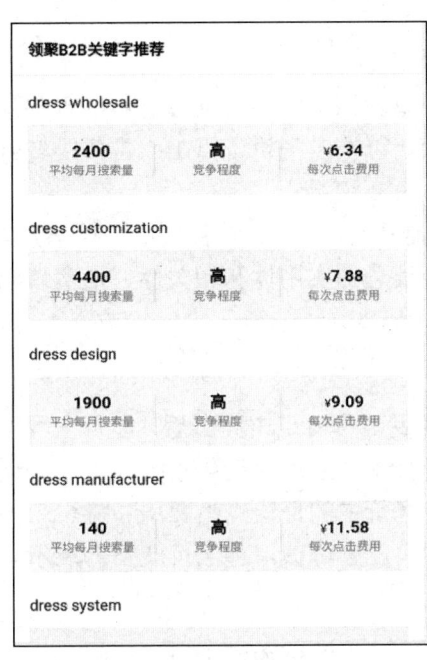
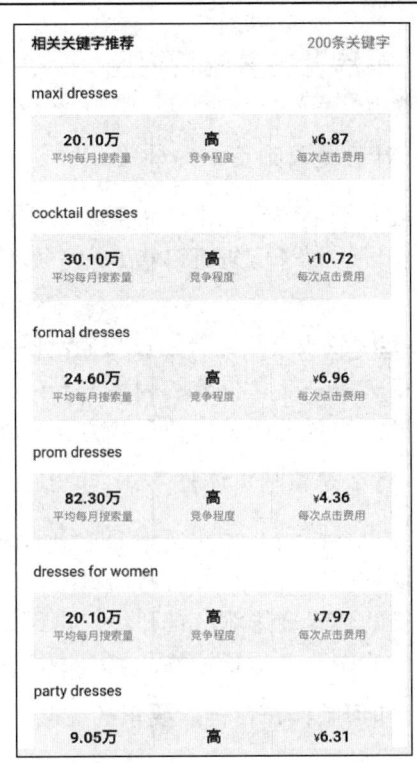

图 7-31　领聚 B2B 关键词推荐　　　　　图 7-32　相关关键字推荐

7.4.4　网站测试，测试网站加载速度和适配性

用领聚云网站测试工具测试某个网站，结果显示网站适配手机，加载速度为 3 秒，页面大小为 2MB，网站的整体适配性很好。一般网页加载速度最好在 6 秒之内，网页加载速度越快，消费者体验度就越高，对于后期的推广转化就更有帮助。网站测试如图 7-33 所示。

图 7-33　网站测试

7.4.5　品牌营销着陆页内涵

1. 什么是着陆页

着陆页即消费者点击广告后最终到达的单一网页。该网页的网址通常与广告的最终到达网址相同。每个广告可以指定一个最终到达网址,以决定消费者点击广告后跳转到的着陆页。

Google 政策规定,着陆页与显示网址(广告中显示的网页)的域名必须相同。着陆页体验是决定关键字质量得分的因素之一,可通过网页信息的实用性和相关性、消费者浏览的方便程度、网页上的链接数量等方面反映。

2. 什么是着陆页体验

着陆页体验是 Google Ads 的一项指标,旨在衡量消费者点击广告后,能否在网站上看到他们期待的内容。在分析着陆页时,Google Ads 会综合运用自动化系统和人工评估。着陆页提供的体验会影响广告评级,进而影响在广告竞价中的每次点击费用和排名。如果着陆着提供的消费者体验较差,那么该广告的展示频率就会降低,甚至可能不会展示。

3. 如何制作符合推广要求的着陆页

因为推广中,着陆页和网站起到的作用是一致的,因此制作要求也类似。

(1) 提供相关、实用的原创内容

A. 确保着陆页与广告文字、关键字直接相关

如果消费者搜索的是具体信息,应为其提供具有针对性的内容:如果消费者点击了宣传跑车的广告,那么就不应该最终抵达内容宽泛的"所有汽车款式和制造商"网页。

如果消费者希望比较不同选项,应提供宽泛内容,比如如果消费者想比较数码相机,可能就不希望抵达具体型号的页面。

B. 在着陆页上提供与所宣传的内容相关的实用信息

C. 尽量在网站上提供独特且实用的功能或内容

(2) 网站上宣传的内容应该透明公开,值得信任

A. 开诚布公地向消费者介绍企业的业务,明确阐述业务范畴

B. 在请消费者填写表单之前,先详细介绍产品或服务

C. 让消费者能够轻松找到联系信息

D. 如果要求消费者提供个人信息等资料,应清楚说明获取信息的原因和用途

(3) 让消费者能够使用移动端和 PC 端轻松浏览

A. 合理安排和设计网页,方便消费者查找信息,特别是重视移动端的体验

B. 让消费者能够方便、快捷地订购广告中提及的产品

C. 减少在网站上放置弹出式窗口或者其他会干扰消费者浏览的元素,以免消费者感到厌烦

D. 通过排列首屏内容的优先顺序,帮助消费者快速找到他们想要的内容

(4) 缩短着陆页加载时间

不管是在 PC 端还是在移动端上,确保着陆页都可以在消费者点击广告后快速加载(6秒之内)。

4. 通过领聚云制作着陆页需要准备的素材

具体素材包括:(1)企业或品牌 Logo;(2)一张精美的 banner 图片,图片上有号召性文字;(3)高清的产品图片和简洁明了的产品介绍,通常是一句话;(4)品牌介绍,文字+图片;(5)核心竞争力介绍,简短的文字(关键字)+图片;(6)表单需要收集的内容;(7)联系方式。

7.4.6 品牌着陆页搭建

进入领聚云着陆页界面,点击新建着陆页按钮,进入着陆页编辑界面,点击每个模块进入该模块的编辑界面。新建着陆页按钮如图 7-34 所示,着陆页编辑界面如图 7-35 所示。

图 7-34 新建着陆页按钮

图 7-35 着陆页编辑界面

点击每个模块,上传对应的图片、文字即可。图 7-36、7-37 所示为两个着陆页案例。

图 7-36 着陆页案例 1

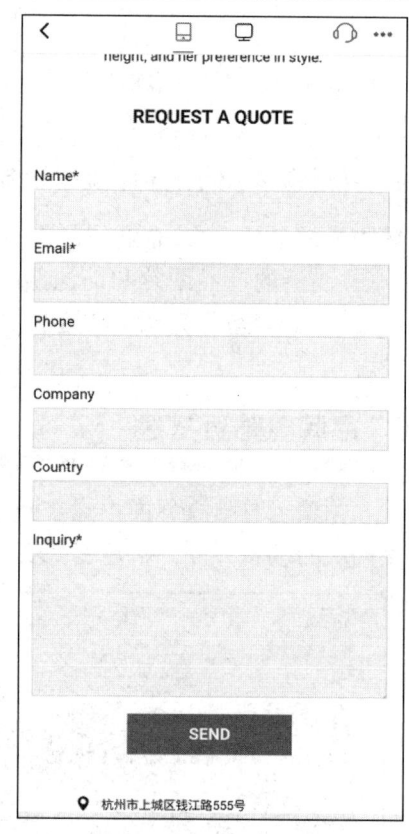

图 7-37 着陆页案例 2

不需要的模块直接删除即可,或者也可以添加新的模块,添加模块操作如图 7-38 所示。

图 7-38 添加模块操作

着陆页建好之后,就是最后一步很重要的步骤——修改域名发布。修改域名发布步骤如图 7-39 所示。

第 7 章 跨境电商品牌出海的机遇和路径

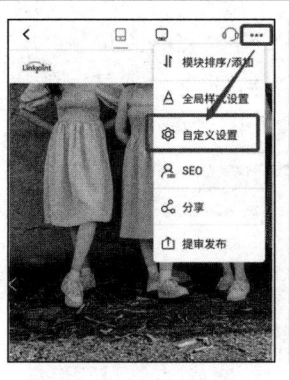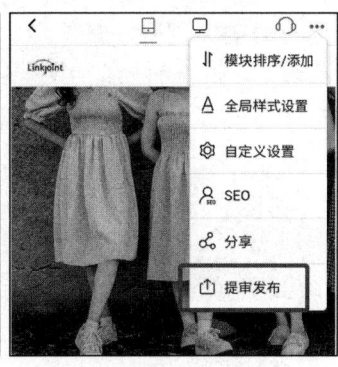

图 7-39 修改域名发布步骤

7.4.7 搜索广告投放和引流

1．项目背景

Lily 负责一家跨境电商的数字营销广告投放，这天她正在海边度假，突然接到领导通知，今天务必要上线搜索广告。但是 Lily 身边没有电脑，又不能"翻墙"，她很着急。于是 Lily 在朋友圈求助，有朋友推荐给她领聚云 App，既可以在手机上操作投放，又不用"翻墙"，正好适合她现在的情况。她决定试试看。

2．解决思路

使用领聚云 App 完成 Google 搜索广告的搭建并投放。

3．操作思路

(1) 进入创建 Google 搜索广告界面，如图 7-40 所示。

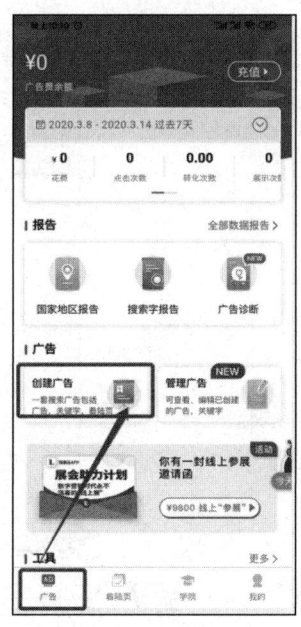

图 7-40 创建 Google 搜索广告界面

141

点击关键字调研，第 1 步选择投放国家和语言；第 2 步输入要投放的关键字；第 3 步搜索；第 4 步选择合适的关键字；第 5 步点击"下一步"；第 6 步设置每个关键字的出价和每日预算后保存，完成关键字调研。创建 Google 搜索广告步骤如图 7-41 所示。

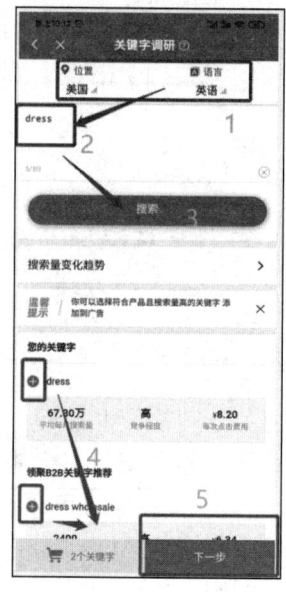

图 7-41　创建 Google 搜索广告步骤

（2）填写广告。按每个空格的提示填写即可，特别注意每个单词的首字母需要大写。填写广告如图 7-42 所示。

（3）填写着陆页链接。

填写着陆页链接如图 7-43 所示。

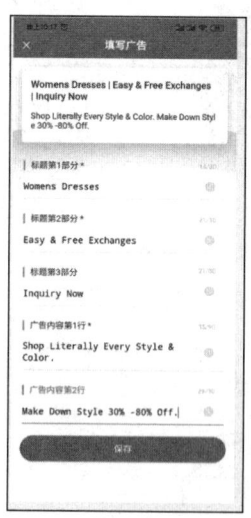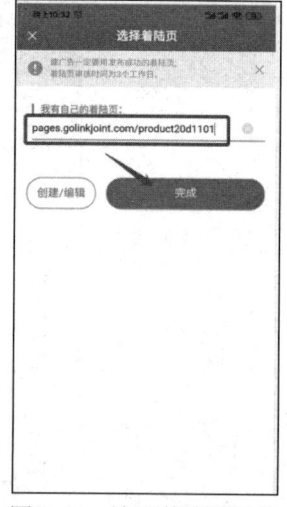

图 7-42　填写广告　　　　图 7-43　填写着陆页链接

（4）点击完成并预览。进入预览界面，确认无误后点击创建广告，Google 搜索广告就建好了。完成并预览和创建广告步骤如图 7-44 所示。

第 7 章 跨境电商品牌出海的机遇和路径

图 7-44 完成并预览和创建广告步骤

7.4.8 品牌出海营销效果检验

进入领聚云首页，在广告页面可以看到广告的投放效果数据：花费 547.92 元，展示了 7.01 万次，点击次数 486 次，获得 1 个转化。点击"全部数据报告"，进入数据详细报告的界面。全部数据报告界面如图 7-45 所示。

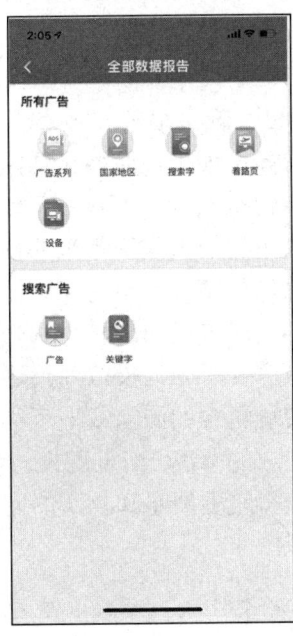

图 7-45 全部数据报告界面

在此界面可以查看到四份报告：搜索字报告、关键字报告、广告报告、国家地区报告，如图7-46所示。

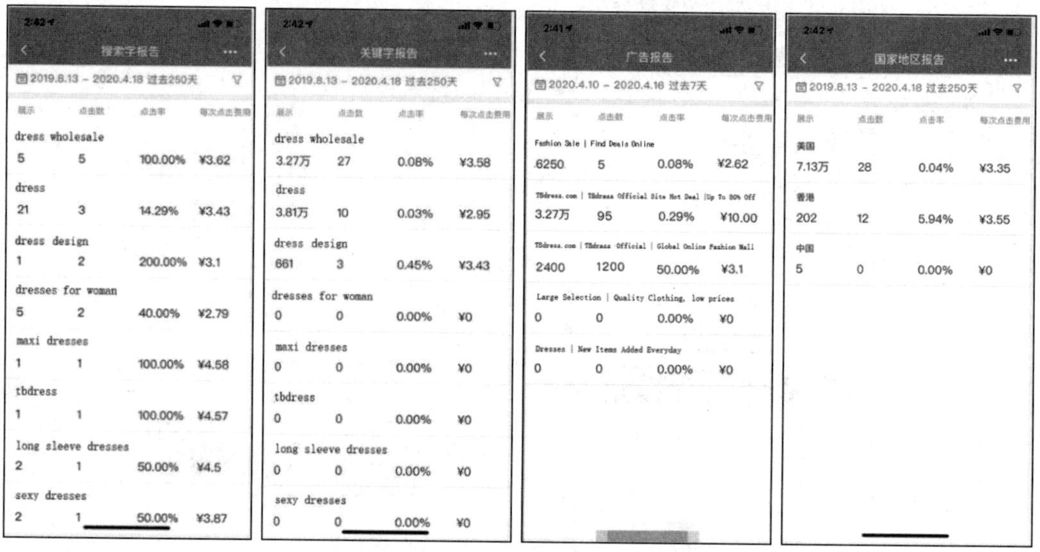

图7-46 可查看的全部数据报告

搜索字报告是广告投放初期最需要重视的一个报告。通过搜索字报告，我们可以进一步了解目标消费者的搜索习惯，从而为优化广告提供最有力的参考。搜索字是潜在消费者搜索产品信息时实际在谷歌搜索上输入的词语或短句。当某人对广告内容感兴趣并点击广告后，他所用的搜索字就会进入搜索字报告。通过浏览搜索字，我们可以判断是否有很多搜索字与产品不相关，或者可以判断这些搜索字的购买意图是否不强烈，之后就可以通过添加否定字的方法来屏蔽这些搜索字。

例如，设定的关键字是"injection mould"，如果有人搜"how to use an injection mould"，那么广告也可能会出现并被点击，这个搜索字就会出现在搜索字报告中。但可以判断此人更想学习如何使用，而购买意图并不强烈，于是可以把"how to"添加为否定字，这样以后有人再搜索相似的内容时，就不会出现广告了。

关键字报告即为不同的关键字带来的搜索量、点击数、点击率和每次点击费用，方便投放以后根据数据筛选更精准、转化率更好的关键字。

广告报告即为不同广告组或广告系列带来的搜索量、点击数、点击率和每次点击费用，用于对不同广告组或广告系列的投放效果进行评估。

在投放的目标市场包含的国家或地区很多时，可以首先通过国家地区报告来了解广告在不同国家或地区投放的情况。当发现投放情况与预期不一致时，就可以做出相应的调整。例如发现某个广告获得较多展示和点击的国家不是产品的主要市场时，可以修改广告系列的目标市场，排除该国家。

【本章小结】

本章首先介绍了跨境电商品牌出海的常见误区、机遇和实现路径，然后重点简述了跨

第7章 跨境电商品牌出海的机遇和路径

境电商品牌出海的路径塑造和路径传播；最后重点分析了跨境电商品牌出海的数字营销工具。

【本章习题】

一、名称解释

品牌出海　DTC品牌　营销三板斧　品牌塑造　品牌传播　数字营销

二、单选题

以下哪个不属于品牌出海的误区（　　）
A. 能走出国门的应该都是大企业、大品牌，小企业没机会
B. 中国品牌与国际品牌的差距仍然很大，不适合品牌出海
C. Orolay品牌出海成功是特例，没有借鉴意义
D. 中国品牌与国际品牌之间的搜索量差距已经缩小，品牌出海正当时

三、简答题

1. 中国品牌出海的机遇有哪些？
2. 跨境电商的主要目标消费者群体发生了哪些明显的变化？
3. 跨境电商品牌出海如何开展路径定位？

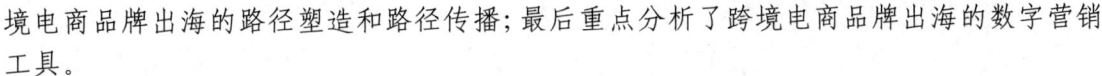

跨境电商品牌出海成功案例——时尚服装品牌ZAFUL

冲击、变数、挑战，几乎是所有出海品牌及企业在过去一年多时间里的关键词。随时可能出现的"未知风暴"、复杂多变的市场环境，不仅让他们原本的计划和业务进展被打乱，同时也在影响着他们的营销策略和具体的营销活动安排。但在不确定的环境下，仍有不少出海品牌及企业展现了旺盛的生命力，获得了明显的增长。他们在应对变化，跟随新趋势蜕变，反而探索出了一片新天地。

当国内大众都关注着仅次于亚马逊，成为最受青少年喜爱电商网站的SHEIN时，中国快时尚跨境电商的另一巨头ZAFUL也在SHEIN的光环下快速成长了起来。连续三年登上BrandZ中国全球化品牌50强榜单，排名已超京东和比亚迪等知名品牌，ZAFUL成为仅次于SHEIN，排名第二的中国时尚出海品牌。根据媒体数据，ZAFUL在海外的社交媒体矩阵中拥有超过1500万粉丝。截至2019年底，ZAFUL拥有3986万注册用户，2300万月均活跃用户，90天复购率达到了42%，其母企业跨境通预计2020年营业收入高达165亿～175亿元。

仔细分析来看，无论是品牌理念、产品定位还是营销策略，ZAFUL都与SHEIN有着异曲同工之处。

品牌初定位：

ZAFUL 的品牌定位上与 SHEIN 有着异曲同工之处。成立于 2014 年的 ZAFUL，最初选择了成本低、利润丰厚且复购率极高的泳衣品类进军欧美市场。目前 ZAFUL 在中国泳装出口品类中居于首位，泳装是该品牌的明星产品。对于 ZAFUL 品牌来说，在成立之初就选择泳衣这一细分品类不得不说是明智的。

首先，宏观市场环境分析来看，泳装消费市场稳定。泳装的出口市场以欧美国家为主，这些地区的消费者消费水平高。其次，欧美休闲旅游产业发达，女性消费者多选择海边度假，她们热衷于通过泳衣展现自己的身材，追求潮流和个性，并且对于她们来说泳衣是更新周期短的快速消耗品。然后，欧美国家虽然有满足女性消费者泳装需求的产品，但是价格普遍偏贵，而对于中国出口企业来说，强大的供应链是企业的资本，企业拥有价格优势，因此单价不高、款式多样、凸显时尚潮流的快时尚泳衣更能满足欧美消费者的个性化需求。我们可以看出，在品牌发展初期，ZAFUL 采用了类别定位策略，通过市场的分析与评估，将品牌和某些特定的产品种类联系在一起，建立联想关系。

品牌战略：

跨境电商品牌的定位应是一个不断完善、发展的过程，也要因时制宜，在品牌定位不能满足市场新变化时，要及时做出调整或补充。在掌握市场信息及海外市场的发展之后，ZAFUL 将品牌定位于"超快时尚"，凭借"价格便宜但款式多样"的风格标签，切入了 ZARA、HM 等快时尚品牌尚未触及的蓝海，以 Dresses 裙装作为第一品类切入女装市场；市场得到巩固后发展为 clothing 大品类，涵盖女装、裙装、上装、下装等女性服饰各个方面；随着市场的不断发展，针对不同人群，切入了泳装和大码等空缺细分人群品类；随着市场占有率的不断提高，品类线不断扩充，覆盖了男性、女性、儿童三大人群市场，其中衍生出美妆，家居，宠物等相关产品线，最终发展成为一个全品类、覆盖所有消费者人群购物需求的一站式跨境电商平台。

（资料来源：罗婕，中国快时尚服装品牌跨境电商运营模式及优化策略研究。）

根据以上案例分析下面的问题：

1. 从 ZAFUL 品牌发展历程上可以学习到哪些品牌出海的成功经验？
2. 跨境电商品牌 ZAFUL 在品牌出海过程中为什么要进行品牌战略调整？

Chapter 8

第 8 章　跨境电商品牌的社会化媒体营销

【本章要点】

- 社会化媒体营销
- 微博营销
- 短视频营销
- 直播营销

【引导案例】

Great Shopee 促销月

东南亚领先的电子商务平台 Shopee 在 2020 年 9 月 10 日正式宣告,于下半年举办的首个大型促销 9.9 超级购物节顺利结束。促销的第一个小时,通过大型娱乐活动和重大折扣,销量超过了 1200 万件。除此之外,跨境电商销量始终保持着较为迅速的幅度增长,其中时尚搭配、3C 电器、美容和皮肤护理、家庭生活和女装位列跨境电商最畅销的五个类别。

Shopee 9.9 超级购物节是 2020 年下半年东南亚经济复苏的重要推动力之一。促销期间所倡导的三个"超级引擎"极大地提高了品牌合作伙伴同 Shopee 商家两者的知名度及销量,促销当天每分钟售出多达 700000 件产品。Shopee 所具有的功能完善的生态系统使得即使在高峰交易时间也能使购物保持稳定和顺畅。Shopee 的集成物流网络使商家和品牌合作伙伴能够更快地完成发货,并且消费者可以借助 Shopee 的多种付款方式,其中主要包括其自己的移动钱包(Shopee Pay),进行便捷并且高安全性的付款。

东南亚的大多数消费者能够借助 Shopee Live,与本地的很多名人、商家和品牌进行积极交流互动。到了大型促销当天,零点倒计时直播和长期的"马拉松"直播使平台用户观看 Shopee Live 的总时间提高了三倍之多。除此之外,Shopee Live 还针对消费者提供了一种新方法,可以洞悉潮流发展的趋势。在大促销期间,借助直播的方式,销售的产品数量提高了 2.5 倍。中国的 Shopee 海外企业提供了"一站式跨境解决方案",以帮助中国的跨境电商在 9.9 超级购物节上创下新纪录,继续优化渠道中的所有节点。3C 家用电器、家庭生活、时尚配饰、美容和皮肤护理和女士服装是跨境电商最畅销的前五名产品。此外,Shopee 在新常态下的重大影响使更多的国内产品进入并专注于东南亚市场,大规模促销活动不仅吸引了许多跨境电商,而且吸引了许多选择 Shopee 作为各个阶段的海外战略登陆点的中国品牌。

9.9 超级购物节正式吹响了东南亚地区年终购物季的号角。这也表明 Shopee 在新的标准下已经开始深化其在东南亚的未来电商生态。Greet Shopee 促销月有一个娱乐购物引擎，借助其功能强大的应用程序内游戏矩阵，大多数东南亚消费者一方面能够在 9.9 超级购物节期间全天 24 小时享受大型在线娱乐活动，另一方面还能够获得特殊的游戏奖励。以最热门的东南亚植树游戏为例，在 9.9 超级购物节期内，东南亚消费者邀请他们的朋友给"虾园"浇水 2.5 亿次，从而获得了在购物时能使用的各种折扣。

（资料来源：杜雪纯，跨境直播带货营销模式研究。）

8.1 社会化媒体营销概述

8.1.1 社会化媒体营销的概念

什么叫做社会化媒体营销？社会化媒体营销就是通过第三方的网络平台，例如社交互联网、在线平台、微博、微信、抖音、小红书、大众点评等，与网络媒体共同向公众传递品牌的信息，公布品牌的活动和品牌的新闻。社会化媒体营销的功能有三，第一扩大销售，第二协调公关，第三维护客户关系。维护客户关系也是一种新的市场营销渠道。我们常见的社会化媒体营销工具包括网站、论坛、微信、微博、图片与短视频等，还有就是利用自媒体系统或者构建用于在线咨询和交易支付的媒体平台。所谓的社会化媒体营销，就是在既定的范围中体现出企业与消费者的互相沟通这个互联网特征，并且以交流沟通为最终的指导方向，同时遵循公开、规范、科学的原则，所进行的一系列商业性的营销内容。

社会化媒体营销的主要内容包括以下三方面。

1. 在社会化媒体平台上创造有价值的新闻吸引消费者参与互动讨论，利用消费者之间自发性的病毒传播形成广泛传播。

2. 利用各种社会化媒体平台，多渠道投放有趣、有吸引力的内容进行品牌宣传，扩大品牌知名度。

3. 利用社会化媒体平台开展客户关系维护，尊重消费者，利用与消费者之间的平等性，体现"以人为本"的营销理念。

8.1.2 社会化媒体营销的特点

1. 参与性

其概念就明确说明它是以社会化媒体为载体而形成的新营销方式。因此，社会化媒体营销也被互联网时代赋予了开放、透明、便捷的特点，消费者能够全面观察并完整地参与企业的营销过程。从产品研发的意见征集，到具体实施过程中的反馈和分享，消费者在营销过程中都扮演了重要的角色。

2. 双向沟通性

传统的营销路径，一般来讲是由企业作为信息传播方，消费者作为信息接受方的，呈现出单向性的特点。通常来讲，是企业将内容传递给消费者，因此时效性会受到一些客观因素的影响。相较于前者，社会化媒体营销可以适当减少主体间这种传播延迟性。作为消费者，能够通过媒体介质与企业进行即时对话，对产品或服务进行反馈。这也有助于企业在第一时间给予反应，在最短的时间内调整自己的营销策略。

3. 消费者导向性

Facebook、Twitter 是社会化媒体平台的"风向标"，随着互联网技术愈加成熟，该领域内的媒体类型愈加丰富。营销理论在市场经济发展的长河中，逐渐由 4P 转向 4R，消费者一方的意愿和需求是否得到满足开始成为衡量一家企业成功与否的指标之一。互联网时代，通过大数据、云计算等新兴科技手段，企业可以借助社会化媒体平台，精准地捕捉热点和消费者需求，有针对性地调整营销策略。

4. 传播性

社会化媒体在很大程度上调动了消费者的参与积极性。这种新兴的媒体传播方式将引领一波新的潮流，因此企业在进行社会化媒体营销时要关注传播性所带来的作用，加大在优质平台上的投入，通过其形成良好的口碑效应和消费者体验。

8.1.3 社会化媒体营销的价值

社会化媒体营销能够增加企业与消费者、消费者之间的互动交流，扩大企业营销信息传播覆盖面，方便消费者自我生成内容、表达个人需求和价值观，总体而言对企业价值巨大。

1. 社会化媒体营销有利于增加企业的经济收益

经济收益体现了企业的财务绩效，以销售收入、成本和资产回报率等一系列和企业财务直接相关的变量来衡量。相比传统的电视广告等营销渠道，社会化媒体具有低成本的显著特征，它能以较低的成本，达到广泛传播的效果，性价比较高；此外，社会化媒体能改变消费者对产品和对企业的态度，增强消费者的购买意愿。

2. 社会化媒体营销有利于企业与消费者建立良好关系

如何保持与消费者的良好关系是企业可持续发展的核心，企业开展公共关系营销等活动，都是为了与消费者建立长期的良好关系。社会化媒体作为最受消费者喜爱的营销沟通方式，能够帮助消费者表达个人需求，及时反馈意见和建议，为消费者与企业互动提供十分便捷的平台。社会化媒体是消费者分享信息与价值、形成品牌社群的理想平台。品牌社群具有重要的战略意义，社群内消费者的交流比企业与消费者的沟通更为有效。

3. 社会化媒体营销有利于积累品牌资产

品牌的构建不是一蹴而就的，是企业长期经营打造的，因此品牌的塑造是一个长期的动态的过程。社会化媒体为消费者和企业互动提供了开放式、跨时空的平台，使不同利益相关者(如消费者和员工)的合作变为现实。企业不同的利益相关者可以通过虚拟社区参与品牌的价值共创过程，这有助于品牌资产的积累。

8.1.4 社会化媒体营销的优势

在社会化媒体营销的过程中,企业不仅可以进行营销及销售管理,还可以通过社会化媒体平台处理和维护公共关系和客户关系。借助社会化媒体平台的高度开放性和社区性,企业可以一对一、一对多和多对多等方式与消费者展开互动,及时创造出能够充分吸引消费者参与的有传播价值的营销内容。营销内容可以用图片、视频或者直播等方式呈现,激发消费者参与互动与转发的热情,吸引平台用户的广泛参与。消费者的自发参与性使社会化媒体营销具备以较低成本获得较高营销效果的能力。

相对于传统媒体营销而言,社会化媒体营销具有以下优势。

1. 传播方式更为平行

传统媒体营销以企业为主导,其传播方式是自上而下的单向传播,企业和消费者处于主导和被主导的关系之中,消费者只能被动地接受企业所传达的信息。而在社会化媒体营销中,营销的社交属性得以加强,平台用户和企业之间的沟通是一种双向的沟通,二者之间是平行的关系。

2. 传播速度更为高效

传统的营销方式需要进行大量的筹备、铺垫,消费者只有在特定的情形下才会接收到这些信息,企业接收到这些内容的反馈时效也相对滞后。而随着社会化媒体营销的不断兴起,企业可以随时随地在这些平台上更新产品信息、促销活动等内容。消费者则能够更便捷地从网络中获得品牌及产品的相关信息,并可以通过社会化媒体平台分享自己的使用感受和心得。此外,企业还可以实时获取消费者的反馈,与之进行有效互动。社会化媒体营销使得企业营销的速度变得更加高效。

3. 营销成本更为低廉

在传统媒体营销中,企业从广告的筹备、文案撰写、素材制作、广告拍摄到媒体端的呈现,都需要投入大量的人力、物力、财力,成本消耗较高。随着互联网技术的高速发展和社会化媒体平台的快速崛起,企业可以利用平台大数据服务精准地定位消费者的喜好,从而进行有针对性的定向的营销,省去了传统媒体营销中大量资金、设备、人员等方面的耗资,节约营销成本。

4. 社会化媒体营销有利于积累品牌资产

在传统媒体营销中,传播都是以一种"广播"的形式从中心向四周传递的。而在社会化媒体营销中,得益于多方的参与互动,传播是交错纵横又相互联系的。无论是企业消费者还是个人消费者,一旦其发布的信息引发其他消费者的共鸣,他人就可能自发进行转发传播,从而使信息在更加广泛的范围传播。

8.1.5 社会化媒体营销和传统媒体营销的区别

首先,社会化媒体营销具备了传统媒体营销的大多优势的同时,更具有其他传统媒体营销不具备的优势。在传播过程中，传统媒体营销是一种垂直化的自上而下的沟通，这种沟通具有滞后性，企业必须提前选定消费者，并且提前制作好传播内容，而消费者只能被动接受。这表明在传统媒体营销过程中，企业往往占据了主动地位，消费者只能被动接受企业的营销内容，并且这种传播方式是自上而下单向传播的，具有一定的限制性。

而在社会化媒体营销中，社交属性得以加强，这种社交属性具备了自发性、社区性。随着社会化媒体成为仅次于移动新闻客户端的用户获取资讯的第二大渠道后，社会化媒体营销正式进入了主流营销行列。随着越来越多的用户从 PC 端转移到移动端，这种社交属性更加瞩目。在社会化媒体营销传播的过程中，消费者和企业之间的沟通是一种双向的沟通，这种双向的沟通同时具有零散化的特点，不是以往传统媒体营销的那种刻意的沟通。更大的区别是，传统媒体营销的信息仅限于在企业和消费者之间自上而下的沟通，而在社会化媒体营销中，这种沟通是水平化的、平等化的，并且不限于企业与消费者之间，更多的是消费者与消费者之间。因此，社会化媒体营销和传统媒体营销对比而言，最根本的区别就在于是否能够双向沟通。

社会化媒体营销和传统媒体营销并不是相互排斥、前者取代后者的关系，而是一种相互融合，前者是后者的发展的关系。将传统媒体营销同社会化媒体营销互补结合，将为企业带来更有效的营销效果。在两者结合的企业营销模式下，社会化媒体营销可以利用传统媒体营销来解决规模投放问题，使社会化媒体营销从线上走向线下，可以使营销活动更具有影响力。

社会化媒体营销与传统媒体营销的差异如表 8-1 所示。

表 8-1　社会化媒体营销与传统媒体营销的差异

	社会化媒体营销	传统媒体营销
传播方式	直接、公开、双向、水平	间接、垂直、单向
传播对象	人—人的多维人际关系	企业—人
传播速度	快、及时、高效	较慢、滞后
传播成本	较低	高
传播风险	复杂、需要数据支持	低

8.1.6　跨境电商品牌社会化媒体营销存在的问题

中国跨境电商发展迅猛，全球领先。跨境电商已经从低成本竞争转向了差异化竞争，品牌建设与发展成为跨境电商关注的热点，跨境电商企业纷纷加强品牌建设。2019 年 1 月 1 日，《中华人民共和国电子商务法》出台，涉及电商纳税、营业执照、交易规范等多个方面，进一步加强了对跨境电商市场的规范。艾媒咨询发布的《2021 中国跨境电商发展趋势专题研究报告》提出，双线融合发展、直播带货、传播社交化逐渐成为跨境电商行业发展的新趋势。艾媒咨询数据显示，在规范化加强的背景下，跨境电商交易规模将大幅增加。

社会化媒体营销是以新媒体平台为传播和购买渠道，把相关产品的功能、价值等信息传送到目标消费者的心里，以便形成记忆和喜欢，从而实现品牌宣传、产品销售目的的营销活动。社会化媒体营销的一大显著特点就是，以内容为核心，具有交互性、共享性与独特性。社会化媒体营销是多种渠道整合营销，也可以与传统媒体营销相结合，形成全方位立体式营销。跨境电商品牌的社会化媒体营销指的就是用各种数字化形式对跨境出口电商、跨境进口电商、传统外贸、国际市场等的信息进行传播，包括微博营销、短视频营销、直播营销等。社会化媒体营销使消费者获得信息更为高效、快捷、便利，消费模式、思维与生活方式与以往完全不同。首先，社会化媒体营销突破了传统传播媒介在时空上的限制，提高了跨境电商平台信息传播的效率。社会化媒体营销有声音、文字、图像、视频等多种传播形式，并且其内容能够复制和长期保持，通过微博、Twitter、微信等即时的传播方式，让消费者无论身处世界任何地方，都能了解到企业和产品的相关信息，还能实现商家和消费者的高效互动，增强了消费者对企业和产品的信任，使跨境电商品牌的相关信息实现了在全世界流通，形成更大的社会影响力。其次，社会化媒体为跨境电商品牌的营销提供了新的途径。

社会化媒体营销带来的信息传播方式的改变，是营销模式的创新，改变了跨境电商品牌及企业与消费者沟通方式的改变，让消费者与企业能够实现更为直接的沟通，同时更直观的传播方式也为定制化等新型生产方式的发展提供了机遇。但是社会化媒体营销环境相对复杂，庞杂的网络信息难以控制，一些信息存在误导和虚假，这些会对跨境电商品牌造成消极影响；受众的广泛性与复杂性增大了跨境电商进行社会化媒体营销的难度，让社会化媒体营销更有挑战性。

1. 缺乏精细化营销系统设计

众所周知，近年来我国与周边国家形成了完整的产品营销产业链条，这种连带性的国家发展战略并非简单的产品买卖，而是品牌的推广与营销。但是很多企业看中了跨境电商的"风口"，并没有对其深入研究，只是在追求一时热度，忽略了营销过程的系统性，因此并没有根据品牌结构体系进行设计，产品与品牌之间缺少关联性。随着各大企业和厂商不断涌入这个行业，市场的竞争也愈加激烈，缺少系统设计的营销模式会使得消费者对品牌逐渐失去信心，从而追求低价，那么在一定程度上就会激发市场牺牲质量而进行价格战，这对市场的良性发展有重要的影响。

2. 线上与线下营销没能形成统一性

随着社交电商的火热，线上出现了很多线下没有的品牌，很多企业在竞争中都刻意要营造出自家产品高端的形象，这样忽略线下的发展模式存在着巨大隐患。在初期发展阶段，消费者可能会对跨境购物比较盲目，但是随之而来的是线下体验和服务配套无法跟上，那么消费者也就有了自己的判断，这将导致消费者忠诚度直线下降。另外部分产品线上线下的价格和品质不同，也会让品牌形象严重受损。

3. 社会化媒体营销的内容过于粗犷

社会化媒体进行的跨境电商营销在很大程度上要依靠网络的信息传播渠道，也就是产品内容的转发、互动，因此跨境电商企业最为看重的也是网络讯息的内容和质量。营销内容在很大程度上需要营销团队和美工团队相互配合，但是很多企业并没有注意研究消费者的购物心理，单纯追求精美的画面和信息传播数量，在内容上的"千篇一律"造成了消费者的审美疲劳,随着时间的推移也无法吸引更多消费者的眼球。营销内容不是网络段子,而是营销过程中的重要环节,要更多地挖掘潜在消费者的真实需求,将品牌优势与市场需求相结合才能迎合消费者。

8.1.7 跨境电商品牌社会化媒体营销的策略

1. 建设精细化社会化媒体营销系统

社交网络为我们提供了一个广阔的平台,我们需要在自己品牌系统的基础上不断探析消费群体的需求和心理变化,然后依据这些数据和分析结果不断细化市场,根据不同地区、不同文化和品牌优势,整合当前的品牌系统内跨境电商社会化媒体营销方案,加强对消费者的需求分析,加强产品的差异化营销管理。在新鲜事物的冲击下消费者的前期必然会有冲动消费的因素,而逐渐转变为理性消费后,我们所建设的精细化社会化媒体营销系统将会起到重要作用,让消费者与品牌/产品形成一个合理的闭环体系,进而提高消费者忠诚度,为企业的发展奠定坚实基础。

2. 注重品牌价值的传播一致性

品牌的特点就是向外界传递一个信号,我们的产品具有自身的特点,品牌的价值是企业在多年的发展中树立的形象,现代商业社会中品牌不仅包括了产品自身的价值,还包括了服务内容和服务质量,因此我们在打造品牌价值的时候需要注重多个环节的体验感。我们在进行品牌传播过程中要体现价值的一致性,很多时候消费者是我们的传播过程中的重要"中间介质",假设消费者并不了解产品,但是在使用或被服务过程中有了良好的体验,那么消费者自然会转变成信息传播者,同理,消费者体验感不好也会将消极信息进行传播。因此跨境电商品牌社会化媒体营销中,我们必须注重品牌价值的传播一致性,不能弄虚作假、更不能颠覆自身的品牌价值与宣传口号,要将品牌价值统一贯穿售前、售中和售后的各个环节。中国的品牌因为物美价廉的优势已经在国际市场上取得良好的口碑。随着我国跨境电商的相关政策不断完备,我国将开拓更加广阔的市场,仅凭低廉的价格作为竞争优势已经远远不能够适应变化莫测的国际市场要求。为了满足海外进出口条件要求,跨境电商在进行产品研发之时要提高自己的产品质量标准,同国际质量要求接轨。实现我国本土品牌的国际化,打响我国品牌的品牌效应,让中国的品牌能够融入国外的市场,赢得国内外消费者的好评,从根本上推动我国电商的国际化发展。

3. 构建多元化跨境电商营销内容

很多电商营销从业人员都会注意到一个问题,某个品牌或者某个产品都有一个"热度期",过了这个时期,可能消费者的追求度就会逐渐降低,那么让品牌保持热度的最重要方式就是采用"多元化"的营销模式。社会化媒体依托网络及软件,这有别于传统媒体。社会化媒体本身具有内容创新渠道,因此给了我们更多的营销空间,在前期发展中要注重产品价值与品牌价值的双重引导和打造,但是在后期发展中要考虑到创新多元化的发展路径,对营销内容不断翻新和丰富,结合产品本身的使用技巧进行营销,让产品在消费者心里保持新鲜感，与此同时还要注重价值导向的思想灌输，让消费者可以通过不同的画面联想到产品，以此达到跨境电商营销的多元化发展。

4．优化产品定价策略

跨境电商在进行定价时的重点在于产品的实际成本需要、市场的总体价格区间和消费者对于同一产品能够接受的心理价格预期这三方面的有机结合，以确保产品的销售额提升，带来更多的收益。优化产品定价策略可以分为以下两个方面。

（1）时间基准

以时间为参考依据，分析在不同的时间节点价格的变化，依据产品实际成本的上下浮动调整产品的实际价格。如果政府或者合作商有较大的红利福利待遇，可以适当地降低产品的价格；当出口政策不利于出口、销售量降低时，可以适当地提高产品的实际定价。我国的进出口贸易因为自身的性质，很大程度上会受到国内外政策的影响，这关系到销售额及产品的定价。

（2）结合产品的成本进行定价

跨境电商产品的成本在很大程度上决定了其市场价格，这个成本包括原材料的价格、人工劳动力成本和产品运输价格等，随市场实际情况上下波动。在进行跨境电商产品定价时要根据以上参数结合企业实际情况和实时市场动态进行灵活的定价。

5．升级产品的售后服务

因为缺少实体，在进行跨境在线交易的时候会给消费者带来售后服务不到位的担忧。一旦出现产品的质量问题，消费者进行维权维修存在一定的困难与不便，而且因为需要跨越国境，产品返厂维修、维权的成本过高，这些问题都制约着我国跨境电商的现实发展。为了提高跨境电商的销售量及实现跨境电商事业的进一步发展，势必要升级产品的售后服务。具体可以采取的措施有，建立海外售后服务站点，在跨境电商集中办事处地区建立起可以为当地消费者提供售后服务的站点，重点集中处理消费者遇到的问题，消除消费者对购买产品产生的担忧。其次是为消费者提供售后服务运费险的服务。跨境电商进行产品售后服务困难的最主要原因是产品需要经过漫长的运输才能到达目的地。提供运费险服务可以有效地降低运输成本，解决消费者维权最困难的问题之一。

6．优化出口通关，构建信息共享平台

当前我国的关税规定还存在发展滞后、规则不完善的缺点，这严重制约了我国跨境电商的进一步发展，阻碍了跨境电商进一步开拓国际市场。缺乏完整的流程支撑给跨境电商的出口发展带来了不便。这就需要国家发展一定政策配合，跨境电商自身也需要总结一套适合自己的完备的通关税率处理对应办法，科学合理地形成信息共享平台。我国目前已经相继在多个城市和地区建立了跨境电商试点地区，其中包括上海、广州、杭州、重庆等城市，并且在这些试点地区结合地方跨境电商的实际情况制定了相适应的创新性出口通关税收方法和完整的退税流程。海关及相关的政府部门需要帮助企业集中进行报关或者采用电子报关的方式提高工作效率。再简化跨境电商的报备出口税收相关手续办理流程，方便跨境电商获得相关的法律文书，在提高政府税收部门的工作效率的同时还可以节约人力物力成本。此外还需要进行互联网信息共享，将跨境电商的出口通关退税等信息及时共享公示在互联网信息平台之上，实现物流企业、跨境电商、第三方监管平台的信息互通。

8.2 跨境电商品牌的微博营销

随着网络技术和移动智能设备的迅速发展，微博成为了人们日常生活中一个重要且不可缺少的社交平台。微博营销是指企业或个人通过利用微博平台，进行信息发布、传递和交换等一系列活动。微博营销打破了传统社会空间限制及时间和地域上民众相互交流的局限性，发展迅速。

微博营销是跨境电商品牌经常采用的一种营销方式。在价格战中，微博营销有很强的策划性和引导性。经过微博实名认证的知名跨境电商品牌发博文的煽动性和感召力更强，造成的社会影响更大。稳步拓展渠道，坚持"全渠道"营销，培养优秀的核心团队并探索和实施最优的发展模式，这在微博营销中很重要。在价值和应用方面，微博营销是跨境电商品牌开拓市场的重要营销手段，每位微博用户都是企业的现实或潜在消费者，通过微博，跨境电商品牌可以和消费者建立起快速沟通渠道。微博营销不仅可以及时满足消费者的需求，更是各大跨境电商树立品牌、传播资讯的有效手段。

8.2.1 微博营销的类型

微博营销以微博社交平台为媒介，为个人、企业或行业资讯创造流量变现价值，主要有以下几种类型。

1．名人微博营销

因为相较于普通人的微博，名人的微博用户关注度较大，且用户信任度较高，名人微博营销具有显著的优势。名人微博的受众广泛，名人通过微博与粉丝互动，使微博能够获得更高的转发量、评论量，进一步提升微博信息的传播范围，达到营销目的。相较于其他营销手段，名人微博营销的成本更加低廉，名人能够通过低成本的营销获得更高的商业价值。

2．企业微博营销

企业微博营销主要用于企业宣传和产品宣传，以微博平台为介质，利用较强的互动性，向微博用户传达企业相关信息，与用户即时沟通，建立友好的客户关系。在此基础上，企业可以迅速扩大民众覆盖程度，将粉丝转化为营销对象，最终达到营销目的。目前，几乎各行各业的领军企业及中小企业均已加入微博。

3．机构微博营销

机构微博营销能够全方位地向社会发布机构信息、传递发展动态及各类知识。微博良好的互动机制，使微博用户和机构之间形成互动体系，用户能够及时获得需要的信息。机构类官方微博的营销，使话题和信息的传播范围更大，双向的沟通也使机构的发展更满足大众需求。

4．影视综艺微博营销

目前微博营销中，影视综艺作品营销占据各类微博营销大部分板块。许多影视综艺作品通过微博的评论与转发，实现了票房和收视率的增长。各类剧情片段、预告成为营销内容，通过让用户不断阅读新鲜精彩的各类资讯，使其对作品产生兴趣，从而保证影视综艺作品的收视和票房。

8.2.2　跨境电商品牌微博营销的特点

1．注重长期

跨境电商品牌利用微博进行营销主要就是为了吸引到更多的粉丝，并且将这些粉丝转化为跨境电商品牌的目标消费者，更进一步地使消费者能够信任跨境电商品牌。微博能够让跨境电商品牌更近距离地与消费者进行沟通交流，并为消费者提供帮助，以此来发展潜在的忠实消费者。

2．注重服务

微博是一个社交平台，跨境电商品牌在进行微博营销时不应功利地将微博转化为自己的促销平台。如果跨境电商品牌利用微博进行大量的促销宣传而忽略了微博信息应该更有趣、更实用，则会失去目标受众。

3．注重互动

可以及时获得反馈信息。微博作为跨境电商品牌与消费者之间直接沟通的平台，可以较好地起到媒介作用，使跨境电商品牌能够直接倾听消费者的意见和建议，以及消费者对跨境电商品牌产品的使用反馈和未来预期，便于跨境电商品牌收集第一手资料与消息，从而通过调整阶段性目标和战略来稳定市场份额和达到消费者预期，并在互动过程中将跨境电商品牌良好的态度和形象传播出去，形成口碑效应，升华跨境电商品牌形象，将更多的跨境电商品牌微博粉丝转化为实际消费者，增加消费者与跨境电商品牌产品之间的黏性，提高消费者的忠诚度。

4．注重质量

跨境电商品牌在进行微博消息发布时，并不能一味地强调发布的数量，而应该更多地将重心放在怎样有针对性地发布能提升粉丝兴趣的信息上。

8.2.3　跨境电商品牌微博营销的优势

1．低准入门槛、低成本

与传统媒体如电视、报纸等相比，微博营销的经济性较强，仅需前期一次性投入，后期的维护成本较低，但跨境电商品牌若想生产出吸引眼球的高质量博文内容，仍需进行持续的投入，且内容越精良，所需耗费的人力物力就越大，但相比传统媒介仍然是较具经济性的；对跨境电商品牌而言，投入巨大资金的传统广告式营销有时效果不明显，而微博营销有效地缓解了这一问题，使跨境电商品牌可以通过持续输出高质量内容将品牌形象与产品营销出去。微博营销的准入门槛较低，跨境电商品牌仅需注册微博账号即可进行商业营销，相比传统广告式营销烦琐的审查程序，微博营销更有效率，更容易及时跟进社会热点现象进行营销，极大地降低了跨境电商品牌的营销门槛。

2．创意空间大、易操作

微博营销可以利用丰富的多媒体技术，以文字、图片、视频、直播等多种形式呈现，全方位介绍产品的各个特性，使消费者能充分了解；同时，跨境电商品牌微博营销运营团队可以借助丰富的多媒体技术充分展示自身的创意，用生动的图文内容打动消费者，而非进行传统灌输式的呆板乏味营销。

3．传播速度快、影响范围广

微博营销广泛的影响力得益于微博巨大的用户基数，新浪微博2018年财报显示，截至2021年12月，微博月活跃用户达到5.66亿、日活跃用户达到2.46亿，这一数字还在持续增长，极其庞大的用户活跃基数对微博营销的迅猛发展产生巨大的推力。只要在世界上任意地点接入互联网，用户就可在手机端、计算机端及其他移动端实时浏览微博信息，再加上众多粉丝群体的关注和微博名人效应，微博信息流可在短时间内被迅速阅读、转发，信息呈指数式扩散，拥有极大的影响深度与广度。

4．定位精准

人群兴趣标签与地域区分精准，大量自媒体、美妆博主、本地热门用户入驻微博，使得微博用户区分更加明确，基于黏性用户，提高品牌曝光率，达成用户情感上的共鸣。依靠微博上的大数据分析，可以收集到用户活跃状态、对各类话题的参与度及微博互动情况、账号关系等社交行为数据。实施起来简单便捷，运营和推广成本低，性价比和容错率高，为跨境电商品牌提供更丰富的数据标签选择，使跨境电商品牌产品形态和产品投放更加精准。

8.2.4　跨境电商品牌微博营销的目标

跨境电商品牌微博营销的目标是增加自身的知名度，最终能够通过推广产品，获得一定的利润。跨境电商品牌进行微博营销时，应当建立起自身的粉丝群体，长期与粉丝保持沟通交流，定期对产品进行宣传，获得忠实粉丝，形成互动交流平台，逐步打造具有一定知名度的跨境电商品牌。

1．品牌知名度提升

基于营销对产品进行内容策划，将跨境电商品牌和产品面向受众进行宣传，这是长久持续的过程，受众只有在持续的跨境电商品牌产品宣传中，才会最终接受跨境电商品牌产品，跨境电商品牌可借势于微博营销，面向世界打响跨境电商品牌知名度，增加曝光量。

2．优质品牌印象打造

加强品牌管理，重视产品质量、服务质量和社会大众的需求，做好公共关系维护和广告推广。热心公益，表达情怀，向社会传播正能量，提高品牌影响力，打造跨境电商品牌形象，为后续开拓市场提供品牌支撑。

3．品牌目标市场耕耘

优化资源配置，充分利用品牌资源，通过微博这个载体，将创造性元素融入营销过程中，对现有目标市场进行深度覆盖，通过"宣传+用户互动"提升跨境电商品牌好感度，提高市场占有率。

8.2.5 微博营销对跨境电商品牌传播的影响

1．通过大量转发，扩大跨境电商品牌的影响力

在微博营销的过程中，转发内容能够促成注意力经济的形成。实际上，这也是一种名人效应，名人效应对于品牌传播常常带来的是几何级的传播效果，能够辐射越来越多的人群，从而给跨境电商品牌带来日积月累的影响，提高产品销售量。

2．与消费者进行良性互动，塑造跨境电商品牌形象

微博能够实现跨境电商品牌和消费者之间的直接交流和沟通，跨境电商品牌也能够在微博上有效追踪消费者对服务的反映，了解消费者的实际反馈，从而通过提升服务质量，实现产品的增量销售。在与消费者进行互动的过程中，跨境电商品牌的形象也能够更为广泛地传播出去，在消费者心中留下更深刻的印象。

3．利用微博处理自身的危机公关

微博平台不仅是跨境电商品牌展示品牌形象的舞台，也是跨境电商品牌危机公关的有效手段，由于微博平台用户人数众多，所以微博也已经发展成为庞大的舆论中心，跨境电商品牌遇到危机公关问题时，可以通过微博在第一时间发布正确信息，对危机事件进行有效处理。相比于传统的危机公关处理方式来说，微博能够更为高效、公开、透明地处理消费者的疑惑和误解，从而减少危机公关对跨境电商品牌造成的损失。

8.2.6 跨境电商品牌的微博营销策略

1．注重话题的新颖度和创造性，利用优质的内容来打造跨境电商品牌

由于微博上信息众多，消费者的注意力很容易被五花八门的信息所分散，所以在进行品牌营销的过程中，跨境电商品牌应当注重话题的新颖性和创造性，让消费者能够在海量信息中关注到自身产品的特征，这样才能促成大量的转发，实现品牌营销的目的。为了更好地找到消费者的兴趣点，跨境电商品牌微博的运营者需要多倾听粉丝的需求和心声，然后运用好看的图片和动人的故事进行品牌宣传。在宣传的过程中，优质内容同样需要沉淀下来，这样有利于后续继续吸引粉丝，增加粉丝对跨境电商品牌的黏性。在产品宣传文案上也需要不断地斟酌和改进，做到用情感打动粉丝，而不是生硬地进行广告传播，这样才能起到事半功倍的传播效果，提高传播效率。

2. 重视培养铁杆粉丝，善于利用领袖意见

进行微博营销时，跨境电商品牌也需要注重培养自己的忠实粉丝。因为对品牌的营销实际上也是对人的营销，通过营销将跨境电商品牌的形象传播出去，并在消费者的心中扎根。在微博传播渠道上，跨境电商品牌要注重沟通，让粉丝能够增加对自己品牌的黏性。这就需要跨境电商品牌在日常微博的运营过程中持续输出高质量的内容，同时配合相应的感恩回馈活动，通过定期进行线上活动的运营，让更多的消费者参与其中。当消费者在微博上对自己的产品内容进行评论时，跨境电商品牌也需要积极地回复，增加和粉丝之间的互动，从而培养忠诚度高的粉丝群体，其中铁杆粉丝就是自己的主要目标消费者群体。铁杆粉丝同样也具有一定的个人传播力，可以通过积极的转发实现对跨境电商品牌内容的二次及三次传播。值得一提的是，在跨境电商品牌建设的过程中，也需要注重发挥名人效应，即让微博的明星、大V等转发或评论，帮助跨境电商品牌微博扩大自身的影响力，增强产品的曝光，对于跨境电商品牌建设来说，明星效应能够有效地引导舆论朝向好的方向发展。

3. 完善对跨境电商品牌微博的即时监测机制

跨境电商品牌微博的即时监测机制，指的是由于互联网互动的及时性，可能会出现对跨境电商品牌的负面言论，此时跨境电商品牌需要及时对这些负面言论进行回复，避免负面言论对消费者及潜在消费者的影响。跨境电商品牌也需要做好消费者需求的统计工作，了解消费者的实际需求，针对消费者的实际需求推荐产品，从而减少消费者对跨境电商品牌负面评价的产生。对于跨境电商品牌来说，微博平台不仅是展示形象的舞台，也能够帮助跨境电商品牌及时了解竞争对手动态。跨境电商品牌需要对自身的微博宣传策略做到心中有数，也要多关注竞争对手的动向，了解其近期营销相关内容，然后对自己的微博宣传策略进行调整。对于品牌的粉丝，跨境电商品牌也需要通过微博舆论对粉丝进行有效的引导，和消费者进行真诚沟通，从而在消费者心中树立积极健康的形象，当口碑危机发生时，能够及时沟通解决，最大限度地避免跨境电商品牌由于负面言论造成的损失。

8.3 跨境电商品牌的短视频营销

8.3.1 短视频和短视频营销的内涵

1. 短视频的内涵

短视频是指在各种新媒体平台上播放、适合在移动状态和短时休闲状态下观看、高频推送的视频，其时长从几秒到几分钟不等。短视频的出现满足了新时代互联网用户信息阅读的需求，用户利用碎片化的时间就可以观看其他创作者发布的短视频，同时也可以在短时间内创作出自己想要分享的短视频。由于市场的需求，短视频的拍摄、编辑软件也在不断更新和升级，短视频的质量也在不断提高，其正从单纯的信息载体变成新的传播手段和营销方式。短视频的制作门槛低，信息呈现方式融合了文字、视频、语音等，具有泛娱乐

化、碎片化的天然属性，迎合了"读秒时代"的用户信息阅读习惯。短视频的主要传播特征有速度快、立体化、创作与分享方式多样、社会互动性强等。短视频这种传播形式的发展是内外因联动作用的结果。一方面，移动互联网技术、移动终端设备、快速拍摄与美化编辑技术、大数据技术为其发展提供了外部支持。另一方面，社交化营销场景、碎片化信息消费习惯和定制化的精准推送是其发展的内部逻辑。

2. 短视频营销的内涵

短视频营销指营销方将品牌或产品的营销信息融入短视频中，借助短视频这种媒介形式进行社会化营销。新媒体时代，短视频营销成为企业进行线上营销的主要方式，企业通过整合运用互联网资源，根据所获得的一系列反馈信息，结合消费者的需求偏好，设计制作满足消费者需求的短视频广告，在短视频平台上进行病毒式传播。这与传统媒体时代的营销模式不同，企业不再着重考虑信息的到达率，而是注重当代消费者的消费习惯，了解消费者的广告观看习惯和观看偏好，尽量缩短消费者从品牌认知到产生购买行动的时间差。因此，短视频的宣传极具时效性、流行性和趣味性，其传播效果远大于传统的广告营销。

传统媒体时代，广告营销主要围绕信息到达率和复现率来增强受众记忆点，强化品牌认知。新媒体时代，短视频营销能够把握产品与消费者的接触节点，纵向深入，激励转化。借助短视频平台，企业可以整合互联网大数据，迎合网民观看习惯和观看喜好，实现精准推送、病毒式传播和高效率转化。

8.3.2 短视频和短视频营销的特点

当前我国的短视频平台主要有抖音、快手、哔哩哔哩、梨视频、腾讯微视、西瓜视频、好看视频、火山小视频、美拍、秒拍、小咖秀等，除此之，外短视频现在已存在于各个应用软件的界面或小程序之中，在一些不是视频类的应用软件中依然可以观看短视频，如QQ里的微视、微信里的视频号等。短视频成为了各类应用软件吸引用户流量的选择，也成为了大众在闲暇之余娱乐的选择。短视频平台中抖音、快手的用户量较多，这些短视频平台都有着相同或相似的特点，跨境电商品牌也可以借助这些特点迎合时代的发展趋势，在互联网时代赚取流量的同时利用短视频进行产品营销。

1. 平台开放、门槛较低

短视频平台的主体可以是任何人物、任何身份、任何角色，没有身份限制，用户可以在短视频平台上观看各种类型的视频内容，也可以根据自己的想法拍摄多种多样的视频并上传。且短视频平台具有简单易操作的特点，具有较强的平台开放性，这种开放性使得用户可以自主生成内容，即 UGC（用户生成内容），一些专业的视频团队可以生成PGC（专业生成内容）。短视频平台的门槛较低，只需一个手机号码就可以注册登录观看视频，平台对视频制作者上传的视频也没有质量要求，用户在不涉及敏感话题的情况下可以迅速上传自己拍摄的作品。短视频的制作难度小，观看比较便捷。

2．互动及时、社交属性

短视频平台简易的界面可以让用户进行及时的互动与分享，每个短视频平台的界面上都有点赞、评论、转发、关注、分享、置顶等操作按钮，通过点赞和评论，用户可以找到共同兴趣的其他用户并结交好友，用户、视频上传者彼此之间没有界限，可以进行及时的交流互动，其他的用户也可以围观他们的互动评论。短视频平台具有较强的社交属性，用户可以通过短视频向他人表达自己的观点意见,通过观看同种类型的短视频拉近社交距离，找到自己与他人之间的共同兴趣，在日常交往中，短视频可以作为双方社交中的一个话题而展开讨论，增加对彼此的认识，达到社交的目的。

3．流量获取、热点捕捉

短视频平台通过视频内容传播社会热点。视频制作者善于捕捉热点话题与时代潮流，结合当前的社会热点，在视频中用或夸张、或幽默、或独特的形式表现出来，吸引用户观看与点赞，实现视频的爆炸式传播，从而获取流量，引起品牌方的注意，达成合作后在短视频内容中植入相关产品推荐或广告宣传。在短视频中植入产品的营销模式的宣传效果在效率上大于传统的广告营销模式，短视频营销模式更能跟上当前的信息传播步伐，快速地捕捉到社会热点并迅速传播。

4．碎片化传播

跟传统的视频形式相比，短视频的时长更短，一般在几秒到几分钟之间。这种视频录制跟观看都更为便捷且移动性较强，基本上随手一拍就能成为段子发布到网上进行分享，内容上也更为丰富、更贴近生活。信息化时代打破了时间和空间的限制，加快了人们的生活节奏，也导致了人们碎片化时间的增多，"短平快"的内容就更容易吸引人们的视线。短视频的出现恰好满足了人们这一日益增长的需求，让用户可以利用碎片化的时间随时随地"刷一下"。短视频营销也就变成了过程间断化、效果持续化的营销，实现了营销效果最大化。

8.3.3 短视频应用于跨境电商品牌营销的前提

1．对多元文化的尊重

文明具有多样性，而文化是具有多元性的，文化是跨国营销重要的环境因素。跨境电商在利用短视频营销时应当充分尊重营销目的国的文化价值观、宗教信仰、风俗习惯、偏好等，避免犯忌，以免造成不必要的麻烦和损失，也可以利用东道国的宗教习俗等产生的特殊需求达到营销的目的。

2．建设行业监管制度

行业自律是当前短视频发展的内在要求，也是短视频市场化运行的重要基础。随着短视频用户的增多，行业监管问题也日益增多，行业监管成为短视频发展的重要保障。首先，短视频的内容低俗化、商业化现象凸显。不管如何发展，利用短视频进行营销的关键在于提高内容质量。其次，短视频行业应该提高门槛，强化对视频内容的审核，抵制暴力等视频内容，甚至可采用封号、罚款等方式杜绝其传播，以维护行业环境，促进行业发展。最后，国家有关部门应该完善法律法规，强化市场监管力度，建立完善的制度体系，加强对违法违规行为的打击。建设行业监管制度将促进短视频平台运营规范化、标准化，趋严的行业监管是短视频营销应用于跨境电商的保障之一。

3．选择合适的平台

（1）找准目标消费者群体，将信息准确传达给目标消费者

简单说就是根据目标消费者的需求去寻找相应的平台，进行交互式的推广，将信息和内容有效而广泛地传播，从而将信息精准地传达给目标消费者。

（2）深入了解目标消费者，精准投放广告

在品牌传播的过程中，了解目标消费者才是企业营销的核心。想要有效地触及目标消费者就需要去找出目标消费者经常关注的媒体。比如，汽车营销应该到汽车一类的平台，找到目标消费者常去的社群，并围绕于此开展精准的短视频营销，进而满足目标消费者需求。

4．平台管理

由于短视频行业的井喷式增长，短视频内容低俗、质量低下、违背社会主流价值观的问题层出不穷。短视频平台应提高门槛，建立完善的内容审核制度，加大对内容的审核和监管力度。

5．质量保障

短视频通过内容创意和技术创新，激发用户的二次传播，引发病毒式的传播效应，本质上是一种创意传播。内容和技术创新制衡着短视频行业的发展，要使短视频应用于跨境电商营销中，必须有创新管理意识，通过加强创意传播过程中的管理优化内容生态。首先，短视频制作门槛低，但不意味着可以质量低、内容差，应当强化内容的编辑制作质量；其次，在技术上应该追求制作团队的专业化建设，从而在根本上提高视频质量，同时也便于对内容的审核。

8.3.4 跨境电商品牌的短视频营销内容

1．品牌内容的方向

在短视频中融入品牌的内容。随着短视频流量红利的逐步展现，一些敏锐的跨境电商企业已经开始将品牌内容植入短视频中，为受众提供产品、品牌、品类相关的信息。欧莱雅公司就利用短视频的品牌内容营销，通过几十秒的视频，使用自身的产品来引导大家如何更好更美地化妆，所呈现的美妆效果成功地为欧莱雅化妆品做了营销推广，并且每次发布的化妆教学短视频的点击量都是远远超出预期的，营销收益率已经超过了传统的广告形式的推广。正是这种品牌内容营销的短视频，帮助欧莱雅很好地筛选出了自己的消费者群体，这种教学式的传播也增加了欧莱雅与自己消费者群体的黏性。越来越多的跨境电商开始自己创作品牌内容的短视频，在一些活动短视频发布中，原生化地融入自身品牌的内容。

2. 专业内容的方向

利用短视频创作专业内容进行传播分享，利用自身的专业特性，吸引有兴趣的用户关注和了解这些内容，提高消费者忠诚度使其成为粉丝群体。这些专业内容的短视频，其内容质量有一定的保障，所传递的信息也相对比较准确。如"飞碟一分钟"，他们通过60秒的短视频来吐槽和传播一些知识，从而吸引了大量的阅读关注量。通过创作社会热点的短视频来吸引用户，然后让用户自然地接受内容营销，在巨大的流量支撑下，内容营销传播的效果大大提升。利用专业内容创作出系列的短视频，在成本上远远低于直播营销方式，也更加让人容易接受，可以增加更新频次来增加受众群体的黏性，从而开发自己的市场群体或者创造流量效益。也可以通过"短视频话题发布+用户主动式阅读+线上奖励性回流"的方式建立完整的互动式营销生态链，提高营销效果。

3. 用户创造内容方向

随着各种自媒体的崛起，每个人都可以参与传播与分享。目前越来越多的短视频应用软件出现在应用平台中，使得个人用户的短视频创作分享变得十分便捷。目前移动端短视频与社交相结合的模式，已经成为各大应用软件前进的方向。由于短视频的内容包含了从文字、图像到人物表情等各种要素，相比以往信息传播的单一图片、语言、文字来说，能够承载更多信息量，并且短视频比图文更抓注意力，比长视频更浓缩，更具情感化和代入感，也同样能够充分展现人们所想要展现的内容。并且人们也更加愿意去接受这些碎片化，但是信息量大的短视频，使得传播具有十分高的效率。企业或者跨境电商平台想要自己创作内容营销的短视频需要花费大量的财力物力。而用户创造模式的短视频就是让用户自己创作短视频来分享传播，这样既避免了营销信息直接插入而被观看者抵触，也可以利用内容营销的方式让用户潜意识地主动去关注这些夹杂在短视频中的营销信息，提高受众的接受程度和主动性。

8.3.5 短视频营销在跨境电商品牌营销中的应用

短视频营销是以短视频媒体作为载体，通过硬广投放机制、内容植入机制、内容订制机制、网红活动机制、账号运营机制和整合营销机制等形式进行的营销活动。通过短视频可以展示产品生产流程、操作流程、性能测试和应用场景，对比不同产品的优劣等，还可以展示产品其他方面的故事，比如产品品牌故事、产品所包含的情感等，跨境电商可以根据自己的需求结合创意制作各类短视频。跨境电商品牌短视频营销应做好以下几个方面。

1. 控制时长，内容及表现方式与品牌相契合

跨境电商在制作短视频时，要控制好视频时长。短视频比较适合用于社交媒体上的营销，60秒左右的视频不会浪费观看者过多的时间，也不会因为视频容量过大而难以加载，能够获取消费者最有效的注意力，也给消费者最佳的观看体验。短视频的内容策划与表现形式要契合产品特性，并符合品牌内涵，提升营销效果。

2. 选择目标市场的 KOL（意见领袖）展示产品，应用当地语言

在短视频中展示产品的操作流程、性能测试等，尽可能选择目标市场的 KOL。观看者本身就是消费者，视频中出现人与产品的互动，能够拉近人与产品的距离，更具有说服力；短视频中的配音，既可以用本人的配音，也可以采用目标市场的官方语言配音；而选择目标市场的 KOL 展示产品可以给观看者亲切感和真实感。

3. 注意短视频营销连续性

短视频营销要坚持连续性与长久性，特别是在社交媒体上进行短视频营销，只有坚持才能逐渐被消费者关注并传播。

4. 重视消费者互动与评论回复

短视频营销并不是散发出去，只需要让消费者看到产品就完成了，必须时刻关注消费者对短视频的评论，并回复消费者评论，与消费者产生互动，增强消费者的黏性与活跃度。

8.3.6 短视频对跨境电商品牌营销的影响

和过去营销常用的文字、图片比较起来，短视频显然具有信息更加清晰的特点，消费者能够从短视频中直接观察产品的各方面特点，因此在实际应用过程中，以短视频为手段进行跨境电商品牌营销，往往能取得更加可观的营销效果。另外，短视频的内容往往比较具有趣味性和观赏性，很能吸引消费者的注意力，这也是其独具营销效果的原因之一。根据目前短视频营销及跨境电商品牌营销的结合情况来看，短视频对跨境电商品牌营销的影响主要可以分成以下三个方面。

1. 优化了营销信息传递方式

根据现阶段短视频的创作情况来看，其特征比较鲜明。首先，创作者可通过短视频将音频和图像合二为一，用更短的时间向消费者投送更多的信息，这有效地解决了快生活节奏下人们不愿意花费时间观看长视频的问题，提升了消费者对产品信息的了解欲望。其次，短视频是一种更加适合快节奏社会的信息传递手段，它能够利用人们碎片化的时间完成营销，消费者也能够在忙碌的工作和学习间隙查看自己感兴趣的产品信息，而不用大费周章地翻阅广告。然后，很多社交软件都开发了短视频功能，比如微信推出了"看一看"和"视频号"功能，而微博更是早就推出了短视频连续推送的功能，在这种情况下，不使用抖音、快手等专业短视频 App 的群体也会接收到短视频信息，这又为利用短视频进行跨境电商品牌营销提供了有力支持。最后，短视频的制作难度比较低，它不像传统的宣传海报需要用到专业的 PS 软件和绘图软件，也不像文字广告需要一定的文学功底，创作者只需要按照制作软件的提示逐步操作，就能制作出精美的短视频，这极大地降低了利用短视频进行跨境电商品牌营销的门槛。

更何况，传统跨境电商品牌营销手段无非是利用图片文字宣传产品特点，其实际应用效果并不好，而一些以长视频进行营销的尝试最终也以失败告终。这主要是因为图片和文字不具有吸引力，阅读或观看比较枯燥，消费者也无法从中获得产品的细节特点；而长视

频虽然能仔细展示产品特性,却存在时间过长、不易被消费者接受的问题,很多消费者看到长视频推广会产生抵触心理,因此利用长视频进行跨境电商品牌营销很可能起到反作用。短视频则与上述两种信息传输手段有所不同,短视频的入门创作难度比较低、一经完成就具有极佳的宣传效果,另外短视频还能直截了当地给消费者展示产品的细节,与消费者进行互动和交流,显然比图文更具有吸引力。从另一个角度来说,目前各大跨境电商品牌都开始利用短视频进行营销,过去的图片文字营销模式开始退出人们的视野,这也在一定程度上证明了短视频能够优化营销信息传递方式。

2. 推动了营销方向的变革

短视频可以围绕某一个主题进行创作,因此在利用短视频进行跨境电商品牌营销的过程中,可以带上产品、活动等的话题,对产品或活动感兴趣的人自然会进入话题专区了解具体情况。创作者可以围绕产品的特点等制作短视频,很容易就能吸引目标群体的注意,这有助于跨境电商加强品牌建设,从某种程度上来说,跨境电商的品牌印象就会在消费者群体当中普及开来,最终形成一定的品牌效益。除此之外,现在很多大品牌还在跨境电商营销中与明星、网红进行合作,形成了一种新的产品营销模式,即"网络带货"。越来越多的年轻人开始通过这种方式"种草"自己感兴趣的产品,并在电商平台上进行购买,形成了一种与传统购物截然不同的新购物模式,这验证了短视频始终在推动跨境电商品牌营销方向的变革。

3. 促进了企业品牌发展与打造

除了上文中提到的两方面影响之外,短视频在跨境电商营销当中的应用,还促进了跨境电商企业品牌发展与打造。目前互联网平台上最常见的品牌营销方式是共情营销,即通过情感代入、角色代入的方式,让消费者产生"商家在为我着想"的感受,最终实现产品营销目标,而能够做到这一点的电商会逐渐收获越来越多的消费者认可,直至形成稳定的企业品牌。2020年短视频广告利润是前一年的10倍左右,截至2022年12月,中国网络视频(含短视频)用户规模达10.31亿,较2021年12月增长5586万,占网民整体的96.5%,从中不难发现,以短视频为基础的跨境电商品牌营销模式已经拥有并将持续获得不可动摇的地位。

目前已经有越来越多的广告商开始利用电商营销手段打开市场,比如最开始的时候,淘宝产品详情页显示的都是产品的图片和文字注释,而从2019年开始,淘宝产品详情页开始出现短视频,商家通过短视频给消费者展示产品的实际效果,使产品的吸引力得到进一步提升。同时,还有一些商家引导和鼓励消费者上传自己的体验短视频,这样一来尚未入手的消费者就能获得最真实的产品使用体验,同时他们用于观看产品详情的时间也会更长,更容易出现消费欲望,这使得电商整体营销效果较之前更加明显。除了淘宝之外,越来越多的电商平台开始意识到利用短视频进行营销的重要性,比如拼多多、京东、唯品会等,也都逐渐引入了这种短视频营销模式,确实取得了一定的成果。更重要的是,相比传统的图片文字,短视频这种营销模式显然更符合新时代年轻人的趣味取向,能够给他们留下更加深刻的印象,即使无法促成产品销售,反复投送的短视频也会使消费者对产品、品牌等产生了解,最终达到促进跨境电商品牌发展的目标。

8.3.7 短视频应用于跨境电商品牌营销的管理方法

1. 营销规范

近年来，新媒体短视频行业得到了快速发展，平台数量和用户数量都得到了成倍的增长，利用短视频进行跨境电商品牌营销的企业数量也随之快速增长，数量的增长对质量的管控具有一定的冲击。因此，短视频管理平台要对跨境电商短视频营销内容进行专业规范。短视频管理平台首先要对用户发布的视频内容进行管理，保证视频内容的真实性；还要对用户发布的产品进行审核，保证产品质量的可靠性是审核工作的基础。对跨境电商品牌进行营销规范是非常重要的管理工作，对平台用户数量的保障和用户的产品体验具有重要的影响。

2. 技术管理

为了保证跨境电商短视频营销可以健康发展，短视频管理平台要为跨境电商品牌提供技术支持。平台要为跨境电商品牌提供端口，保证跨境电商品牌产品可以通过短视频平台直接向消费者出售，简化跨境电商品牌交易流程。技术支持还包括对跨境电商品牌后台进行日常维护，保证跨境电商品牌交易可以顺利进行，在企业打折促销阶段，平台的技术人员要加强对跨境电商品牌后台的维护力度，避免出现因客流量大造成跨境电商品牌后台系统崩溃的现象。短视频管理平台还要开放产品评价功能，让消费者可以浏览产品的评价，为消费者的购买选择提供一定的参考。保证技术管理，可以提升消费者的实际体验感觉，对日后的再次消费具有良好的引导作用。为跨境电商品牌和消费者提供技术保障，对平台的技术管理部门提出了严峻的挑战，为保证平台稳定地运行，技术管理部门要保证服务器的稳定性，需要对服务器进行定期维护。其次，软件工程师是平台重要的战略资源，要不断地引进具有高水平的专业人才，提升技术管理部门的技术保障能力。

3. 财务管理

有效的财务管理，是现代企业管理重要的组成部分。跨境电商属于新型的销售模式，在保障跨境电商企业和消费者之间的资金来往安全的金融管理等方面还有所欠缺。短视频管理平台要针对现阶段的跨境电商品牌销售模式，建立完善的网上交易体系，保证消费者的资金可以顺利到达跨境电商企业的账户中，产品可以顺利抵达消费者手中，建立良好的跨境电商品牌发展环境。开展跨境电商品牌活动，需要专业的设备和人员，这些都是影响短视频质量的关键因素，将这些因素合理地搭配运用，需要大量的资金，保障资金使用安全对跨境电商品牌企业具有重要意义。财务管理工作的实际开展，需要建立一套完善的线上财务管理系统。管理系统对企业和消费者起到双重保障的作用，首先，消费者进行产品购买时，需要将资金支付到管理平台当中，平台收到消费者资金后，通知商家发货，产品发货后，平台要对产品的物流信息进行严密的监控，当产品到达消费者手中后，消费者在平台上点击确认收货，平台再将资金转到商家账户中。整个交易流程中，平台要对各项环节进行监管，保证买卖双方的利益都能得到有效的保障。

8.3.8 短视频应用于跨境电商品牌营销的推广方法

1. 产品推广方法

推广企业产品是短视频应用于跨境电商品牌营销的重要工作,短视频具有非常全面的普及率,提升短视频内容的质量,可以吸引大量的粉丝,当粉丝数量达到一定程度,利用专业的营销手段,可以将粉丝流量转化为销售基础。短视频推广产品,要保持循序渐进的原则,将产品逐步地植入到短视频内,不可急于求成,否则对产品宣传具有不利的影响。短视频推广产品,对短视频编剧的要求非常高,因此,跨境电商品牌企业要对编剧进行严格的管理,保证短视频的高水平,需要专业的编剧。另外,对短视频演员也要重视起来,保证演员可以将产品的特点、优势完全地展现出来。产品推广是短视频营销的核心工作之一,推广工作要将产品进行合理的宣传,又要保证产品的真实度,将两种要素结合在一起,是产品推广的基础条件。短视频的播放内容较少,需要将产品特点和故事情节有效地融合,保证故事可以全面地展现,还要突出产品的特点。虽然短视频的时长较短,对内容的紧凑性具有挑战,但是,简短的推广可以减少消费者对产品广告的抵触情绪,对产品的宣传具有积极影响。

2. 企业推广方法

产品是企业的重要盈利工具,然而,增加企业的影响力,对产品的附加价值提升具有重要的意义。企业推广与产品推广有相似点,也有差异之处,相似点是都要提升知名度,保证其具有一定的社会影响力,最终得到消费者的认可;差异之处是产品属于企业的一部分,但不是企业的全部,产品的功能和价值并不代表企业的价值,要将两者区分对待,保证消费者可以对产品和生产产品的企业有所区分。推广企业要更加具有全面性,对企业的背景、文化和社会责任心都要进行广泛的宣传。

3. 产品植入推广方法

产品植入推广具有很多方式,其中一种比较简单,但是对播放量的要求很高,适合粉丝基数比较大的跨境电商品牌。举例说明:某国际知名碳酸饮料生产商,其名下的短视频营销账号具有庞大的粉丝基数,并且企业的宣传资金充足,聘请知名演员对旗下的产品进行简单、明了的介绍,然后通过不断地循环播放,达到"洗脑"消费者的目的,进而提升消费者对其产品的认可程度。另外一种产品植入,对短视频的内容要求比较高,需要电商团队对短视频内容进行精心编排,让短视频与消费者产生共鸣,然后将需要推广的产品植入短视频中,同样可以起到宣传效果。

8.3.9 短视频应用于跨境电商品牌营销的广告营销方法

1. 情景营销

当今,短视频用生动形象的方式使消费者直观地感受到产品,并且直接激发消费者的购买欲望。相比于传统营销来说，短视频更具有互动性和多媒体性。短视频应用于跨境电商营销的情景营销方法是根据消费者的习惯，用一个特定的场景或者一个简短的情景剧刺激消费者的购买欲望，例如国外视频网站上对中国华为的宣传，通过十分钟左右的短视频对精彩的故事进行一系列的浓缩，从而将华为手机的形象传达到位。

2．体验营销

体验营销是可以让商家与消费者对接的广告营销方法，这种对接一般分为浏览体验、感官体验、信任体验等。比如，消费者用移动设备浏览短视频，通过网络直接与一些品牌信息接触并且能够与商家一直保持联络。短视频运用许多先进技术，让消费者与产品互动，体验产品，给受众带来了与单纯书面媒介和视听媒介不同的沉浸式体验，建立了交流情况，代入感强。

3．饥饿营销

传统营销方法与饥饿营销有着显著的区别。在饥饿营销方法下，产品的供应方掌握主动权，通过刻意降低产品产量来调控供求关系，最终导致销售过程中产品供不应求的现象。

8.3.10 短视频应用于跨境电商品牌营销的盈利方法

1．视频内容盈利

短视频的播放量可以直接获得利润，现阶段的短视频管理平台会对营销团队的短视频内容进行分类，再利用大数据技术，将短视频与用户进行整理，然后短将视频具有针对性地推送给用户，可以提升用户对短视频的喜好程度，通过这样的方式，营销团队的短视频播放量会大大提升，短视频播放次数及点赞数量越高，短视频管理平台给该账号的分账资金越多。

2．产品盈利

通过短视频不断的更新播放，粉丝数量会不断增加，保证一定粉丝数量基础后，开展流量转销量工作可以促进跨境电商品牌的产品盈利，主要的方式是将需要销售的产品植入到短视频内，或者直接采用直播销售的方式将该产品进行销售。这个环节中，要注意对产品的特点、优势进行全面介绍，但是不能采用欺骗消费者的方式，对产品进行虚假宣传，保证产品的真实度是跨境电商健康发展的前提。产品盈利是跨境电商短视频营销的主要经济收入，拍摄短视频的最终目的是将企业的产品快速销售出去。保证产品可以大批量地出售，产品的功效是关键，企业在选品或者生产时，要对产品的质量进行严格把控。

3．品牌盈利

利用独立的品牌形象来构建一种模式，通过官方推广以代言人的方式获取消费者的信任，然后在消费者心里构建品牌价值观念，从而获取更大的品牌盈利。

（1）自主投资。近几年，有一些自媒体商业运作良好，有一定的资金实力后，会采取自主投资的方式获利。最典型的例子就是"逻辑思维"以1200万元投资papi酱，但投资不满一年以"逻辑思维"的撤资而收场。我们可以得知,自主投资是比较难的。

(2)打造IP品牌。IP品牌是指具有长期生命力和商业价值的跨媒介内容运营。通过打造IP品牌使商品价值化,也让短视频内容更加生动形象,消费者也会更加信赖并且依靠产品,这样,打造IP品牌互利共赢。

4.平台流量盈利

短视频营销之所以会获得巨大的成功,主要归功于短视频平台用户基数的庞大,流量本身就是一种无形的财富。流量的增加会吸引广告商的投资,短视频平台的主要变现途径就是广告收入,保证流量基础,才能吸引更多的广告。与此同时,各大跨境电商平台也开始打破传统营销模式,将传统营销与短视频营销相互结合进行营销推广。其中短视频将有助于跨越产品与消费者之间的阻碍。消费者能更加生动直观地感受到产品的质量,这也将更易激起消费者的购买欲。跨境电商平台具有一定的用户数量优势,合理的流量转换,可以带来巨大的经济收益。跨境电商品牌需要对自身的店铺和产品进行宣传,跨境电商平台可以将主页广告进行竞标,跨境电商企业对广告位投标,无论哪家企业中标,跨境电商平台都会得到广告收益。

 ## 8.4 跨境电商品牌的网络直播营销

8.4.1 网络直播营销的特点

1.互动性强

网络直播具有互动性强的特征。在传统的实体店营销模式中,是将产品信息单向传递给消费者,当然这种营销模式的传播度是不够的,同时也只是单向传递,不能接收到消费者的反馈。然而,网络直播营销这种营销模式,其互动性高,观众可以直接通过网络对产品进行评价和反馈,同时也可以通过主播的讲解,了解产品的功能。通过弹幕,主播能根据观众所提出的问题进行详细的解答和沟通,了解观众的喜好和对产品的反馈,从互动中优化产品。

2.形式灵活,效果显著

网络直播的形式比较灵活,网络直播营销模式不局限于时间和地点,通过简单的手机就可以完成直播带货。采取这样营销模式不仅能够有效节省成本,还能让观众随时随地进行观看,这样在一定程度上能够让直播变得更加自主。相对于其他的营销模式来说,采用网络直播营销模式效果更为显著,传统的广告营销模式完全不能生动地引导消费者进行消费,而网络直播营销可以通过主播详细的讲解,加强消费者的消费心理,达成营销的目的。消费者可以通过有选择性地主动进入直播间,进行观看和购买,这样会让消费者的购买想法更多,营销效果也会更显著。

3. 精准度高

网络直播平台可以通过大数据分析用户的爱好和喜欢的直播种类，将适合用户的产品和直播间给相应的用户推荐过去。同时，网络直播营销也能够精准了解消费者的收看习惯，很多产品的直播时间是固定的，比如，很多的知名品牌都有固定的直播时间，不是随机进行直播的，用户可以在固定的时间收看喜爱和关注的产品的直播。

8.4.2 跨境电商品牌网络直播营销的重要性

1. 是开拓新市场的重要保证

在大数据时代，网络直播电商的发展空间还是非常广阔的，但也正因为发展空间很大，网络直播行业的竞争状况也是很激烈的，所以要想更好地实现网络直播营销的效果，首先就要提前考察好营销产品的市场，只有这样才能为其网络直播电商发展提供一个更好的生存空间。同时，还应该更加有效地实行管理。网络直播的发展可以通过在产品、服务、价格、渠道、促销等方面进行一系列的创新，扩大市场，提高产品的销售量，让跨境电商品牌的收益进一步增大。

2. 可以更多地满足消费者的需求

在大数据信息时代，不仅科技在发展，我们的消费水平也随之提升了很多，越来越多的人对产品的种类和创新风格都会有所要求，同时也出现了很多的消费者对产品的个性化需求。传统的销售方式是无法满足消费者的个性化需求的，但是在网络直播营销的过程中，消费者可以通过网络上的回复和反馈更好地与商家进行直接的在线沟通，同时商家也可以通过大数据人工智能，来分析消费者的消费方向和喜好方向，根据消费者的不同喜好推给消费者不同的产品，供消费者选择，这样就会吸引更多的消费者来进行消费，也为新时代大数据网络直播电商提供了更好的发展空间和动力。

3. 可以有效提升网络直播电商的竞争力

在如今大数据飞速发展的时代，网络直播的方式直接大幅度加速了信息技术的发展，更好地推动了科技的进步。在电商市场十分激烈的情况下，网络直播这种营销模式，更进一步地增加了营销市场之间的竞争，同时也为开拓更大的营销市场空间打下了更好的基础，网络直播营销已经成为一种优秀的营销手段。在当今这个大数据时代，通过创新方法和手段，强化营销市场管理力度，可以更好地提升网络直播电商的竞争力。

8.4.3 跨境电商品牌网络直播营销特点

1. 预热造势粉丝互动、矩阵传播借势营销

做好直播之前的预热工作是保证直播能够获得预期营销效果的必要条件，因此跨境电商应该在直播前运用大数据技术对各个社群及社群成员的属性展开详细的调查，将获得的一手数据进行仔细分析后，结合跨境电商产品的情况寻找到可以展开网络直播营销的社群

对象。上述相关信息的收集,可以通过在群内提问、设计问卷等方式展开。只有匹配到合适的社群,才能让跨境电商品牌的直播营销获得预期的效果。在确定了直播面向的社群对象后,便可以将直播预告片投放在社交媒体各门户网站上,并在其中展开纵横交错的矩阵式传播,通过大V的转发,QQ群、微信群的互动,微信各类公众号的宣传展示,营造出直播前的热烈气氛,同时选择和跨境电商品牌形象相匹配的主播人选,除了自身的品牌影响力外,主播本身积聚的粉丝能量,也可以在直播时为产品销售引流。当然,再好的计划也远远逊于迅速反应的能力,为此跨境电商内部应该建立一个适应快速反应机制的扁平式组织机构,唯如此才可以避免层级式的多层反应缓慢耽误最佳直播时机。

2. 内容为王品质优先、跨境产品引流成交

在展开网络直播营销时,第一要务必须顾及消费者体验,特别是在微信群中,更要通过实时同步的语音、文字、图片、链接来调动消费者的所有感官,让消费者感受到实体店现场氛围的同时,更能够通过直播随时随地地亲身参与到购买跨境产品的活动中,从而最终促进跨境产品的销售。譬如宝马音乐秀的直播就尝试使用了VR技术,让消费者获得的现场感更加真实和强烈,以至于所营造的临场氛围几乎等同于现场购买。同时,为迎合年轻人创意求变的心理,在直播技术中融入美颜、脸萌、变脸等技术手段满足不同消费者的多样化、个性化的需求也十分重要,最重要的是,直播模式还应该更能体现跨境产品的各种性能,毕竟直播所依赖的具有强烈社交属性的抖音、微信、QQ等平台,其用户更在意自己所购产品的场景说明。相比主播的个人作秀,在经历了短时间的猎奇欣赏后,对于直播的更长久的关注,应该是在产品而非主播个人,从这个维度我们看到了直播能够产生的跨境产品的长尾效应之能量。

3. 网络直播营销技术带来多方共赢

网络直播营销技术主要是依靠个性化、自动化、专业化的智能机器人系统来实现的,每一个社群里的直播机器人都可以自动转播同步的图片、声音、视频和链接。多群直播技术的出现,让社交媒体中散碎的同质化社群能够因此而连接起来,这种便捷的整合手段所要花费的运营成本却每群不到20元,这使得网络直播营销技术在最短时间普及变得可能。跨境电商企业借助网络直播营销技术的运营,通过多次的网络直播营销,可对社群进行筛选,从而获得优质的潜在终端消费者,并能够在最大范围内建立品牌的影响力。以如此低的营销成本得到预期的营销效果,这对跨境电商企业的发展确实提供了良好的契机。

通过网络直播营销,深度参与的用户对直播的黏性将大大提升,一个成员归属感强烈的直播社群,将更容易被跨境电商企业青睐并获得再次合作的机会,如此的良性循环从一个侧面佐证了网络直播营销模式具备多方共赢的属性。例如,跨境产品美即面膜借助2016年新媒体第一标王papi酱的直播影响力,在秒拍平台收获了超过2600万的点击量,papi酱本人更是借助这一网络直播营销事件达成了个人IP最大价值平台化,并成功带动了八大平台的人气和美即面膜跨境产品的更广传播效应。

4. 直播营销商业模式的后期

目前移动互联网内容汇总与最终营销价值排名前三的客户端——微信、QQ、新浪微博,

都可以供用户建立自己的直播群,直播技术在微信群得到的普及最广,随着微信客户端注册人数的不断上升,基于直播技术的营销策略也日新月异。特别是视频群直播已步入了后期阶段,主要侧重直播内容的汇总,包括直播内容的重播、订单消费者资料的整理、参与问卷调查消费者的信息收集,所有这些后期产生的消费者资料都可以归纳整理为大数据库,从而为下一轮网络直播营销的调整更新做好准备,也使后续的新产品、新业务可以在本次直播的经验总结上获得更好的运作。

跨境电商企业进行直播的专业化制作与大面积产品宣传推广后,最期待的应该是流量的转化和产品的变现。例如上海家化和影星黄征合作将高夫的男士系列产品通过聚美直播平台录制宣传视频,在多个高端的微信群展开直播,获得了之前品牌团购五倍的销售额,其中新进消费者占比高达87%;被誉为男神奶爸的吴尊通过直播推广跨境产品惠氏启赋奶粉获得了巨大的成功,仅仅开播一个小时就获得了120万元的销售额。可见直播通过优质的内容和平台用户分享跨境产品的价值,不但能获得非常可观的销售收益,而且对销量增长和品牌提升也大有裨益,这也正是直播所能彰显的跨境产品核心营销价值所在。

8.4.4 跨境电商品牌直播营销的优势

1. 向消费者进行真实、动态的产品内容的传递

视觉影像能直接将事物呈现在人们的眼前,使得人们对事物的真实性更加了解,和语言相比,视觉影像具有的直观的特点,能让人们更快速地接受影像信息。以往传统的电商销售,在对产品进行介绍时主要采用静态图文的形式,在对消费者的信息传达方面具有一定限制,且产品图片通过美化之后,会使消费者怀疑产品的真实性,这些会消费者的购买欲带来一定的影响。而直播是通过影像镜头,给消费者呈现出真实的产品,能让消费者直观地了解产品的真实性。动态视频在产品信息的呈现方面具有一定优势,能让消费者更立体地观察产品。比如,在食品销售过程中,主要采用文字、图片信息对食品进行介绍,消费者对食品的口感、成分等无法全面了解;而采用直播的方式让主播试吃食品,这就使得消费者对食品的安全更加放心,增强消费者购买欲望。另外,在销售水果时,主播可以展示水果的种植场地、水果的采摘与包装过程等,并在直播时试吃,解答消费者的疑问,由此有效激发消费者的购买欲望。

2. 主播可以与消费者进行有效互动

网络直播平台还能实现主播与消费者之间的有效互动,将以往单向的产品信息传递转为双向的互动。在直播过程中,主播会向消费者展示产品特点,提升消费者的参与积极性,还可以通过开展一些优惠、抽奖等活动,增强消费者与主播的互动。传统线下营销模式存在一些不足之处,即极易因场地、设备等因素,而直接影响消费者的积极性。主播与消费者的互动,在一定程度上能使消费者的积极情绪充分激发出来,这会对消费者的价值判断造成影响,能刺激消费者购买产品的欲望,且有助于提升消费者对直播的忠诚度。

3. 场景化直播能使消费者的临场感得以增强

移动流量资费成本相对比较低,与此同时,电商物流产业的水平逐渐提升,人们线上购物的需求越来越大。但是传统电商销售模式中,消费者无法真实体验产品,而网络直播电商能为消费者提供一个真实的购物场景,使其能与主播进行互动,由此使得消费者感受到现场消费体验,有效提升消费者的购物体验。

4. 信息传递更精准

为了达到信息精准传递的效果,应以最低的成本将精准的信息内容传递给目标消费者,以此提升信息传递效果。电商平台会根据不同类型的消费者进行信息传递。直播时,主播会根据消费者的浏览数据和评论内容来把握消费者的需求,调整介绍的重点,由此向目标消费者群体传递更有效的信息内容,提高消费者的购买积极性。

8.4.5 跨境电商品牌网络直播营销面临的问题

1. 社群控制的主导权难把握,跨境产品的议价能力弱

购买跨境产品的社交媒体社群成员一般都具有较强的自我认同感和独立意识,而且此类社群的管理权一般不在跨境电商经营者手中,要实现跨境产品的群内直播,必须由群管理者开通直播通道。一旦跨境产品的定位与品牌的诉求角度和群管理者的理念发生冲突,将无法实现群内直播。诚然跨境电商经营者可以自建社群,但是高品质社群的构建并不是一蹴而就的,需要长时间的积累和营造。

另外,高端社群成员的高议价能力,使得跨境电商经营者将产品在此类社群展开直播时,所要承让的产品折扣率将会很大,这无形当中压缩了跨境电商产品的利润,为此跨境电商和社群管理者在签署入群直播协议时,需要照顾到各方面利益。例如,红人店主张大奕在通过群直播推广其潮牌新品时,关注其产品的社群以北上广女大学生为主,通过与 KOL 群管理者和淘宝直播平台的合作,保证了这一直播活动可以实现 40 多万人观看,两小时即成交 2000 万元交易额的骄人业绩。

2. 直播面临着未来管控和政策的风险

2016 年 4 月文化部出台针对网络直播平台的整顿方案,涉及了市值超过 10 亿美元的斗鱼、市值 34 亿美元的 YY 等,虽然官方已经明确表示不会采取直接关闭的极端措施,但是严格管控的趋势已经显而易见,同时诸多的 QQ 群、微信群涉及违规的群管理者受到了官方查处和关闭,类似问题的不断涌现,让商家围绕社群展开网络直播营销的方针受到严峻考验。

跨境电商能够在 QQ 群和微信群中开展直播,完全依赖于技术的发展,但直播技术并不是腾讯官方主导的,它完全是第三方的企业行为,虽然目前为止并未遭受腾讯官方的封杀,但是如此大体量的传播,相信未来腾讯官方不得不考虑在自己的平台上如何管控的措施。毕竟近来众多直播平台上所涌现的违规、违法事件已经层出不穷,作为直播所依赖的官方平台,断不会任由其发展而没有任何相应措施的控制,这无形中给跨境电商直播未来

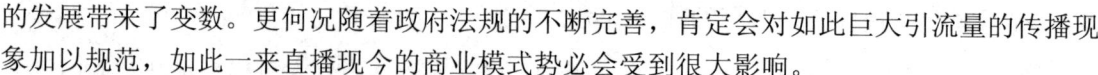

3. 跨境电商对营销效果的高期待促使营销难度加大

电商直播不同于直播平台上的娱乐化内容，明确的流量转化和对产品的变现要求，使得跨境电商对泛社群传播的要求越来越高，不仅仅是对直播的社群数量要求越多越好，由百群直播过渡到千群直播甚至万群直播，更对直播的质量寄予了厚望，从而需要精心构建直播内容，认真选择直播的传播时机、传播频率和良好把握相关手段。

由于直播是直达社群成员的一次传播，它和用户传播的二次信息送达不一样。直播只能通过产品的质量、用户现场直播的体验、跨境产品供应链环节等方面不断完善来入手，同时使直播期间的程序、内容、流程要符合社群成员的观感。再者，直播带来了产品信息的实时、多元，让过去信息不对称的卖方优势荡然无存，社群成员可以借助直播发表看法，如此公正透明的销售环境让过去商家还可以"忽悠"消费者的可能性几乎下降为零，更加促使商家唯有真正追求产品质量、直播品质和关注消费者体验，才能够保证直播通道的持续开放，否则一旦直播通道被关闭将前功尽弃。

4. 缺乏传统媒体传播时的仪式美感

鉴于跨境电商产品直播强调的是现场的真实感，主播在实体店对跨境产品的性能展示，往往不可能像在电视演播室一样进行精心的准备，它更强调通过声音、视频将跨境产品向社群成员进行原汁原味的直播。主播和消费者间进行实时的答问，现场可以立即解答跨境产品的种种问题，从而能够实现直播期间更多的产品售卖，将直播引流的效果最终转化为实实在在的利润。

所以，要实现以上效果势必会弱化直播画面的观瞻性，也无法像传统媒体那样可以进行事先的场景布置和后期的修饰加工，更不可能随意截取一段展示效果最佳的视频，有时直播中还会出现声音粗糙、没有字幕配合的画面和画面抖动的情况。例如美宝莲携手九大直播平台在纽约展开的一轮声势浩大的整合互动直播营销，期间直播出现了信号中断、设备不稳定、工作人员应变欠佳等情况，事后网友在新媒体社群的种种吐槽正说明了群直播的现场感和仪式感不易兼得的实情。

8.4.6 网络直播营销模式下跨境电商品牌营销策略的选择

1. 创新直播的品牌故事感

很多跨境电商纠结于究竟什么样的产品适合直播，自己的品牌产品如何直播才能收到良好的市场效应。应该说，任何跨境产品都可以直播，关键在于创新，在于如何利用直播平台讲好自己的故事。例如，传统的邮轮环球旅游项目推广，都是通过传媒展示邮轮的豪华设施，即将停靠的世界各处景点的美图，而 Cruise 邮轮以 "come seek" 为主题，邀请网络红人 Dan moore 在 Periscope 直播平台实时播放，吸引了大批旅游爱好者纷纷在线定制 Cruise 邮轮的加勒比海七天冒险之旅。还有麦当劳在 5 月 28 日全民汉堡日于 Facebook live

直播一位络腮胡画家在其绘画工作室绘制麦当劳的经典巨无霸汉堡，一边作画，一边仔细解说这款经典汉堡的各个部位，解说时还提到要绘制逼真的红色番茄酱效果，这次直播短短半小时就在 Facebook 获得了 1500 个赞和 2000 个评论。当然失败的案例也有，杜蕾斯 AIR 空气套试戴直播，通过和 B 站等六大平台的联手虽说也获得了近 500 万人的收看，但是其网络直播营销内容的口碑不佳，着实给本次直播的品牌传播效果打了折扣。

2．坚持零渠道制定、低成本投放

传统的跨境电商品牌营销渠道往往需要多通道的巨额资金的投放，更要面对同质化品牌的激烈竞争，而且跨境电商在推广传播的过程中，究竟有多少广告投入获得了纯的销售效果或者造成费用流失，又是无法统计的。相反，直播的商务模式却能让跨境电商清晰地看到受众的覆盖面和精确的粉丝增长速度，有鉴于此，跨境电商在执行网络直播营销模式下品牌营销的渠道策略时，就无须在线下单独再开品牌发布会。跨境电商需要做的是直播前的预热造势，径直在网络直播平台召开产品发布会，不必事后引流受众到淘宝购买，而是在直播同时边看边买，如此直接购买的商业模式省却了诸多渠道的环节，大大降低了品牌营销的渠道成本。例如，欧莱雅集团下的子品牌美宝莲，通过在戛纳电影节直播众多明星现场的幕前幕后新闻，创下了 311 万总观看数、1.639 亿点赞、72 万总评论数等记录，仅仅直播四个小时就带来了非常直接的销售效果。

3．抓住直播特色来开展定价

考虑到跨境电商直播的实时和互动性，对于产品的定价方法必须考虑现场氛围特点，既要有敏感产品的低价引流，让消费者在短时间内感受到直播现场所带来的品牌促销实惠，更应该在短时间引流成功的前提下，抓住现场营造的人气旺势，实时利用网红主播的号召力，采用撇脂定价方式让非敏感产品快速地获取利润。例如，对于希望构建品牌产品差异化的电商来说，可以通过直播来突出产品的差异性以期获得较高的溢价能力，B2B 巨头 GE 企业就推出了以"Droneweek"为主题的 5 天无人机直播，展现了此款产品的复杂技术和高性能，伴随在不同社交媒体无人机爱好者群内的直播推广，此款无人机产品与众不同的高性能，已经在社群直播观众内心留下了深深烙印，随之而来的定价完全可以凭借以上产品差异化特点以直播的模式来确定。

直播的打赏模式已经逐步成为其变现的主力，打赏道具的定价技巧直接决定了这种模式可以变现的程度，首先是道具种类的多样化，高中低端不同定价区间的逐步拉开，让直播的打赏变现不再是土豪的专利而转变为全民打赏的常态。TFBOYS 通过美拍直播平台和粉丝进行了一个小时的互动，这个直播视频通过社交媒体的各类社群传播后，获得了高达 30 万元的打赏变现，根据直播现场美拍打赏道具的价格统计，占主流的是中低价格的打赏道具，这正说明了全民打赏时代的到来。

4．做好品牌服务在于情景营销下衍生的连接效应

手机品牌小米每次直播都可以获得众多粉丝的拥护，随之而来的小米官网新品在线订购也直线上升，这些购买行为的发生更多地源于消费者对小米品牌理念的认同。小米品牌所构建的服务模式更多的是社群受众的关系连接，而不再囿于传统的实物购买需要，品牌

直播所造就的社群感情纽带的牢固连接，也已构成了品牌服务的基础。

由此直播下的跨境电商品牌服务应重点强调基于社交媒体的连接效应，这种连接包含了受众与品牌、受众与受众、受众与 KOL 等多个环节，此时的品牌服务应强调上述连接的黏性，无论是直播前期的造势、直播现场的变现、后期产品的跟踪服务都离不开品牌在社交媒体与受众的实时互动分享，跨境产品的受众正是在品牌所营造的这种情景氛围中获得良好的服务体验，才可能在后续的直播中再次为自己心中的品牌买单。

【本章小结】

本章首先介绍了社会化媒体营销的概念、特点、价值和优势，然后简述了跨境电商品牌社会化媒体营销存在的问题和策略，接着重点阐述了跨境电商品牌的微博营销、短视频营销和网络直播营销。

【本章习题】

一、名词解释

社会化媒体营销　　体验营销　　饥饿营销　　网络直播营销

二、简答题

1. 为什么要进行跨境电商品牌的社会化媒体营销？
2. 社会化媒体营销的优势有哪些？
3. 短视频营销的方法有哪些？
4. 网络直播营销目前存在哪些问题和风险？
5. 如何根据跨境电商品牌来选择营销模式？

案例分析

Lazada 防疫产品跨境直播

Lazada 是阿里巴巴持股的全资子公司，2019 年底启迪创新跨境与阿里巴巴集团在杭州签署合作协议，两者共同在南宁保税区建立起来了拉扎达跨境生态创新服务中心。该服务中心主要面向的对象是东南亚跨境电商市场的国内外卖家，进行服务的提高，其中主要包含卖家孵化、直播和多语言跨境电商培训服务等。该系统提供了跨境电商卖家政策等，助力跨境电商成长。三月份 Lazada 八周年庆暨"壮美广西·三月三暖心生活节"之际，启迪创新跨境打造专业的 KOL 直播服务，为卖家增粉、引流，提高了销量，增加了品牌曝光。

在东南亚此次疫情最为严重的时候，启迪创新跨境紧急筹集防疫货源，开通防疫相关产品的网络直播专卖场，跨境直播成绩显著。例如 FITFITT 防疫物资直播中，吸引近万人次观看，销量直冲云霄，直播增粉 500%，这次跨境直播超出了很多人的预期，包括平台方 Lazada 和品牌方 FITFITT，也引起了业内人士的关注。"能够达到这样的效果，全依赖于足够专业的直播服务。"Lazada 方评价道。东南亚规模和实力最大的电商平台——启迪

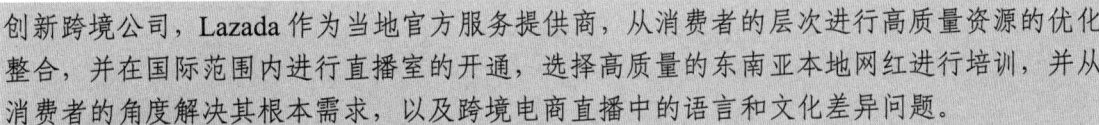

创新跨境公司，Lazada 作为当地官方服务提供商，从消费者的层次进行高质量资源的优化整合，并在国际范围内进行直播室的开通，选择高质量的东南亚本地网红进行培训，并从消费者的角度解决其根本需求，以及跨境电商直播中的语言和文化差异问题。

（资料来源：杜雪纯，跨境直播带货营销模式研究。）

根据以上案例分析下面的问题：

1. 影响消费者购买意愿的重要因素有哪些？
2. 跨境电商直播过程中要注意哪些问题？

第 9 章 品牌国际化与知识产权保护

【本章要点】

- 品牌国际化
- 跨境电商品牌国际化趋势
- 品牌国际化的误区
- 跨境电商品牌国际化的路径选择
- 品牌国际化路径选择的制约因素
- 推进跨境电商品牌国际化的措施
- 跨境电商知识产权的保护
- 跨境电商商标权的保护
- 跨境电商专利权的保护

【引导案例】

小米品牌国际化

2013 年 8 月，谷歌安卓业务高管雨果·巴拉加入小米，担任国际业务副总裁一职，负责国际业务拓展，标志着小米国际化的起步。作为国际化的第一站，小米选择了印度这一世界第二人口大国。同为发展中国家与人口大国，印度的手机市场却远没有我国成熟，但这也意味着成长的潜力。2014 年 7 月，小米印度公司成立，并推出第一款产品 Mi 3。小米复制了其在国内的发展模式，在进入印度市场初期仅采取线上销售模式以控制成本。由于小米产品售价贴合印度市场需求，进入印度市场首月，其销量便达到 12 万台。2015 年 4 月，小米在新德里发布了其第一款专门面向印度市场的旗舰手机 Mi 4i。这一型号手机售价 12999 卢比，相较于苹果三星等国际知名品牌的高昂售价，这一售价更容易被印度市场所接受。

随着一些"爆品"的推出，短短三年之后，在 2017 年末，小米便击败三星，以 25.3%的市场占有率成为印度市场第一名。同时，印度也成为小米全球第二大市场。如今，小米在印度市场已连续五个季度夺冠，市场占有率也进一步提升至 30%。除印度以外，小米在其他"一带一路"国家也有所投入，尤其以"一带一路"中几个人口过亿的大国为主，并且其国际化策略也有所转变，更加注重产品的本土化和线下渠道销售。在印度尼西亚，小米实行"印尼制造"计划,在当地建立工厂。其首家工厂年产量达 100 万台,自 2017 年起,小米在印度尼西亚所销售的手机已经基本实现本土生产。在巴基斯坦,小米与分销商 Smart Link Technoloaies 合作销售手机,并将 Daraz.pk 作为线上销售伙伴。2018 年 1 月 6 日,越南第一家小米之家在胡志明市开业。2 月 19 日,小米之家首次进驻菲律宾首都马尼拉的市中心。

在东欧和中东市场,小米也有所发力。虽然进入东欧市场只有短短两年,但小米已经在俄罗斯、白俄罗斯及乌克兰市场取得了市场占有率第一名的成绩,市场占有率均超过 30%。在中东地区,小米于迪拜波基曼购物中心开设了第一家小米之家,埃及等其他地区也将设立几家授权店。同时,小米的销售策略也已发生变化,其计划在海外设立 1000 家授权店,结合现有的互联网线上销售渠道,打造"新零售"模式。

(资料来源:王子辰,"一带一路"背景下国产手机品牌国际化策略分析。)

9.1 品牌升级和品牌国际化的内涵

9.1.1 品牌升级的概念

品牌升级是按照企业的战略规划,在每个阶段来提升品牌的内涵。品牌升级要使品牌内涵围绕目标市场不断升级,并以此带动企业进行管理手段创新、管理水平提升,促进经济效益的发展。

品牌升级是企业建立和维护品牌资产的重要品牌战略和策略。品牌升级是营销学上的术语,指随着企业经营环境的变化和消费者需求的变化,品牌的内涵和表现形式也要不断变化发展,以适应社会经济发展的需要。品牌升级作为企业战略转型的重要手段,从营销观念发展的第一个阶段开始便已经成为各知名企业常用的营销策略。品牌升级是企业在新的经营环境下,为了提高市场占有率、保持品牌竞争优势而进行的品牌再造,是品牌资产增值的一种方法。

9.1.2 品牌升级的内容

品牌升级包括提高品质管理和生产规模,升级市场营销网络和组织结构、提升企业形象和产品更新换代。

9.1.3 品牌国际化的内涵

品牌国际化的内涵是在全球化市场视野下打造全球性的品牌,并在不同的市场中实施不同的品牌策略。在进行企业品牌的全球化建设时,关注的是品牌的核心价值、品牌形象、品牌个性、品牌定位等方面的新塑造,最终带来的是企业整体系统的升级和发展,而不单单是海外建厂、收购或兼并品牌等。

中国银行品牌国际化

对跨国公司来说，中资银行品牌影响远逊于外资银行，如像花旗银行这样的跨国银行具有中资银行可望而不可及的全球服务网络和全能银行的服务产品。而跨国银行和跨国公司多年以来的全球合作关系，更令二者的合作有某种默契。南京爱立信倒戈事件，折射出中外银行品牌之间的巨大差距。对追求全球成本最低化的跨国公司来说，选择外资银行是一种环境允许下的本能反应。

全球网络和全球服务的欠缺，令中资银行在谋求全球品牌的路上步履蹒跚。更为关键的是，中资银行海外客户资源的稀少。中资企业真正在海外闯世界的少之又少，像青岛海尔这种将厂房设到美国的，更是屈指可数。而花旗银行开拓境外客户的一个重要途径，便是老客户在全球拓展市场时，需要金融服务相伴而去，这为花旗银行全球统一服务提供了客户基础。

一般来说，通向世界名牌的必由之路，是规模化、集团化、多样化、国际化(简称"四化"道路)。对中国银行业来说，"四化"道路皆不平坦，国际化之路漫长。

在中资银行中，创建全球品牌迈出步伐最大的是中国银行。

"中国银行、全球服务"是中国银行的品牌定位；而将中国银行打造成为中国的花旗银行，正是中行人的愿景。

(资料来源：作者根据相关资料整理。)

9.1.4 品牌国际化的意义

品牌国际化能为企业带来诸多好处，主要体现在以下方面。

1. 低制造与营销成本

企业的市场已经扩大，他们需要生产更多产品来满足世界市场的需求。生产规模扩大，带动生产和流通规模经济。在这种情况下，企业可以利用自己的技术优势，选择合适的采购系统，依托计算机和网络技术来实现全球采购的管理。随着产量的增加，综合成本降低，有效提高了生产效率。全球性采购可以降低原材料成本，而选择在劳动力成本低的其他国家进行生产也可以降低成本。

品牌国际化后，企业可以在包装、广告宣传、推广等营销方面开展全球统一的活动，进一步减少营销成本。

2. 品牌国际化可以帮助企业获得更大的市场份额

品牌国际化让产品能够及时地到达目标市场，让竞争对手没有时间去应对。

品牌国际化也会分散市场风险。现在竞争越来越激烈，企业要想获得更多的市场份额最好的办法就是"走出去，面向世界"。比如20世纪90年代，我国的发展非常迅速，但国内市场空间毕竟有限，家电品牌之间的竞争白热化，出现了恶性价格战，这对行业来说是非常不利的。许多有远见的企业开始着眼于国际市场，并且做得很好。因此，品牌国际化能够帮助企业在国内发展受阻的情况下，突破国内边界，找到更多的发展空间。

3. 扩大品牌的影响力

全球性品牌不仅表明企业的长期生存，还表明企业有能力生产有竞争力的产品，特别是高质量的工业品或耐用消费品。这个品牌是全球范围最畅销的品牌，说明这个品牌有很强的技术能力，能够让消费者喜欢和信赖。比如，日本品牌、韩国品牌，甚至欧洲品牌，以进入美国市场作为自己的实力和地位的显示，一旦成功，还通过广告来进行宣传，这样品牌就可以更好地在消费者心中树立起自己的品牌形象，世界其他国家会更容易接受。

4. 品牌国际化能够帮助企业获得更大的溢价能力

名牌尤其是国际名牌的溢价能力是众所周知的。福建晋江制造的运动鞋在被贴上"NIKE"标签后，价格翻了一番，而当地企业的代工费收入却很少。对于一些具有国际化经验的欧美品牌来说，品牌国际化带来了丰厚的利益，坚定了他们的国际化信念。而国内品牌在这些地方也不断地被"贴"上各种标签，这对我们来说是一种很好的教训，反映出我们的品牌战略实施得不当。例如，来自欧美、日本和韩国的电子产品、汽车和日化用品，通过在其他国家的品牌延伸，取得了巨大的商业利益。

5. 增加竞争的经验

品牌国际化可以提升企业竞争能力。企业在国内的研发、生产和销售，可以学习国外先进的技术、管理经验和营销方法，从而提高自身的整体竞争力。品牌国际化是企业发展战略的重要组成部分，也是企业国际竞争力的重要体现。

6. 品牌国际化能够进一步优化员工结构，提高员工的整体素质和水平

在国际上具有影响力的品牌，以其良好的声誉和形象，可以吸引国际优秀的管理人才和一流的员工。而有影响力的国际品牌可以激发员工更高的士气，提升员工的忠诚度和自豪感。跨国公司是国家的经济支柱，跨国公司员工的素质直接影响着国家经济的发展，是国家经济发展的基础。许多有才能的人都想在跨国公司工作，因为他们知道跨国公司的平台可以帮助他们在职业道路上走得更快更远。这样一个良性循环将极大地提升企业的国际竞争力。

事实上，本土化概念和国际化概念是紧密联系在一起的，就像硬币的两面一样。本土化不是狭隘的地域观念或族群对立，而是实施更加和谐的国际化扩展的必要手段。国际化是为了更好地发展本土化，而本土化又是国际化的目的之一。本土化并不意味着国际品牌化形象的消弭，正如没有人会认为销售豆浆、油条和粥饭的肯德基是一个中国品牌。只有在当地消费者的支持下，品牌的国际化才能落地生根、开花结果。

因此，要想成功进入国际市场，对于我国大多数企业来说，除了实现资本、技术、规模等硬件指标外，还需要用新的国际化营销理念取代传统的生产观念和本土推销观念，将"品牌先行"的意识注入国际化的每一个环节。

海尔的国际化战略

海尔创立于 1984 年，是一家全球领先的美好生活解决方案服务商。在持续创新创业过程中，海尔集团始终坚持"人的价值第一"的发展主线。海尔集团创始人、名誉主席张瑞敏提出"人单合一"模式。

海尔始终以消费者体验为中心，踏准时代节拍，从资不抵债、濒临倒闭的集体小厂发

展成引领物联网时代的生态型企业，连续 3 年作为全球唯一物联网生态品牌蝉联 BrandZ 最具价值全球品牌 100 强。海尔拥有上市公司 3 家，在全球设立 10+N 开放式创新体系、29 个工业园、122 个制造中心、108 个营销中心和 24 万多销售网络，拥有海尔、卡萨帝、Leader、GE Appliances、Fisher&Paykel、AQUA、Candy 七大高端品牌和全球首个场景品牌"三翼鸟"，构建了全球引领的工业互联网平台卡奥斯 COSMOPlat、孵化了日日顺供应链、盈康一生、海尔生物医疗、海纳云、海创汇等众多子品牌。

> **海尔企业发展战略**
> 1. 名牌战略 （1984—1991）
> 2. 多元化战略（1992—1998）
> 3. 国际化战略（1998—2005）
> (1) 第一阶段：自主扩张。个性化产品
> (2) 第二阶段：一定规模的兼并收购。在世界各地建立生产基地，为全球化战略打下基础，从"出口"走向本土化
> 4. 全球化品牌战略（2005—至今）

海尔连续 13 年稳居欧睿国际世界家电第一品牌，子公司海尔智家位列《财富》世界 500 强和《财富》最受赞赏企业，旗下卡奥斯 COSMOPlat，连续两年在工信部双跨工业互联网平台中排名榜首，被 ISO、IEEE、IEC 三大国际标准组织指定牵头制定大规模定制模式的国际标准。物联网时代，海尔生态品牌和海尔"人单合一"模式正在实现全球引领。未来，海尔将继续携手全球一流生态合作方，建设衣食住行康养医教等物联网生态圈，为全球消费者定制个性化智慧生活。

（作者根据相关资料整理。）

9.1.5 国内品牌国际化

问题：如何实现国内品牌国际化？

当前，世界经济已呈现市场国际化和资本多国化国际化的趋势，国内品牌国际化已经成为企业的战略选择。国内品牌国际化是国内品牌与国际市场消费者沟通的过程，本质上是全球一体化与本土化的统一，是成为世界名牌的必然选择；在我国企业走向世界的进程中，如何加强品牌国际化经营的理论研究和实践探索，是企业走向国际化经营的关键环节。

1. 国内品牌国际化的背景

（1）国内市场的国际化，即经济全球化，有助于提高国内市场的全球化程度。世界各国的品牌都在努力寻找品牌国际化的道路，国际化经营和国际化战略已经成为品牌经营的重点。这种观念的形成是以中国改革开放的发展和对外开放政策的实施为前提的，并在中国的改革开放实践中得到了体现。

（2）企业竞争方式的变化。目前，企业的竞争方式是品牌竞争，品牌国际化已成为企业发展的核心目标。

（3）国际传媒的发展为品牌国际化提供了更多的机

> **品牌国际化衡量标准**
> 定量标准：
> 1. 品牌的知名度和美誉
> 2. 品牌评估的价值
> 3. 经营国际化的比重
> 定性标准：
> 1. 品牌国际化经营的时间
> 2. 品牌国际化的区域分布
> 3. 品牌国际化的输出方式

会，现代传媒创造了品牌国际化发展的条件。

(4) 企业的生产能力信誉。随着生产工艺的改进，企业寻求更大的国际市场。在社会公众对企业的评价中，企业的生产能力信誉是重要的指标之一。

(5) 政府大力支持。品牌是一个国家综合实力的重要部分，所以各国都会大力支持企业品牌的建立。政府在推动产业发展，促进企业技术创新，加强对外贸易等方面发挥着重要的作用。

(6) 走出国门，打造国际性，是国人对国内品牌的期待。

国内品牌要在国际化的道路上对外树立品牌形象，对内践行执行力度，被称为五个"内功"。第一，确定品牌名称，选择一个好的品牌名称是成功的开始；第二，完善品牌的结构，使每个品牌有自己的代号，自成体系；第三，打好品牌价值的烙印，取得竞争优势；第四，打通品牌的价值桥梁，让母品牌焕发新的生命活力；第五，做好品牌的维护，包括品牌形象、品牌忠诚度、品牌的战略。

2．国内品牌国际化是品牌发展的一个高级阶段，可以给企业带来无穷的利益

(1) 品牌代表着产品的光辉形象，代表着企业的雄厚实力，让企业拥有大量的追随者和忠诚者。

(2) 品牌的国际化、庞大的消费者群体和巨大的市场潜力会给企业带来巨大的利润。

(3) 品牌国际化能够使企业在市场竞争中占据居高临下的地位，提高企业与竞争对手谈判的议价能力。

总之，全球经济一体化带来了品牌国际化，品牌国际化加速了全球经济一体化的进程。

9.1.6 品牌国际化发展策略

品牌国际化并不意味着统一化策略或区别于国际市场的战略或策略，而是在国际化市场的基础上发展自己的品牌，成为知名品牌。也就是说，企业要有全球范围的战略眼光，依托国内市场的实力，努力做大做强企业，扩大影响面，成为世界知名品牌，在不同的国内市场实施不同的国际化战略。在品牌国际化的发展过程中，国内企业也要注意自身的品牌定位和发展战略。

一般跨国公司在国际市场的总体发展战略是"思考国际化，行动本土化"。也就是说，在全球市场上有类似的基本定位，但是战略重组可以因地制宜。其具体战略如下：

1．产品无差异化，广告和包装形式多元化。在面向全球市场的营销中，全球战略被分解为小区域内的战略，重点是与当地文化的沟通和交流，以使品牌容易为当地消费者所接受，并使国际化战略易于实施。例如，万宝路香烟的广告主题是根据当地市场环境量身定制的，在世界各地有20种不同的配方，以满足消费者的口味。广告宣传的主题是"美国销售第一"，广告标准语是"万宝路带给你丰富多彩、包罗万象的动感生活"。从20世纪70年代开始，万宝路开始在香港打广告。香港人欣赏美丽的风景和音乐，但对整天骑马放牛的牛仔形象却没有好感。牛仔在香港被认为是地下劳工，在感情上是不相容的。然后万宝路广告发生了神奇的变化，香港电视台播出的不是来自美国西部的纹身牛仔，而是事业有成的自由放荡不羁的年轻牧场主。在日本，它被宣传为一个征服自然并过着没有现代化技术的田园生活的日本牧民。在中国，万宝路广告展示了山丘、树林、海滨和沙滩上，一匹勇敢的马在空中奔驰的形象，伴随着优美的音乐。这种形式的设计与创新，是现代广告设计师们在广告设计中的创新思考与探索，使万宝路广告成为世界上最受欢迎的广告之一。无独有偶，中国青岛啤酒集团在拓展国际市场的过程中，在保持青岛啤酒鲜明特色的同时，努力满足当地消费者在色彩、图案组合、产品规格等方面的需求，找到最能吸引消费者的包装形式，使包装形式兼具统一性和多样性。产品形象，是品牌情感性利益的主要表现。

2．产品无差异化，促销全球化。21世纪，科学技术的快速发展，新产品的不断涌现，产品生命周期速度不断缩短，产品差异化不断降低，消费者需求的共同性不断增强，为品牌国际化战略的拓展带来了机遇和挑战，打破了传统的地域营销、广告促销、有形购物等，将品牌推广置于虚拟、无国界的网络空间中。全世界的网上消费者都可以直观、轻松地看到品牌的产品和服务。同时，企业可以更直接地获得消费者的信息反馈，获得第一手资料，调整发展战略。网上市场营销的特点是营销渠道、营销方式、营销手段、营销信息的虚拟性，网上市场将成为企业营销的主阵地。当前，企业应积极抓住这个时代的机遇，抢占网上市场，为未来的产品营销获取更大的空间。

3．生产基地无国界化，人才本土化，社会贡献本地化。可口可乐公司、宝洁公司等世界级跨国公司在中国投资，不仅在当地拥有较高的市场份额，建立了品牌忠诚度和美誉度，而且非常重视利用当地资源，为社会做出积极贡献。他们在招聘中国人才、加强原材料中国国产化、为中国带来税收收入、解决就业问题、改善企业管理、造就人才等方面取得了丰硕成果。这些企业在华投资建厂的根本目的是获取更多的市场份额，并将其转移到国外，从而获得更大的经济效益其成功的一部分原因就在于这一战略的深化。

品牌国际化发展之路任重而道远，只有企业成为国际化的企业，拥有国际销售网络和一流的国际服务营销体系，才有可能为建设全球化品牌铺路。

9.1.7　跨境电商品牌国际化的趋势

1．Shopify独立站的流量，在2020年得到了大范围爆发。流量爆发的部分原因是亚马逊现在要对流量收取更高的费用，因此shopify独立站的流量可能比亚马逊独立站的流量更有利，这些都是非常好的现象。更重要的是，这是一个超越亚马逊的机会，Shopify独立站创建可以带来品牌化，吸引消费者成为粉丝。所以产品要有一定的差异化，有一定的小众化产品，在一些平台长期推广，让消费者感受到品牌的力量。

2．跨境电商品牌国际化本质的冲突是中国的商家在亚马逊上的销售，与自主的产品推广，自主的流量之间的冲突。因为平台的竞争规则，必然会有更多的商家追求产品的大众化、产品的性价比，而品牌则更注重服务于一部分消费者的选择。在此基础上，外国消费者可能需要更加差异化和个性化的产品。因此，从原则上讲，建立独立站更像是对有利于亚马逊的统一比价模式的真正竞争。这种竞争实际上让中国商家在品牌化上有了可乘之机。而在亚马逊这样的一个平台上，他们的消费者更加偏好于独立站的形式，这是由于亚马逊的消费者在国外的消费者占据了绝对的优势。美国和欧美的消费者已经习惯了多渠道购物。在国外，他们可以搜索门户网站和社交网站，找到他们需要购买的网站的链接。国外的法律比较健全，他们认为这个过程是无风险的，所以他们对独立网站的认可程度比国内高得多。在这种情况下，他们可以通过更多的渠道，更独立网站，更多的渠道购买产品。

3．外国消费者更关心个人体验和差异化，而不是将自己界定为大众化消费者。他们更注重差异，个性表达，更注重购买非大众化的东西。在这样的环境下，跨境电商可能会迎来巨大的出海机会。

9.2 品牌国际化的路径选择

9.2.1 品牌国际化的重要性

从世界各国商业街、购物中心、媒体国际化的兴起和变化中不难看出，不同城市、不同市场的国家都将品牌国际化推到了舞台的中心位置。国际化品牌通常被理解为在多个国家或区域拥有较高知名度，并在不同市场得到消费者认可和接受的品牌。这些品牌在国际市场上的品牌定位、品牌个性和市场营销策略是一致或相似的。品牌国际化的定义和识别问题成为品牌管理的重要组成部分。品牌管理的核心问题是品牌国际化的识别和品牌识别系统的建立。国际化品牌在不同领域发挥着不同的作用。从经济意义上来说，该品牌的国际化形象使消费者更易于接受较高的价格。国际化品牌已经成为国内外学者们研究的热点。在消费心理中，国际化品牌形象是指能够为全球消费者塑造品牌产品的国际化形象，从而使消费者将品牌作为一种标志，在全球范围内为自身品牌创造独特的身份和价值。随着国际化品牌经济影响力的不断提升，许多研究机构开始关注品牌国际化的定义和认知度。从Levitt (1983) 发表了一篇关于国际化的文章以来，学者们开始注意品牌国际化对企业的影响。在供给侧，品牌国际化可以在研发、制造、资源分配和市场营销等方面提供更具成本效益的规模回报。品牌国际化可以避免品牌为应对当地环境而做出过度调整，使品牌更快地进入国外市场。品牌国际化的一致性也可能会导致品牌定位的偏差，从而导致品牌形象的偏离。从需求角度来看，品牌国际化相对稳定和一致的品牌定位，可以使企业受益于在全球范围内树立的独立品牌形象。由于全球目标消费者有着大致类似的需求和品位，国际化品牌定位的调整将更加一致（Ozsomer and Simonine，2004年）。与此同时，品牌国际化也提出了自身的挑战。不同国家或地区的价值观、文化水平和经济发展水平可能存在较大差异，导致一些消费者的需求和产品的使用方式可能存在较大差异，因此某些情况下国际化和本土化之间需要实现恰到好处的平衡。品牌国际化过程也可能是多种因素影响的结果，如：在市场经济发达的国家和地区，与品牌相关的各种营销组合要素可能有很大的不同，消费者对营销组合要素的反应也会因市场而异；在不同的市场中，产品可能处于不同的生命周期阶段，所以品牌和产品的开发面临不同的市场环境；在不同国家或地区，法律环境和营销规则可能存在很大差异，这些都是品牌国际化进程中需要面对的挑战。

1. 客观现实：国内市场国际化

随着科技和经济的发展，经济全球化已经成为现代世界的潮流趋势，主要体现在经济全球化发展推动下，各国相互依存程度日益加深，互为市场，国内市场国际化程度日益加深。经济全球化是当今世界经济发展的主流，也是各国经济发展的客观必然。我国的对外开放政策促进了国内市场的国际化。改革开放以来，我国不断推进贸易自由化，降低关税和削减非关税壁垒，出台优惠政策吸引外资。上世纪90年代末，中国在全球市场的市场份额不断增长。目前世界500强企业中有400多家在中国，他们从传统的技术输出转向独资经营，并将其业务本地化。

2. 品牌国际化战略自身优势

品牌国际化战略自身具有以下优势。

(1) 实现生产和流通规模经济。在供给侧，品牌国际化可以继续在大规模生产和大规模流通中产生规模效应，降低成本，提升生产效率。经验曲线告诉我们，随着累计产量的增加，生产制造成本将会下降，品牌国际化将促进生产和销售，从而在生产和流通中实现规模经济。从需求方面来看，品牌国际化对中国制造业出口增长的促进作用不显著，但是对出口规模的扩大有着积极的影响。

(2) 降低营销成本。实行品牌国际化，可在包装、广告宣传、促销等营销环节统一开展活动。相比在各国采用传统的品牌化行为，降低经营成本的潜力更大。统一的促销策略，统一的价格体系和统一的产品质量，可以有效地降低营销成本。实施品牌国际化战略是分散营销成本的最有效途径。像索尼和戴尔这样的企业已经在全球范围内采用了统一的广告宣传。

(3) 感染力。国际化品牌向世界各地的消费者传递着一个信息，那就是他们的产品与服务值得信赖。国际化品牌的产品在全球范围内拥有忠实的消费者群。该品牌的产品能够销往全球范围，证明了该品牌强大的技术和专业能力，以及消费者对其产品的认可。世界各地的消费者会都选择这个品牌，说明这个品牌的质量很高，给消费者带来了方便。

(4) 品牌形象的一贯性。由于消费者流动性的增强，消费者可能会在其他国家看到该品牌。品牌形象是由广告宣传所建立起来的；不同的媒体对不同消费者进行统一的宣传，可以体现出相同的品牌价值和形象，维持品牌的一贯性。

(5) 知识的快速传播。品牌国际化可以提升组织竞争能力。在知识经济时代，企业间的竞争，归根结底是知识的竞争。在一个国家产生的出色的想法或建议，可以被迅速和广泛地吸收或采用。无论是研发、制造、营销还是销售，在全球范围内不断学习新知识、不断改进，都能提高企业的整体竞争力。

(6) 统一性营销活动。营销者对品牌产品的属性、生产方法、原材料、供应商、市场调查、价格定位等都非常熟悉，并对品牌的促销方式有详细的方案。品牌国际化的统一性营销活动会涉及以下几个方面：统一包装、标准化产品、同步的产品发布、协调一致的销售广告、统一的定价、同步的促销活动等。因此，营销者可以通过对品牌的统一性营销活动来吸引全球范围内的消费者，增加品牌忠诚度，提高企业的经济效益等。

第9章 品牌国际化与知识产权保护

全球电池大王——比亚迪

1995年，王传福创办比亚迪的时候，因为没有钱与过多的技术积累，他并没有带领比亚迪进入一个更冒险的领地——自主品牌研发领域，而是选择了更为稳妥的代工领域。当时，王传福看到国际市场上应急灯、无线电钻、电锯等产品对镍镉电池的需求量很大，于是，他率领比亚迪进入镍镉电池的代工领域。

正因为进入OEM市场门槛低，而且中国具有得天独厚的人力资源优势，所以中国成为了全球最重要的OEM生产基地。但是，比亚迪的成长过程却打破了代工企业的一般发展规律。

比亚迪在代工镍镉电池领域站住脚跟后，王传福并没有满足于此，而是积累进入具有更高科技含量的镍氢电池、锂电池的资本市场。通过开发锂电池技术，比亚迪不仅拥有了和全球电池巨头索尼、三洋等企业同台竞争的机会，同时，还得到了摩托罗拉、诺基亚、爱立信等大客户的订单，使比亚迪开始为全球知名企业代工。

得到像摩托罗拉、诺基亚等大客户的订单只是王传福带领比亚迪走出代工的第一步。一开始，比亚迪只是代工摩托罗拉和诺基亚的锂电池业务。但是，当摩托罗拉、诺基亚加大手机研发和生产力度，抢占市场的时候，比亚迪并没有"坐山观虎斗"，而是成为双方的合作伙伴，从手机锂电池领域延伸到手机组装和设计领域。现在，像诺基亚这样的客户只需要提出要求，比亚迪就能提供从设计方案到最终生产的一站式ODM服务。对此王传福曾骄傲地说："代工只是我们的一种服务，背后我们卖的是我们的零部件，卖的是我们的技术。"

而且，比亚迪作为全球电池市场中的后来者，必须要在技术上有所创新突破，才能从电池巨头手里抢到订单。就像王传福说的："走别人的路再和别人竞争是没法竞争的。关键是怎么想，包括后面的汽车，你和别人一模一样的打法，你凭什么打赢？"王传福的言外之意似乎在说，比亚迪之所以能成为全球电池大王，当然有自己独特的后发优势。

在成为全球电池大王后，王传福并没有满足于此。因为王传福清楚，当今企业间的竞争已经进入品牌力的竞争时代，而自主品牌才是衡量企业自主创新的重要标准。他说："为什么培育自主品牌是衡量企业自主创新的重要标准呢？因为品牌竞争力已成为国家竞争力的重要体现。能否培育拥有自主知识产权的自主品牌，并使之成长为世界名牌，进而以此为基础使企业成长为世界级企业，已成为衡量我国企业是否具有核心竞争力、能否实现持续发展的重要标志。努力创造拥有自主知识产权的自主品牌并形成自主品牌体系，应该成为我国企业创新发展的目标。"

于是，王传福带领比亚迪进入汽车行业。当时，他的行为几乎遭到了所有人的反对，但王传福却说："当我发现比亚迪也有做汽车的市场机会时，我冲上去都嫌慢，我要扑过去。"王传福的话，曾经被很多人认为是"头脑发热"。可是，出人意料的是，短短的几年时间内比亚迪就开创了自己的汽车品牌，实现了比亚迪从OEM到ODM再到OBM（原始品牌制造）的突围。

（资料来源：王静，《巴菲特为什么看中王传福》，江苏人民出版社，2010年6月。）

9.2.2 品牌国际化的误区

误区1：国外消费者抵触中国品牌

华通明略的《中国品牌全球化研究报告》对英国、美国、澳大利亚等发达国家市场和中国、南非、印度和马来西亚等发展中国家市场进行研究后发现，虽然马来西亚、澳大利亚等一些靠近中国的国家对中国品牌略知一二，但其他发达国家和发展中国家对中国品牌并不熟悉。研究还发现，国外消费者不愿意接受中国品牌的现象并不普遍，但对产品的接受程度存在差异。这些国家的消费者在对中国品牌的接受程度、态度和偏好等方面都存在显著差异。因此，在制定扩张策略时，品牌应该有选择地进入市场并制定相应的战略。对于发展中国家市场，Millward Brown 亚太、中东、非洲区 CEO Travyn Rhall 说，品牌应该注重促进产品本身的功能，对于竞争对手产品功能相近的发达国家市场，与消费者的情感联系是成功的关键。天语手机等一些科技品牌的国际化路线主要是进入发展中国家（印度、中东国家、非洲国家等）市场，这些国家更容易接受这类技术，因此取得了一些成功。

误区2：我们更应该强调自己是"From China"

Travyn Rhall 表示，在品牌国际化过程中，中国企业无须强调自己是"中国品牌"。作为一个品牌国际化尚处于起步阶段的企业，最需要的是消费者对产品的体验，逐渐形成对品牌产品的了解。中国品牌在国际化过程中，需要调整其品牌定位策略、品牌是中国文化的一部分。中国品牌管理者认为，"中国文化因素是品牌吸引外国消费者的关键"，往往将中国文化元素纳入产品或营销活动中，而牺牲了对当地市场与文化的了解。关于全球化的研究表明，当消费者考虑是否购买一个品牌的产品时，来源国只是一个因素，消费者还会参考其他信息。"没有足够的信息来做出判断"往往是海外消费者不愿意购买中国品牌的一个重要原因。

误区3：在国外市场照搬中国消费者的心理

中国品牌管理者的另一个认知误区是，他们对国外消费者的购买习惯存在很多猜测，并且不深入了解国外与国内消费者之间的差异。比如，中国消费者在选择品牌时，往往更注重流行和颜值。但外国消费者，尤其是发达国家的消费者，往往更注重自我感受，如何加强品牌与外国消费者之间的情感连接，是中国品牌取得成功的关键。在海尔冰箱上市后，这种误区得到了改善，海尔冰箱不仅仅在产品设计上满足了消费者的需求，还将产品与当地消费者的心理需求相融合。Travyn Rhall 认为，海尔正是因为对国外本土市场的深入研究，才取得了品牌国际化突破性进展，并最终成为美国最大的小型冰箱制造商。

海尔在澳大利亚的冰箱、洗衣机等产品的广告，就是海尔通过一系列广告，将低价转化为优势的一个很好的例子，同时海尔也关注消费者的切身需求，让消费者对品牌产生情感上的共鸣。

中国品牌必须更加开放，注重传播针对当地消费者的信息，如安全和规范的产品制作过程、工人舒适的工作条件等，都可以成为中国品牌营销策略中的重要因素。以纺织服装品牌国际化为例，主要存在以下几个问题。

1. 思想认识误区

对我国纺织服装企业的品牌国际化存在一定的误解，认为纺织服装企业视觉识别系统采用国际企业设计，或者为大型国外企业进行 OEM 加工，就是纺织服装企业的品牌国际化。品牌国际化是要在国际市场上建立起强大的品牌地位，从而获得品牌的溢价能力。纺织服装品牌国际化应该是一个动态的过程，我国纺织服装企业的品牌国际化必须要有一个长期的发展战略。

2. 品牌研发能力相对较弱

中国大部分纺织服装企业都是从贸易起步的，大部分企业缺乏自主品牌的品牌研发设计，品牌研发能力相对较弱，尤其是新型纺织面料的研发力量还不够。目前，我国有 40 多万家纺织服装品牌，但这些纺织服装品牌的国际知名度还很有限，缺乏世界知名品牌。与大型国际品牌相比，我国纺织服装品牌建设时间较短，规模较小，实力不强，国际化进程经验不足。因此，中国纺织服装企业要想提升产品的市场竞争力，就必须加强纺织服装品牌建设，提升其核心竞争力。

3. 投资区域相对集中

我国纺织服装品牌的投资区域相对集中在发展中国家和地区，虽然国内知名纺织服装品牌多年来一直在发达国家开拓市场，投资方向多元化，但在发达国家的投资比例仍然较小，集中在少数国家和地区。中国纺织服装品牌的投资区域也是相对集中的，主要集中在美国、德国和日本。

4. 国际市场进入手段单一

中国纺织服装企业综合竞争力不强，缺乏跨境经营人才和经验，纺织服装品牌在国际市场文化、环境等方面还不熟悉，企业在品牌国际化进程中选择的手段还比较单一，面对大品牌的竞争，缺乏应对措施，把握市场机遇的能力较差。

随着越来越多的中国品牌走出国门，中国品牌管理者开始走上品牌全球化管理和国际竞争的道路。虽然中国制造产品早已远销海外，但中国品牌的海外成功之路并不平坦。其中最重要的一个因素是对海外消费者缺乏了解，因此海外品牌战略往往没有针对性。

5. 对"中国制造"概念的理解有偏差

说到中国品牌国际化的挑战，人们经常提到的第一件事就是"中国制造"，以及"中国制造"概念带来的"低价品、劣质品、低端产品"的负面内涵。过去，"中国制造"的标签一直是海外消费者购买中国品牌的最大障碍。如今的中国品牌在国际市场上的形象和声誉并不尽如人意。

对中国品牌国际化的研究发现，事情并没有我们想象的那么糟糕。研究发现发达国家和发展中国家影响消费者购买决策的因素总体上是一致的，排名前三的因素分别是产品的质量、价格、售后服务。在全球范围内，中国制造业品牌的全球知名度与竞争力排名一直处于较高的水平。

影响消费者购买决策的因素如图 9-1 所示。这个排名表明消费者在做出购买决策时，并没有主动过多地关注产品的生产地和品牌的来源地。中国品牌的形成和发展与"中国制造"有着密切的联系。可以想象,"中国制造"对中国品牌在世界舞台上的影响并不是不可逾越的障碍。

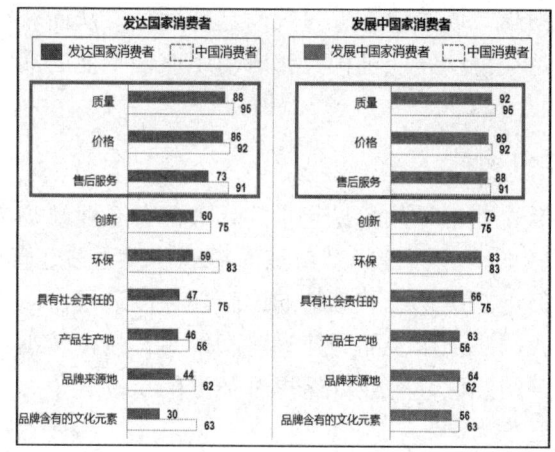

图 9-1　影响消费者购买决策的因素
（数据来源：2011 年华通明略《走向全球》调研报告）

对全球化的研究也证明了这一点。在海外消费者中，中国品牌的接受度达到 51%，这意味着超过一半的人愿意考虑购买来自中国的品牌。这与美国、欧洲和日本的品牌相距甚远，但与韩国品牌最近有所增长的接受度（50%）相当，并明显高于印度品牌在另一个发展中国家的 44%的接受度。

这就为许多品牌提供了削弱其原籍国影响力和树立自己品牌形象的机会。例如，三星、尼康、宝洁和联合利华等许多日用品品牌都成功削弱了它们的品牌来源地的影响。

另外值得注意的是，虽然消费者对中国品牌的整体接受度因国而异，但接受中国品牌的意愿却大同小异。如图 9-2 所示，在海外消费者中，中国品牌最受欢迎的五大类产品包括：电脑和 IT 科技类产品、家电、零售商、服饰和游戏机。这也揭示了中国品牌在上述领域的潜在市场机会。

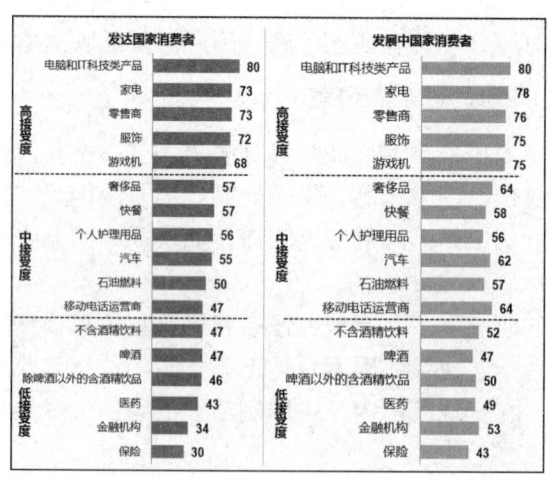

图 9-2　中国品牌最受欢迎的五大类产品

尽管与"中国制造"有着负面的联系，但在多数情况下，消费者并没有积极关注产品的产地或品牌的来源。在品牌国际化初期，品牌沟通宣传要充分利用中国文化区分品牌，更要树立国际化视野，明确"有意义的差异化"的品牌理念。

9.2.3 品牌国际化拓展中出现的问题

近年来，中国企业在培育国际化品牌方面取得了一定成绩，形成了一批在国际上有较大影响的知名品牌。但总体来说，由于种种原因，中国企业的品牌国际化仍面临诸多问题。

1．国内企业对品牌国际化认知程度不够

国外企业的品牌成长已经上升到知识产权保护的高度，转而发展品牌的内在价值，强调品牌的产品扩散效应和行业组织的聚集效应，以获得更高的收益，而国内企业仍然停留在品牌的外部标记形象上，只认识到品牌作为产品的附属品和象征的作用。

2．品牌缺乏整体规划、个性不足，缺乏创新和发展能力

成功的品牌形象塑造涉及企业经营管理的方方面面，如产品质量、技术开发、通用品牌设计、广告策划、国际市场营销等。我国一些企业在品牌设计的科技、文化、艺术等方面内容不够丰富，吸引力不强，大多数企业不能随着国际市场需求的变化和消费者偏好的转变及时改进现有品牌，重新设计国际化品牌形象，导致品牌创新普遍缺乏。在品牌形象塑造中，必须坚持以人为本，以创新精神为品牌塑造国际化形象，这也是品牌形象塑造成功与否的关键之一。

3．品牌国际化发展策略存在误区

企业品牌国际化发展策略需要科学的经营理念和精湛的高超运作技巧，但企业国际化品牌策划者在实际工作中却出现了很多问题：有的企业认为好的国际化品牌就是要在国外电视上做好外文广告；一些企业放弃了自己的品牌，转而采用外国企业的品牌；有的企业低价出售、转让品牌，造成品牌资源浪费；有的企业以为自己的品牌就是世界一流的品牌。

9.2.4 制约跨境电商品牌营销渠道建设的因素

由于各种制约因素会影响营销渠道建设目标的实现，跨境电商企业在设计和建设营销渠道时，权衡各种制约因素后，应在理想渠道和实际渠道之间进行选择。

制约营销渠道建设的主要有四个方面的因素。

1．产品因素

企业应该根据自己产品的特点选择合适的营销渠道，主要包括六个方面。

(1)产品价值。产品的单价越高，营销渠道的层次越低，营销途径越短越好。产品价值的高低直接影响到产品质量的好坏，而产品价值的高低又取决于生产过程中的各种物资消耗、人类生活水平等方面。

(2)产品的重量与体积。由于产品的数量和重量直接影响到产品的运输和储存费用成

本，应尽可能组织生产和需求之间的直达供应，或尽量减少不必要的中间环节，以帮助降低大型或重型产品的流通费用。

(3) 产品风格。为避免积压，企业应最大限度地减少营销途径，并加快对款式和时尚要求高或变化快的产品及季节性产品的产品周转。产品设计是一种创造性的劳动，设计出新颖的产品可以提高企业的市场竞争力。

(4) 产品是否易于运输。如果产品易腐、不易运输，企业应选择最短的营销渠道，避免浪费。在国际市场中，产品的生命周期较短，因此，产品的销售与运输问题一直是制造商的一个重要课题。

(5) 定制品和标准品。如果产品是定制品，生产者应该直接与消费者沟通，而不是通过中间商。质量、规格、款式比较固定的标准品，一般可以通过中间商按照样本或者产品目录进行销售。如果产品属于标准品，生产者应当选择专业化的生产厂家，并且要求其生产的产品必须是标准产品，这样才能确保产品质量。

(6) 产品品种规格。日用消费品供应广泛，经常通过批发商出售。特殊品很少出售，一般不是通过批发商，而是由生产者通过相对较少的零售商出售。品种规格复杂的，一般由生产者直接提供给消费者；品种规格多而产量少的产品，可以进行直接销售或间歇性销售，规格小，产量大的产品可通过中间商销售。

2. 市场因素

市场是企业渠道策略的重要影响因素，主要包括以下五个方面。

(1) 消费者数量。如果市场面高度集中，消费者数量少，营销途径应该缩短或由生产企业直接销售。在电商环境下，消费者可以在线购买任何产品或服务，但是他们必须通过批发商或零售商进入网上交易平台。如果企业的市场很大，甚至遍布全国，消费者也很多，那么则需要依靠更多的批发商和零售商。

(2) 消费者购买次数。如果一个消费者要购买少量的产品，通常应该先由零售商向批发商购买，然后由零售商出售给消费者。否则，消费者可以直接向生产企业下订单，或者通过批发商而不是零售商下订单。而对于规模较小的零售商来说，则需要通过批发商进货，然后再出售给消费者。相比于由零售商经过批发商才能把产品送到消费者手中，对于较大的零售商来说，一次采购的数量较大，可以直接向生产企业下订单，无须经过批发商。

(3) 消费者的购买习惯。这是一个重要而复杂的因素。例如，对于一般消费品，要求购买方便、销售网点应尽可能分散。因为零售商规模较小，他们需要更多销售层次。对于高端、高价的特殊消费品，一般选择专业性商店或大型百货商场配送。有的消费者特别偏爱名牌产品、名牌厂家、名牌商店，营销渠道要根据消费者的兴趣进行调整。总之，营销渠道的选择和确定要根据消费者的购买动机和购买习惯来决定。

(4) 市场销售的季节性和时间性。有许多产品，包括生产资料和消费品，其销售分淡季和旺季。淡旺季的市场营销渠道建设应该注意，淡旺季的市场营销渠道形式多种多样，淡季可以缩短营销渠道，旺季要尽量扩大营销渠道，充分发挥中间商的作用。

(5) 竞争者营销渠道。一般来说，相似的产品应该尽可能使用相同的营销渠道。在同类产品中，消费者有充足的选择，以促进竞争。但是，还必须考虑到中间商的服务能力和水平，如果营销渠道不理想，则应根据需要在可能的情况下制定新的营销渠道。竞争者营销渠道是企业营销活动的重要组成部分。

3. 企业自身的因素

企业在制定渠道策略时，不仅要考虑产品和市场，还要考虑企业自身的情况，比如企业的生产经营能力、经营管理水平、售后服务质量和声誉等。

(1) 生产经营能力。企业规模大、资金雄厚、有生产经营能力的，可以选择消费者最满意的中间商，甚至可以组织销售力量从事批发、零售活动，不需要经过中间环节；一个企业要想在竞争激烈的市场环境中立于不败之地，必须具有强大的生产经营能力。但是，大多数企业都受到财务或其他方面的制约，必须依赖中间商。

(2) 经营管理水平。企业在选择营销渠道的时候，不仅要考虑自身的生产经营能力，还要考虑自身的经营管理能力和营销经验。生产能力较高但缺乏管理能力、销售经验和推销技巧的企业通常依赖中间商销售其产品。营销渠道的选择要根据企业的目标和营销渠道的特点，分析企业的实际情况，选择最佳的营销渠道，以提高企业的整体管理水平。

(3) 售后服务质量。生产者对自己的产品进行大量的广告宣传，或者自愿承担广告费用，使得中间商愿意代表自己销售产品。生产者提供的售后服务越充分、价格越低，中间商对营销的兴趣就越大。中间商为了提高售后服务质量，应该加强对自己的售后服务质量的管理。

(4) 声誉。只有产品的质量和企业的声誉好，才能吸引强大的中间商。如果企业要求其他供应链上的企业参与到企业服务提供者的行动中，则需要考虑如何选择供应商。

9.2.5 跨境电商品牌国际化路径的选择

跨境电商行业内企业发展迅速，不止于中国制造，未来更多的是打造中国创造、中国品质、中国品牌。中低端制造业整体逐步向更低成本的东南亚转移，一批优秀的创新型中国企业逐步涌现，如大疆无人机、Anker、莱克等。第四次产业转移，是中国制造的新机遇，中国将从制造业大国逐步转型升级，走向技术研发、品牌建设等高产业附加值的领域。面向 22 万亿美元的全球零售市场，不止于制造在中国，产品的营销渠道和品牌也逐步在中国，到 2025 年，在欧美国家销售额达到十几亿元的中国品牌将会超过 1000个。跨境电商的方式可以在国内做品牌、消费者运营，直接面向欧美终端消费者，叠加中国优质供应链，竞争优势较强。未来是中国品牌出海的时代，也是中国跨境电商零售高速成长的时代。

以下三种品牌出海的模式，根据自身的优势，以及选择的市场的不同，跨境电商可以有不同的品牌机会。

1. 产品品牌：以设计、研发、生产和销售某一个或多个产品为主的品牌。产品品牌的特点是有很强的产品研发和设计能力。这类品牌的产品在市场上占据着非常重要的位置，比如：苹果手机，大疆无人机，戴森吹风机等国际知名品牌。

2. 品类品牌：生产或销售与特定垂直类别相关产品的品牌。品类品牌具有更有针对性的产品类别，其产品的产品类型、品牌特征和消费者偏好都与第一种类型不同，并且渠道的选择更丰富、更全面、更专业。典型的例子包括销售鞋子的 Zappos，美妆产品连锁店 Sephora，以及销售玩具的 Toysrus 等。

3．渠道品牌：在空白市场上重点打造电商渠道的品牌。这是一次阶段性的品牌机会，特别是在一些新兴市场中，跨境电商才刚刚起步，品牌品种繁多，专注于为消费者提供非常方便的购物体验。

9.2.6 跨境电商品牌国际化策略分析

总体看，我国企业的品牌国际化程度不高。根据世界品牌实验室公布的"世界品牌500强"榜单，截至2018年，我国共有38个品牌进入了"世界品牌500强"，在所有国家中位列第5位，而榜单第一名的美国入围品牌数达到了223个。在这些入围企业中，又以能源、金融行业为主，互联网入围企业主要集中在门户网站。榜单中从事跨境电商行业的企业缺乏。全球最大的传播集团 WPP 与 Google 联合发布了《中国出海品牌》，该榜单以欧美国家近40万消费者的市场调查为蓝本，分析了中国最具成长性的12个行业的品牌出海情况。2018 年的榜单中出现了一些跨境电商企业的知名品牌，包括消费电子类的 Anker（排名第7）、Aukey（排名第49）和线上快时尚品牌 SHEIN（排名第24）、ZAFUL（排名第34），而这两个行业恰好为中国跨境电商出口份额最高的两个行业。因此，在接下来推进跨境电商品牌国际化的策略分析上，以这四家跨境电商知名品牌为样本，对中国跨境电商推进品牌国际化的策略进行分类剖析。

1．通过产品开发促进品牌国际化

把"中国制造"转化为"中国创造"，是近年来供给侧结构性改革的目标。跨境电商具有体积小、速度快、智能链的特点，在产品开发过程中，更容易、更有必要考虑目标市场的需求。中国的许多跨境电商企业面临着来自同行的激烈竞争，这主要是由于企业缺乏对目标市场需求的深入研究，从事跨境电商的中小企业大多依靠电商平台直接推送上游厂家的数据或同行信息，爆款产品往往在一两个月内就会被同质化产品挤压出利润空间。这些中小企业没有进入上游产品研发链，只是充当贸易中介，进而又引发了价格战。

但也有部分企业能够深刻理解深耕市场的本质，充分研究目标市场的消费者需求，不断将产业链延伸到上游研发机构，利用销售数据的深度分析，实现消费者需求研发机构研发活动的充分对接，缩短研发机构对市场的响应时间，努力提高产品质量，提高消费者的回购率，赢得品牌优势。例如，Anker 在进入欧美高端消费电子类市场时，就指出了美国和欧洲对智能手机电池容量的高需求，并随着超薄移动电源的发展打开了欧美国家的市场。Anker 率先采用 Power IQTM 技术，满足了欧美商务市场对充电时间和电池耐用性的要求。每台 Anker 的充电器都配有一个小芯片，可插入装置识别芯片，检测并提供装置允许的最大电流。该技术缩短了充电时间，提高了电池的耐用性和安全性。另外，超薄移动电源还可以满足消费者更多的移动电源选择，并且在产品功能、性价比、方便携带等方面具备优势。通过这样的研发创新，Anker 已成为欧美主流消费电子类市场知名品牌。另一方面，Anker 还通过自主研发、引进技术等多种方式，不断完善产品线，提升产品的竞争力，这就是所谓的"小米模式"。2018 年，Anker 研发费用为 2.87 亿元，在营业收入中占比为

5.48%。2018年末，Anker 拥有研发人员642人，占员工总数的53.99%，超过其他各职能岗位的总和，拥有境内外专利443项。2018年，Anker 销售收入为52.32亿美元，净利润为4.2亿美元，在美国亚马逊的第三方卖家中排名第三。可以说，Anker 的品牌成长轨迹与其持续发展市场化研发的能力息息相关。

2. 以沉浸体验式营销推进品牌国际化

与线下商店相比，利用虚拟网络与消费者进行沟通的跨境电商行业最大的弱点之一，就是无法提供更好的沉浸体验式消费服务体验。能够将产品与互动式消费服务相结合的跨境电商企业，更容易通过与消费者的互动服务，形成购买意愿，提升品牌价值。线上快时尚品牌 SHEIN 和 ZAFUL 是行业中的佼佼者。SHEIN 与 ZAFUL 都是以年轻消费者为主要目标的线上消费品牌，利用线上线下融合的营销手段，通过线上线下结合的营销模式，营销的手机、鞋子等产品在中国市场的占有率远超其他国际化品牌。在利用身临其境的沉浸体验式营销推动品牌国际化的过程中，他们采用了不同的营销策略。

(1) 自建独立站的沉浸体验式营销策略

与许多依赖知名电商平台转移流量的企业不同，SHEIN 主要通过自建、独立的网站来转移流量。作为一家成长较快的服装消费类企业，在消费者转移注意力的过程中，SHEIN 非常重视与消费者之间的互动交流。例如，SHEIN 网站上创建了一个"买家秀"评选活动，鼓励消费者在买了衣服后上传自己的买家秀。每周，买家秀的前五十的优胜者将由消费者投票选出，并获得积分奖励，以抵消再次购买该产品的价格。为了赢得比赛，SHEIN 的买家将自己的照片发布在国外知名社交平台上，以获得更高的点击率，为 SHEIN 吸引了国外知名社交媒体平台的流量库上的潜在消费者群。因为高质量的买家秀，SHEIN 由此建立了一个很大的品牌追随者群体，节省了大量品牌推广费用。消费者通过评论的形式，可以了解到服装品牌的设计风格、款式、色彩等方面的信息，并对服装品牌的生命力有所帮助。

在与消费者互动的过程中，SHEIN 还利用大数据分析捕捉消费者消费需求信息，并反馈给后台设计团队，以快速、高效的方式推出新产品，以满足不断变化的市场需求。

(2) 利用社交媒体平台和线下互动的沉浸式体验营销策略

国外知名社交媒体平台拥有较高的流量资源，通过这些平台进行品牌推广可以大大降低营销成本，快速提升品牌影响力。例如，线上快时尚平台 ZAFUL 就是一个通过社交媒体平台扩大品牌影响力的例子，这种现象值得我们思考。ZAFUL 的泳装系列针对18至23岁的年轻女性，特别是学生群体，这些年轻的消费者对社交平台充满了热情。为了与潜在消费者群充分联系，ZAFUL 在社交媒体平台上发起了各种活动，比如利用时尚博主开箱试穿，展示产品特性，并经常与粉丝互动。ZAFUL 目前在其 Facebook 主页上有800万追随者，在 Instagram 上有400万追随者，而国际知名时尚品牌 YSL 在 Instagram 上也只有600万追随者。这些社交媒体平台的粉丝群及与之相关的粉丝朋友群，将为 ZAFUL 带来源源不断的引流，提升 ZAFUL 的品牌影响力。

除社交媒体平台等网上资源外，ZAFUL 还通过一系列线下和线上结合的营销推广活动，拓展目标消费者群。比如，2018年11月，为了推广其"Active Wear"系列活动，ZAFUL 与洛杉矶三所大学的学生社团共同发起了校园品牌形象大使征集活动，一旦入选,将从 ZAFUL 获得资金和资源,帮助 ZAFUL 建立了强大的社交平台网络和新兴时尚博主网络。这样的线下精准营销不仅可以节约营销成本,还可以不断巩固和提升品牌认知,吸引目标消费者群的追捧。这种方法不仅能够让消费者在不知不觉中接受品牌的价值观和理念,而且能够提升消费者对品牌的认可度和忠诚度,从而实现品牌的宣传效果。

(3) 以专业化、多层次、全品类供应链推动品牌国际化

根据跨境电商交易频率高、小批量的特点,全品类经营可以获得比单品类经营更多的消费者流量资源。因此,跨境电商行业中的许多企业目前大多正在向完整的产品线过渡。以知名的亚马逊平台为例,它最初是一个在线图书和视频卖家,但逐渐转型为一个全方位的全品类电商平台企业。以京东、苏宁易购为代表的国内知名平台也都已经从传统的单品类经营转型为全品类平台。很多跨境电商企业也大多采用全品类经营方式,亚马逊平台上的很多中国第三方店铺都有着覆盖面较宽的经营范围,从充电器、手机壳、自拍杆等数码周边产品,到瑜伽服、健身带等体育用品,甚至包括泳装、婚纱、鞋帽等服装产品,就像一个个"杂货铺",但销售情况喜忧参半。此外,大多数消费者的回购率较低,消费者倾向于搜索产品,而不是店铺名称和企业品牌,消费者黏性低。在全品类经营模式下,如何在企业与消费者之间建立起良好的关系?如何在线上和线下渠道等方面进行优化?企业的发展面临两个重要问题:一是企业品牌认知度,二是店铺流量引流。如果跨境电商企业品牌认知度低,就会不断面临店铺流量引流的问题,不能实现企业的长期稳定增长。

从企业全品类经营特点来看,大多数企业都具有良好的品牌优势。所以,在进行全品类经营的时候,最重要的就是要解决全品类和专业化的矛盾。傲基国际在全品类经营方面取得了成功。傲基品牌在 3C 电源、蓝牙、智能家居等多个领域采用全品类、多平台经营和多品牌战略,瞄准中高端消费者群,在亚马逊平台独立运营,将产品细分为几个大品类,保持大类的相关性,充分利用国内供应链资源和研发实力,提高点击率,转变品牌认知度。同时,傲基国际根据不同品类的划分,开设不同的独立店铺,积极发展战略孵化品牌,建立基于优势品牌的产品关联矩阵,利用优势品类推动其他品类的发展壮大。

同时,为小语种市场搭建了独立的电商平台,建立了 efox、coolicool、antelife 等英语、德语、西班牙语网站,以完善企业平台资源,分散平台风险,增加销售额,增强品牌实力。

为了解决全品类供应链分散、复杂的问题,傲基采用单品类泛供应链方法,每个供应链相互独立,利用我国的加工制造优势,在珠三角和长三角地区建立不同的品类供应链。例如,3C 数码品类在深圳开发,服装、箱包品类和小商品品类主要在广州开发。通过协议或参与上游供应链的深度合作,在品类能够长期增长的情况下,采取买断式采购的方式优化产业链,获取价格优势和响应时间优势。为控制供应链成本,对成熟期产品采取分散的生产和采购策略,根据销售数据调整存货。对于已经形成的供应链,则是通过对其进行改造,使之更加完善,以适应不同的消费者群体。对于新产品,采取试销、小批量试水的策略,根据市场反应,及时调整生产数量,改善产品特性。

9.2.7 促进跨境电商品牌国际化的具体措施

1. 积极推进企业本土化战略

更接近目标国家的市场，对目标国家的消费者群体进行深入的数据分析与资源整合是非常有必要的。采取差异化策略，着力巩固欧美传统市场，积极开拓"一带一路"等新兴市场。研发活动要与目标市场的消费需求充分对接，通过大数据等信息化手段捕捉目标市场需求，提高新产品研发反应时间，不断加大专利产品研发力度，有效保护产品专利。要充分利用互联网等信息技术，对目标市场的消费者群体进行精准定位，不断提高营销反应时间，提升产品质量和服务水平。为提高产品质量和服务水平，营销活动要与目标国家的消费习惯深度融合，充分利用 VR、虚拟仿真等技术，进行沉浸体验式营销推广。要积极开展国际合作，提高专利产品开发的反应时间，提升产品开发的效率和质量。要积极提高售后服务水平，通过在目标国市场设立办公室或海外仓，提高订单反应时间和售后服务水平。要积极打造本土化团队，国际化团队，全面参与市场经营和发展。例如，Anker 在美国的海外办公室不仅有销售营销团队，还增加了测试和商务拓展团队，这些团队能够快速有效地根据市场反馈调整产品和服务的方向。

2. 努力建设多层次柔性供应链

相对于传统供应链，柔性供应链围绕消费者需求，通过销售数据获取市场信息，通过与上游产业链的深度整合，提高研发、制造、销售和服务的响应率和处理时间。针对不同类型的产品，开发独立的供应链条，以满足小、快、精的市场需求为发展目标，整合国内优秀产业资源，利用工业互联网和区块链技术整合上下游企业。要主动控制成本，找准外包和自营的平衡点，根据品类特征和市场情况，及时、合理地调整外包和自有供应链的比例。要适应柔性供应链运作运营特点，深化自有生产企业的管理结构体制改革。例如，SHEIN 与外包企业合作，建立灵活的供应链，通过合理评估外包企业刺绣、印刷、水洗等工艺流程的生产能力，将多个产品集成在一起，最大限度地降低生产成本，消除单个外包企业之间的加工数量差距。要建立健全物流配送中心，提高产品质量、降低生产成本、增强企业核心竞争力。

3. 加深线上、线下的深度融合

互联网为消费者提供了一个平台和桥梁，使消费者能够与制造商和贸易企业快速沟通，但仅仅依靠线上资源来促进品牌拓展和品牌国际化是不够的。实体店等线下资源可以更好地维持消费者的品牌忠诚度，给企业带来品牌外溢的销售红利。跨境电商企业在进军海外市场时，应当充分利用海外市场丰富的线下资源，积极开拓线下市场。所以，跨境电商企业也要积极挖掘线下资源，在时机成熟的时候进入海外市场实体店，积极推广线下营销和售后服务体验，更好地提升品牌影响力。在线下资源目标市场的选择上，先易后难，循序渐进，要更多地依靠大型商超的线下资源来降低线下发展的风险。比如，在亚马逊平台获得良好的市场反馈后，Anker 已逐步与沃尔玛、staples、宜家家居等欧洲大型连锁超市建立了合作关系，利用全国大型零售商的网络资源，获得更多品牌推广度和曝光度。

此外，跨境电商企业要加强供应链相关人才培养，拓展"一带一路"新兴市场，积极发展小语种业务；充分发挥品牌优势，为品牌融资，更深入地进入跨境电商生态圈，以品牌开发、品牌出海为发展目标，对企业持续健康发展作出战略规划。

9.2.8 跨境电商品牌扩张模式

跨境电商采用哪些模式进行品牌扩张？

现在，随着跨境电商品牌的持续扩张，品牌国际化趋势显著提升。全世界的消费者都可以抽万宝路香烟，用派克笔写字，看索尼电视，开宝马汽车，在巴黎、纽约或北京麦当劳吃汉堡，以及使用运通信用卡购物。

品牌扩张是跨境电商市场扩张、实现利润增长的"高速路"。跨境电商的主要国际品牌往往通过名人广告、赞助体育活动、利用国家重大活动等方式加快品牌扩张的进程，吸引消费者的注意力，从而促进品牌的发展，培养消费者的品牌偏好。

跨境电商品牌扩张一般遵循以下八种模式：

1. 品牌直接移植模式

品牌直接移植模式是跨境电商将全球统一的产品和服务引入东道国市场，以现有产品进入新市场，依托企业强大的品牌优势，结合目标市场的消费观念，在短时间内消除消费者对新产品的排斥和质疑，提高企业产品市场占有率的一种战略模式。例如，可口可乐公司通过在全世界使用统一的品牌名、标志和统一的管理模式方式，已成为直接移植跨境品牌的成功范例。品牌直接移植模式可以帮助跨境电商实现其品牌扩张战略。

2. 本土化品牌扩张模式

本土化品牌扩张模式是与品牌直接移植模式相对应的一种实践，提倡在不同的区域市场上对品牌进行差异化的命名和运营，以适应和满足当地本土化市场的需求。这一模式的主要做法是，跨境电商与目标市场国内企业签订合同，开发符合东道国市场的需要的本地化品牌，并根据东道国市场文化和习惯加以合理推广。

3. 特许经营模式

这种模式又称跨国品牌授权联盟，是指受许人向特许人支付一定的费用，接受特许人提供的统一的品牌、技术、管理经验等，而国内所有受许人在同一品牌下经营的经营模式。

特许经营模式在品牌扩张中风险较小，跨境电商很容易利用授权企业的优势，进一步巩固品牌的市场知名度，这是许多大型跨境电商采用的品牌运作方式。

4. 过河拆桥型品牌扩张模式

跨境电商利用自己的品牌所有权优势，选择在东道国具有较高商标知名度和实力的企业进行合作，并将自己的品牌、声誉和其他无形资产投资于合资或并购。然后，利用资本和技术优势，控股合资企业，利用东道国企业的知名度和销售渠道，以东道国的品牌为跳板，打入东道国市场。时机成熟时，用自己的品牌代替当地的品牌。

5. 借鸡生蛋型品牌扩张模式

借鸡生蛋、借蛋生鸡的品牌扩张模式是指跨境电商与东道国企业共同利用东道国企业的优势品牌，进行自有品牌市场开拓，或借机造势，以东道国品牌为跳板，逐步打出跨境电商自主品牌的品牌扩张模式。当时机成熟时，跨境电商不会冻结东道国品牌，而是会保留他们购买的东道国品牌，并将其转化为自己品牌组合的一部分。以联合利华为例，通过与上海牙膏厂的合资和控股，收购了"中华"和"美加净"品牌。这种模式的实施，可以帮助东道国更好地了解跨境电商的经营策略和发展战略，也有助于跨境电商更好地了解东道国的产业结构和产业政策。

6. 联合品牌扩张模式

联合品牌是指属于不同跨境电商的两个或两个以上品牌之间的合作形式，这些品牌在消费者中的认知度很高，而它们各自的品牌名称仍然可以保留在联合品牌中。

7. 品牌虚拟经营扩张模式

品牌虚拟经营是一种将品牌运作与产品分开的品牌扩张模式。跨境电商不一定要在东道国投资建厂，而可以根据企业的全球战略在全球范围内配置资源。在移动电话行业，爱立信、诺基亚和摩托罗拉等许多大型企业都在尝试品牌虚拟经营扩张模式。

8. 网络化品牌扩张模式

网络化品牌扩张是指利用网络等无形媒体将自己的产品和品牌推广到东道国市场，而表面上看，国外资本和跨境电商品牌没有大张旗鼓地进入目标市场。例如，长期以来，DELL通过其网络或人员的直接销售，在IT行业中保持着强大的竞争优势。网络化品牌扩张的实质是在跨境电商的网络平台上，通过跨境电商的全球网络化经营策略来实现其扩张的目的。

9.3 跨境电商知识产权保护和侵权处理

9.3.1 知识产权的类型

知识产权是指法律所赋予权利人的对其创造性的智力成果所享有的专有权利。所有受到知识产权保护的成果都是人类思维或创造的结晶。

最常见的知识产权分类为工业产权和版权。工业产权包括专利权、商标权和制止不正当竞争权。版权又叫著作权，保护的是含有智力创作内容的作品，如小说、音乐、绘画等。广义上讲，版权包括邻接权，邻接权是各种作品的传播者享有的权利。

从内容上看，知识产权由人身权利和财产权利两部分组成，又被称为精神权利和经济权利。人身权利是指权利同取得智力成果的人之间的不可分割性，是人身关系在法律上的体现，例如，作者署名其作品的权利，和出版、修改其作品的权利，是一项精神权利；财产权利，是指权利人在智力成果得到法律认可后，利用智力成果获得奖励或报酬的权利，也称经济权利。

9.3.2 知识产权的法律特点

1. 无形性

知识产权的客体是一种方法、模式或思维，它没有一定的形态，不占据一定的空间，是无形的。知识产权的无形性并不意味着知识产权就像空气一样，是看不见、摸不着的，知识产权的载体和权利是可以分开的，而普通有形物品的财产权是不能和载体分开的，财产转让，权利是一起转让的，财产不存在，权利也随之消失。知识产权包含着人类智慧的结晶。

2. 专有性

知识产权的专有性，是指知识产权所有人对其知识产权具有独占性。知识产权的专有性主要表现在以下两个方面。

(1) 知识产权所有人独占地享有其权利，这种权利受到法律保护。

(2) 同样的智力成果只能有一个成为知识产权保护的对象，而不允许有两个或两个以上的同一属性的知识产权同时并存。专有性也称为排他性，指权利人对其智力成果享有垄断性的专有权，非经权利人同意或法律规定，其他任何人均不得享有或使用这项权利。专有性是知识产权最基本的法律特征，也是知识产权制度存在的保障和发展的动力。

3. 地域性

地域性是指知识产权的地理范围有限，知识产权仅在授予权利的国家或地区有效，超过该国家或地区，权利即消失。

4. 时间性

时间性是指知识产权的权利是有期限的，超过法律规定的期限，知识产权就会消失，其保护对象进入公有领域，成为公共财产，谁都可以使用。而有形财产权利是没有时间限制的，只要权利的客体存在，有形财产权利就不会消失。知识产权的时间性特点决定了知识产权的客体、保护方式和法律保护方法。

9.3.3 跨境电商知识产权侵权风险

跨境电商的典型特点是"什么流行、什么热销，就卖什么"，即所谓"网络爆款"，这其中往往蕴藏着极大的知识产权侵权风险。事实上，这些"流行款"或者"热销产品"等，都是受知识产权保护的，包括商标权、包装装潢、著作权、外观设计、发明专利等的保护。

美国的版权法保护的对象为具有创意性的作品及表达，如书籍、电影、图案、音乐、绘画作品及计算机软件等。

版权侵权通常表现为以下几种方式。

1. 未经权利人许可擅自使用权利人的图片、宣传语、音乐等进行宣传，较为典型的行为就是"盗图"。

例如:"小猪佩奇"国内著作权纠纷首例案件中,侵权人聚凡公司非法使用著作权人娱乐壹英国有限公司与艾斯利贝克戴维斯有限公司的卡通形象,在淘宝网展示侵权商标,并销售印有"小猪佩奇"形象的玩具,被杭州互联网法院认定为侵犯了作品的发行权、信息网络传播权与复制权,最终判赔 15 万元。

2．未经权利人同意擅自出售、传播作品。

例如:盗版书籍、盗版影片等。

3．未经权利人同意,擅自修改他人作品。

例如:侵权人故意对权利人享有著作权的美术作品、卡通形象等进行小幅度修改,形成与原作品有区别却神似的新"作品",以期鱼目混珠、搭上原作品的"便车"来扩展销售市场。

9.3.4 跨境电商知识产权侵权风险原因解析

知识产权制度形成以来,各国的基本理念和主要规则大同小异。然而,对于特定的经营实体来说,这些"小异"往往会导致跨境电商"踩雷",跨境电商的知识产权风险部分来自知识产权制度的地域性。与此同时,由于跨境电商风险意识淡薄,导致"封城"和偷猎的浪潮。在跨境电商的知识产权保护中,地域性问题是跨境电商企业在知识产权法律保护上存在的一个普遍问题。

1．跨境电商的无界性和知识产权保护的地域性特点之间的矛盾

知识产权是跨境电商产品推广过程的重要组成部分。在跨境电商的发展过程中,跨境交易往往不受地域和国家国界的限制,也不限于国外的一个国家或地区。但是,跨境电商在知识产权保护上仍然存在一些问题,如侵犯他人著作权、商标权、商标专用权等。

即使跨境电商经营者在本国对其销售的产品拥有合法的知识产权,也不能保证其在产品销售国拥有合法知识产权。跨境电商的无界性与知识产权保护的地域性特点之间的矛盾,是跨境电商领域诸多知识产权纠纷的根源。跨境电商交易平台的发展离不开其运行机制的完善。

2．贸易壁垒措施

一些国家为了支持自己国内电商发展,对跨境电商交易活动监管愈加严格,有的甚至设置了一些贸易壁垒措施。出于地域保护的目的,国外部分平台没有给予中国出口产品有效的抗辩渠道和知识产权保护措施,使得知识产权变成了一种恶性竞争的手段,严重阻碍了跨境电商的发展。

以亚马逊平台为例,该平台此前已强制将可能侵权的中国产品下架,导致大量积压产品无法在海外妥善处置,因为相关企业缺乏有效渠道来处理海外知识产权争议。

3．主观上存在不重视知识产权保护的情况

除了上述客观困难外,我国跨境电商企业本身也不重视知识产权保护,特别是目前我国跨境电商中的绝大多数中小型企业都出口日用品、纺织品、玩具等产品,由于这些产品的产品附加值低,竞争力不强,因此一些企业为了提高销售额,模仿国外知名产品的设计,

导致侵犯知识产权事件频发，随之而来的是大量诉讼和高额司法赔偿。这些问题的出现，导致跨境电商企业的知识产权保护意识淡薄，知识产权保护制度建设滞后，跨境电商企业自身发展壮大的内部动力不足。

4．不熟悉域外法律和司法实践

跨境电商企业对域外法律和司法实践并不熟悉，或者对败诉风险没有足够的认识，或者有担心被国外起诉的畏难情绪。比如，中国企业经常以不知道侵权为由，或者以"我没有开网店"为由，屏蔽支付平台账户，试图逃避责任，但美国法院并不接受这种说法。在这种情况下，跨境电商企业往往会被告上法庭。有些人可能认为，他们出售侵权产品的金额很小，或者即使他们输了，他们的海外账户余额也很有限，不知道他们可能面临巨额惩罚性赔偿，如果现有账户的余额不足以支付这笔费用，与商店有关的其他账户也可能被强制执行。

为此，在国内外知识产权保护力度不断加强的背景下，中国企业应积极采取预防和应对措施，寻求专业法律建议，制定有针对性的应对策略，防止不合理、不必要的知识产权侵权投诉导致产品下架、诉讼或其他制裁措施，给企业造成重大经济损失，同时避免因后续诉讼而造成高额的诉讼费、律师费或许可费，为企业和相关行业的健康发展打下良好的基础。

9.3.5 跨境电商知识产权侵权处理流程

1．电商平台层面

以亚马逊为例，若权利人遭遇侵权，亚马逊有一张关键防御牌——举报违规行为（Report a Violation）工具，覆盖商标侵权、版权侵权和专利侵权三种类型，被侵权企业可以将涉嫌侵犯知识产权的行为通知亚马逊，强力维权。

2．诉讼层面

从广义上讲，这些针对跨境电商的侵权诉讼通常是三部曲。如果被告不正面回应，三部曲进展迅速。

第一步：以临时禁令（TRO）冻结跨境电商的店铺和支付平台账户。TRO 的有效期限很短，一般不超过 14 天，但其无须经过听证程序，甚至无须通知被执行人，目的是有效防止被执行人在得知消息后转移财产或者毁灭证据等。

第二步：在 TRO 失效之前（通常一周之内），原告提出颁布初步禁令（Preliminary Injunction）的动议（Motion），以确保听证后颁布的初步禁令能够与 TRO 无缝对接。

第三步：在颁布初步禁令后，很快就会发出传票（Summons），通常被告须在 21 日内应诉（出庭，或递交答辩状），否则法庭会作出缺席判决（Default Judgment）。

一般情况下，法院在接到上诉状后一个半月左右就会做出判决，赔偿金额从 10 万到 200 万元不等。如果被告不积极回应，诉讼程序即告结束，并将其被冻结的支付平台账户内的资金作为赔偿金转账。如果被告账户中没有足够的钱支付赔偿金，被冻结的账户和店通常会受到永久限制。此外,原告人将继续监察被告的网上行为,如发现涉案店铺的其他收款账号,甚至包括其国内银行账户,会继续向法院申请强制执行。

在上述过程中,美国法院并不会执着于找到电商或者支付平台账户背后的实际控制企业或个人,而是径直以电商或者支付账户所能联系的电子邮件账户为对象。

9.3.6 跨境电商知识产权合规建议

跨境电商企业当务之急,是全面评估自身风险,加快处置境外特别是亚马逊仓内的存货,启动行业内的自救互助。同时要减少侵犯知识产权、销售低劣产品等容易被封号和限制销售的违规行为。长远来看,"封号"与"围猎"也是一个契机,企业应着手进行战略转型,坚定进行多元化渠道布局。

1. 风险防范

企业首先要提高知识产权保护意识,实行高度自律,防止侵犯知识产权。企业在开展进出口业务前,应对目标市场的知识产权保护环境进行全面调查,制定相应的知识产权风险保护计划和措施。自主研发设计产品的跨境电商企业应提前开展商标、专利技术和外观设计的详细调查和检索,了解同类产品的知识产权情况;检索发现产品可能存在侵权情形的,应当回避该专利技术和商标设计。对于要入驻的电商平台,应事先对其知识产权保护水平进行调查分析,以确定该平台是否适合进行知识产权的买卖活动。

企业为了保护自己的合法知识产权,可以在目标市场就地申请知识产权,向中国海关提出知识产权边境保护申请。跨境电商经营者在进入目标市场前,可以聘请当地中资国际律所的律师等专业人员,就出口商品在当地销售是否侵犯知识产权提供意见书,防止今后发生知识产权纠纷。

2. 出口前利用知识产权

企业可通过海关保护备案系统查询向海关总署备案的知识产权信息,并对产品是否存在侵权作出初步判断。如果企业对使用该系统查询的结果仍不确定,也可以使用海关预确认制度进行咨询。这种做法虽然不能作为严格的法律依据,但具有良好的实践效果,因为良好的海关与企业之间的互动,也有利于海关的工作,提高工作的效率,同时也树立了中国海关负责任、富有成效的形象。

对企业来说,预确认是法律咨询,产品尚未进出口,所以即使是涉嫌侵权,也不会受到惩罚。一般情况下,企业需要提交以下材料进行知识产权预确认:注册市场监管登记资料和海关备案信息;商标,专利证书;授权委托书,即授权他人生产或出口有关产品的文件;拟出口货样;预确认申请书。为了让海关有足够的时间进行审查,企业应在货物出口前一个月向海关提出申请。

3. 积极应诉

对于跨境电商来说,若已收到知识产权侵权投诉,应当予以高度重视,切不可置之不理。在与权利人沟通协商之前,被投诉商家应在专业中资律师的帮助下对投诉方的知识产权有效性进行全面检索、分析，并与自己售卖的产品进行侵权对比分析，确定是否落入对方知识产权的保护范围，根据分析结果来确定后续与对方沟通的策略。

在美国法院进行裁决的情况下，中国跨境电商如果不回应或被动回应诉讼，不寻求专业人士帮助，失败率很高。不利的后果往往是美国法院判处巨额赔偿金，冻结跨境电商的Pay Pal账户，通过法院转移资金，以及难以保障合法权利。

9.4 跨境电商品牌的商标权和专利权保护

商标权泛指商标持有人的权利，包括注册商标专有权和未注册商标的使用、收益、处分权。商标专有权是指商标权人对其注册商标所享有的权利，它由国家商标管理机关依法授予并由国家强制力加以保护。商标专有权是法律赋予商标权人的一种专有使用权，它是一种工业产权，是商标权人的一种无形财产权。根据商标专有权，商标权人有权自己使用、许可他人使用专有的商标并从中取得报酬，也有权禁止他人未经其同意使用该商标。

9.4.1 商标权的客体

商标权的客体指能够作为商标而获得保护的对象，如各种文字、图形或其他符号。
作为商标权的客体，应具备一定的法定条件。
(1)商标必须符合法定的构成形式。
(2)商标应当具有鲜明的特征。

因为商标的主要功能是识别产品和服务的来源，因此，作为商标权客体的商标必须是可识别性或显著性的。商标的"第二含义"可以从商标的使用者、商标的使用方式等方面进行解释。商标的显著性特征是一种区别于产品质量和价格的标志。这种显著性特征可能是商标本身固有的，也可能是通过后天使用而获得的，也就是说，没有其他显著性特征的商标是通过使用而在头脑中产生区别性的，从而获得商标的"第二含义"。

(3)商标不能使用法律禁止的文字或者图形。

世界各国的法律都规定了哪些标记不能作为商标进行注册，由于历史传统、宗教信仰、社会文化、心理和风俗习惯的差异，各国的法律对此的规定有共性也有差异。根据我国规定，一个主权国家的名称、国旗、国徽、军旗等类似文字和图形，未经该国政府同意，不得作为商标。

(4)商标不得与在其前面取得的他人的合法权利相抵触。

不得将申请注册的商标与他人在同一种商品或者类似商品上申请或者注册的商标相混淆。商标注册人取得商标权后，在商标权的行使过程中应当遵守商标法。

9.4.2 确认商标权的原则

商标使用人要取得商标权，必须向政府主管部门提交书面申请，并缴纳申请费用，经审定核准注册后，商标权一般就得到了确认。但少数国家并不以商标的注册作为确认商标权的原则。各国确认商标权的原则主要有以下三种。

1．先注册原则。商标权授予商标的首先注册人。如果商标的首先使用人没有及时注册商标，而该商标被人抢先注册，则商标权属于注册人，不属于首先使用人，而且首先使用人不能再申请注册同一商标。大多数国家，包括我国，都采纳了这一原则。

2．先使用原则。商标权属于该商标的首先使用人。即使是他人提前注册的商标，首先使用人也可以请求主管机构撤销他人的注册商标，并赋予其商标权，但必须提供证据证明其在商业活动中首先使用了该商标。这一原则使商标注册徒劳无益，只起到声明作用，并不决定商标权的归属，所以大多数国家都没有采用这一原则。商标权的行使是通过商标权人对商品的销售或者授予他人商标的使用权来进行的。

3．无异议注册原则。无异议注册原则是上述两个原则的综合。商标注册申请经初步审核并公告后，商标注册申请人取得商标注册优先权，但在规定期限内任何人均可提出异议。如超过规定期限无人提出异议，商标权属于先申请人。如在规定期限内，先使用人提出异议，并且异议成立，商标权授予先使用人。

商标注册是指商标使用人为取得商标专有权，依照法定条件和注册程序向商标管理机关提出登记申请，经商标管理机关审查同意，在商标注册簿上予以注册，发给商标注册证，予以公告，授予申请人商标专有权。

9.4.3　商标权的内容与保护期

商标权的内容主要是指基于商标注册而取得的商标专有权。但商标专有权并不是商标权的全部，事实上，商标权除了指商标权人自己使用商标的权利（即专有权）之外，还包括商标权人转让其商标和许可他人使用其商标的权利及禁止他人非法使用其商标的权利。

大多数国家商标法规定，注册商标的保护期一般为10年，少数国家为5、7、15年。商标注册可以无限续展。在法律规定的期限内，商标权人仍未续展注册的，应当撤销该注册商标。

9.4.4　商标侵权

比如美国等国家的商标法被用来保护代表产品和服务来源的标记。商标可以由文字、名称、符号、图案或上述元素的任何组合构成，以避免消费者对产品和服务的来源产生混淆。商标侵权一直以来都是跨境电商中知识产权侵权频发的"高风险区"。

中国海关总署的统计数据显示，在跨境贸易中，侵犯商标权的产品已占据了侵权产品总量的95%以上。

由于跨境电商交易是通过线上平台进行的，境外消费者在收到产品之前无法判断所购产品的真实性和质量优劣，只能获取到商家在平台上披露和展示的信息。很多跨境电商企业经常利用其他知名商标或品牌的影响力来迷惑消费者。因此，跨境电商的交易模式与传统电商有着本质的不同，这也使得跨境电商交易过程中的商业信用体系的构建显得尤为重要。

9.4.5　专利侵权

美国的专利分为发明专利（Utility Patent）与外观设计专利（Design Patent），前者用于保护产品的结构、组分和制造方法及其改进技术，后者用于保护产品的独特外观。

在跨境电商活动中，专利侵权行为的主要表现如下：
1．未经授权假冒、销售专利权人的产品；
2．未经专利权人许可，销售、许诺销售、进口、制造他人享有专利权的产品。

9.4.6 企业品牌创新及其意义

1．品牌是多项知识产权的集成

品牌是一种重要的无形资产，比特定的知识产权更有生命力，它包括商标、商号、企业名称、地理标志和其他商业标识。企业知识产权最核心的体现和最终的结果都指向品牌。品牌包括先进的技术、优良品质、诚信经营、先进的文化等因素，代表着企业产品和服务的整体质量和文化内涵，成为影响消费者购买企业产品与服务的最重要因素。品牌价值的评估也是企业知识产权的评估，而且评估结果将影响到企业，业界人士认为，品牌已经成为企业的无形资产，成为企业的一个新的财富。

2．企业品牌创新为主导的知识产权协同战略方式

品牌创新是企业知识产权战略的逻辑起点和最终归宿，企业通过知识产权战略，形成"品牌创新—促进研发—促进专利、商标、商业秘密等智力成果确权—促进知识产权转化—实现企业利润增长—增加研发投入—提升品牌价值和市场竞争力"良性循环。这条发展轨迹中最重要的是在品牌创新与知识产权战略之间构筑协同战略发展机制，促进专利、商标、商业秘密、标准与品牌之间的有机协调发展，增强企业的核心竞争力。以企业品牌创新为主导的知识产权协同战略包括以下几种不同的方式。

（1）商标与品牌一体化的协同战略方式

商标和品牌在知识产权家族中是孪生兄弟。商标是品牌标识的核心，是品牌凝聚力和商誉价值的根本载体。企业生存和发展到今天，品牌和商标已成为企业的无形资产的一部分。可口可乐公司前首席执行官罗伯特·图普·伍德拉夫曾说过一句著名的话，即使世界各地的可口可乐公司被付之一炬，该公司也能够仅仅依靠享誉世界的"可口可乐"品牌在几个月内重建并投资于新的增长。这足以说明，企业品牌作为企业的无形资产，具有巨大商业价值。

品牌从商标开始，注册并保护商标不受他人侵犯是品牌建设中最基本的策略。我国商标注册数量达到世界第一，但不是品牌强国，品牌所赋予产品的附加值较少，竞争力还不强，与我国的经济规模和发展速度不相适应，需要加大商标境内外注册力度，通过开展商标连锁、贴牌许可、以商标投资入股和质押融资等手段进行品牌扩张，扩大市场份额，提升品牌附加值，建设一批具有国际影响力的知名品牌，从而推动我国从"世界工厂"向"世界品牌"的转变。

联想集团就是实现商标与品牌创新一体化发展的成功典范，其最初使用商标"Legend"，出于国际化经营战略发展的需要，变更为"Lenovo"，赋予品牌新的内涵，"le"来自原来的品牌，包含了传承的意思，"novo"表示创新的意思，将"le"和"novo"组合则表示在传承原有的品牌的基础上，追求创新和卓越，既维护了消费者的品牌忠诚，又能够建立新的品牌形象，在品牌标识更迭的过程中，寓意联想从"传奇"走向"创新"的发展历程。

(2) 专利与品牌一体化的协同战略方式

专利决定产品的技术品质，品牌体现产品的市场价值，专利和品牌是天生的"双胞胎"。2011年谷歌公司实施了其史上最大规模的并购行为，共耗费125亿美元巨资用于摩托罗拉的收购，收购的溢价达到63%，这一收购让谷歌拥有了摩托罗拉的17000项已授权专利和正在申请程序中的7500项专利。谷歌CEO拉里·佩奇说公司收购摩托罗拉，是希望以强化自身的专利实力来增强市场竞争力，抵御来自其他竞争对手如微软、苹果和其他企业的威胁。正因为谷歌注重专利，不断创新，在2015年12月15日揭晓的该年度《世界品牌500强》排行榜中，谷歌名列第一，一举击败苹果重返品牌第一名，这与谷歌在科技上不断创新，实行专利与品牌一体化发展的协同战略密不可分。专利战略联接企业技术创新战略和技术标准战略，是支持企业品牌战略的中间环节。企业如在市场中重视商标、专利战略的协同发展，会取得更好的经济效益，具体在实战中表现为以下形式：专利与商标搭配，利用专利权搭配商标增强自己企业商标的知名度；商标承接专利垄断权，即通过在专利产品上注册商标，利用专利权的独占性获得该产品的市场垄断优势，在专利保护期届满后再利用可无限次续展的商标权延续对该产品市场的持续控制。

若产业缺乏创新活力，即使有再完备的商标战略、再耀眼的品牌，也会成为无源之水、无本之木，很快消亡。苹果公司与唯冠公司争夺"iPad"商标，原因在于"iPad"商标在消费者心中的知名度和巨大的市场价值。法院最终判决苹果公司支付6000万美元的费用获得在中国大陆的"iPad"商标专用权。做一个假设，若法院判决唯冠公司依法拥有"iPad"商标专用权，已濒临破产的唯冠公司能否单凭"iPad"的品牌价值翻身而起？答案可能是否定的，企业品牌生命力的关键是基于市场不断开发的新技术、新产品，若缺乏技术创新，企业会很快被市场淘汰，品牌也将失去价值。

(3) 标准与品牌协同战略方式

"得标准者得天下"，谁掌握了标准的制定权、谁的技术成为标准，谁就控制了市场竞争的主动权。企业一方面应重视采纳和引进先进国际标准，另一方面要重视原始性技术研发，形成核心的基础专利，并以此为基础建立企业自身乃至扩展到该行业的技术标准体系，按照"专利确权—专利与标准相捆绑—标准升级—形成技术标准联盟—标准市场化"的发展模式，最终形成"技术专利化—专利标准化—标准国际化—标准市场化"的发展方略。如华为企业通过将技术标准与知识产权的结合，将创新成果纳入标准体系，以知识产权保护国际规则、处理知识产权争端，并取得了一批核心技术的突破，成为中国企业自主创新与实施知识产权战略的表率。

(4) 专利、商业秘密与品牌一体化的协同战略方式

新技术、新产品申请专利保护，企业应当在申请前做好决策分析，其技术、秘密通过反向工程容易被他人破译、掌握的，应当申请专利保护。反之，则受技术秘密的保护。在实践中，通常选择专利、技术秘密或多个专利混合保护的方式。对难以保密和容易被他人复制的发明创造部分，申请专利保护；对难以复制的关键部分，作为技术秘密进行保护，是很常见的。这就是为什么目前大多数技术许可证协议是专利技术和技术秘密的结合。企业要充分认识到专利保护和技术秘密保护的利与弊，进行优势互补，加强不同知识产权保护策略在技术创新成果中的运用，并通过知识产权的保护措施实现企业利益的最大化。

可口可乐公司是运用专利、商业秘密与品牌协同发展的典范，其名扬天下、长期稳居软饮料行业榜首的诀窍在于通过驰名的"可口可乐"商标、作为商业秘密的饮料配方及独特的包装外观专利等知识产权的输出，成功塑造出可口可乐这一世界名牌。

综上所述，知识产权战略是建设创新型国家的制度支撑和保障。我国实施品牌创新与知识产权协同发展的协同战略措施，其实质就是沿着"技术—专利—标准—品牌—效益"的发展轨迹，将专利、商业秘密、标准与商标战略结合起来，催生一批有代表性的世界级品牌和品牌型企业，推动整个经济品牌化水平的提高，提升产品的国际竞争力，实现经济发展方式的转变。

【本章小结】

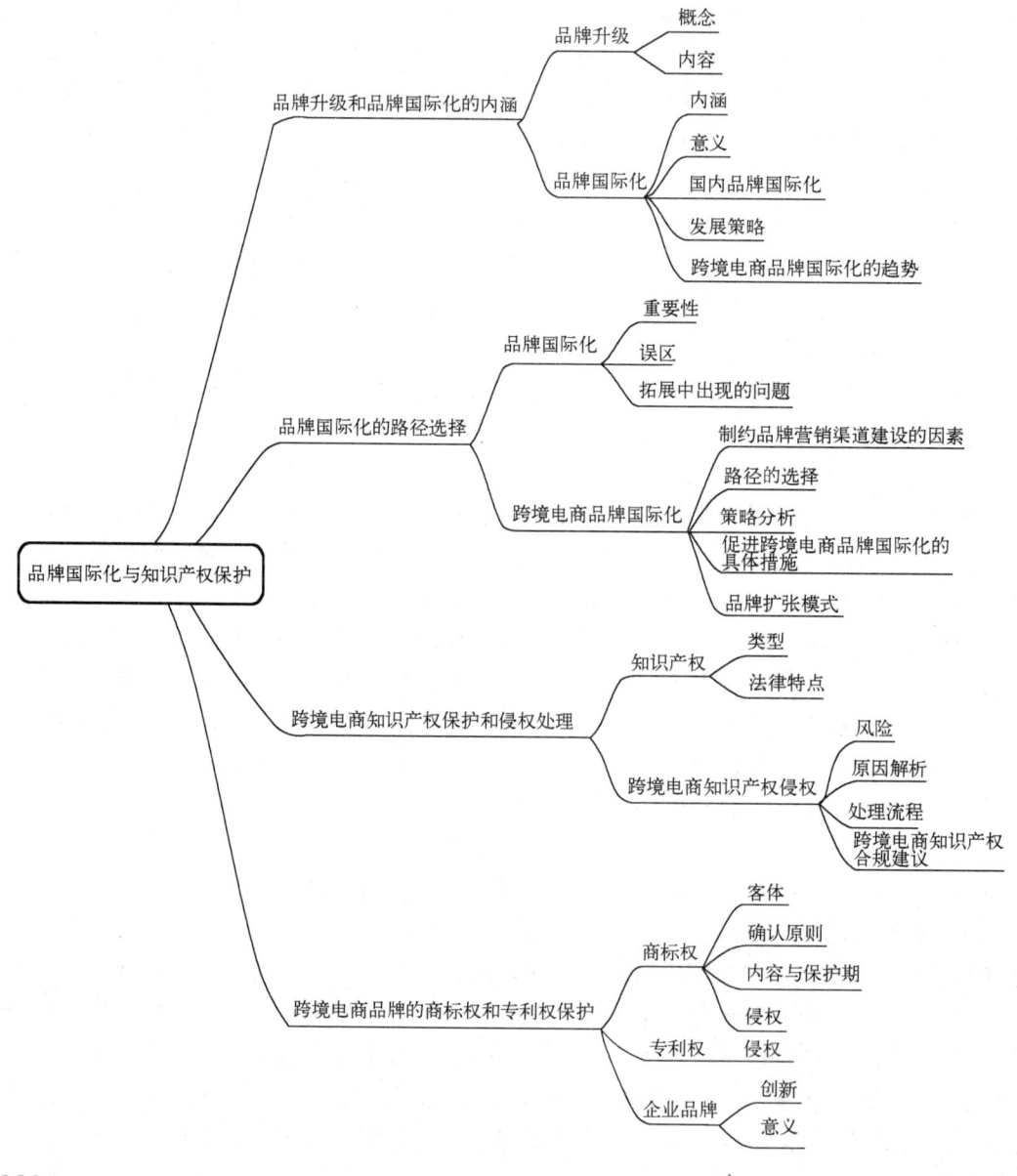

第9章 品牌国际化与知识产权保护

【本章习题】

一、判断题

1. 在品牌国际化中，企业应根据产品自身的特点为其选择合适的营销渠道。（　）
2. 企业可根据自身实际情况自定售卖烟、酒等产品的数量。（　）
3. 随着世界科学技术与经济的发展，国家间的相互依存程度的不断提高，经济全球化已成为现代世界潮流趋势。（　）
4. 国际化的品牌通常被理解为在多个国家或地区享有较高知名度，并且被各个市场中的消费者认同和接受的品牌。这些品牌在不同的国际市场上保持一致的或相似的品牌定位、品牌个性和市场营销策略。（　）
5. 商标权是一种工业产权，是商标权人的一种无形财产权。根据商标专有权，商标权人有权自己使用、许可他人使用专有的商标并从中取得报酬，也有权禁止他人未经其同意使用该专有的商标。（　）

二、单选题

1. 以下哪个不属于品牌国际化的误区（　）
   A. 国外消费者对中国品牌有抵触
   B. 应该更加强调我们是"From China"
   C. 在国外市场照搬中国消费者的心理
   D. 品牌差异化竞争

2. 中国品牌国际化的过程中我们应当（　）
   A. 树立全球化的视野，确定"有意义的差异化"的品牌理念。
   B. 选择自己最熟悉的运营模式进入市场。
   C. 强调自己产品的中国特色。
   D. 根据中国消费者心理制定战略。

3. 下列不属于制约品牌国际化渠道建设的产品因素是（　）
   A. 产品周期　　　　　　　　　　B. 产品价值
   C. 产品是否便于运输　　　　　　D. 产品的类型和品种规格

4. 下列不属于跨境电商品牌国际化路径的选择的是（　）
   A. 产品品牌　　　　　　　　　　B. 渠道品牌
   C. 款式品牌　　　　　　　　　　D. 品类品牌

5. 我国实施品牌创新与知识产权协同发展的发展轨迹是（　）
   A. 品牌—标准—技术—专利—效益
   B. 标准—效益—技术—专利—品牌
   C. 技术—专利—标准—品牌—效益
   D. 效益—技术—专利—标准—品牌

三、简答题

1. 品牌国际化的意义。
2. 企业该如何选择国际化的路径？请举例说明。
3. 专利侵权的主要表现形式有哪些？

案例分析

云南跨境电商企业的知识产权保护

近年来，云南跨境电商企业发展迅速。2018年7月，为推动全国跨境电商健康发展，国务院批准成立中国（昆明）跨境电商综合试验区。自此，云南跨境电商正式起步；2020年4月，国务院批准成立中国（德宏）跨境电商综合试验区，云南跨境电商覆盖面进一步扩大。云南跨境电商企业主要依托亚马逊（66.67%）、阿里巴巴国际站（50%）、eBay（33.33%）、Wish商户平台（16.67%），以及包括Lazada、Shopee、自建App和线下等的其他平台（50%）开展跨境电商业务。

云南跨境电商企业在经营发展中培育和形成了自主知识产权，其中拥有商标权的企业占66.67%，拥有专利权的企业占16.67%，拥有商业秘密权的企业占16.67%。在准备或正在培植和开发知识产权的企业中，专利权占66.67%，商标权占33.33%，著作权占16.67%。随着云南跨境电商的迅猛发展，知识产权侵权纠纷日益增多，调研结果显示，有33.33%的企业遭遇过知识产权侵权纠纷，其中，著作权侵权纠纷占33.33%，商标权侵权纠纷占16.67%。知识产权是跨境电商企业重要的无形资产，是促进企业科技创新、提升核心竞争力的源动力。跨境电商企业如果拥有了知识产权，不仅能凭借法律赋予权利人的专有权将知识产权优势转化为市场竞争优势，还能获得高额利润和品牌效应，赢得更多消费者青睐。因此，在日常生产经营与管理中应重视知识产权的培植、维护、使用与管理。

调研结果显示，云南跨境电商企业亟需解决的知识产权保护问题主要包括：有66.67%的企业认为不了解交易相对国的知识产权法律环境，有50%的企业认为需提高知识产权意识，有50%的企业认为需完善企业内部知识产权管理机制，有50%的企业认为需健全企业知识产权管理和保护机构。

（资料来源：徐溪，"一带一路"背景下云南跨境电商企业知识产权保护现状调研。）

根据以上案例分析下面的问题：

1. 云南跨境电商企业如何利用知识产权的保护伞，保障品牌价值？
2. 如何帮助云南跨境电商企业解决当下的知识产权保护问题？可以采取哪些举措？